Taschenbuch Kunst Pädagogik Psychologie

Kunststandpunkte

herausgegeben von

Hans Rudolf Becher / Martin Schuster / Claudia Mauer

Schneider Verlag Hohengehren GmbH

Umschlaggestaltung:
Wolfgang H. Ariwald, BDG, 59519 Möhnesee

Gedruckt auf umweltfreundlichem Papier (chlor- und säurefrei hergestellt).

Die Deutsche Bibliothek – CIP-Einheitsaufnahme

Taschenbuch Kunst, Pädagogik, Psychologie : Kunststandpunkte / hrsg. von
Hans Rudolf Becher ... –
Baltmannsweiler : Schneider-Verl. Hohengehren, 1997
  ISBN 3-87116-766-5

Alle Rechte, insbesondere das Recht der Vervielfältigung sowie der Übersetzung, vorbehalten.
Kein Teil des Werkes darf in irgendeiner Form (durch Fotokopie, Mikrofilm oder ein anderes Verfahren) ohne schriftliche Genehmigung des Verlages reproduziert werden.
© Schneider Verlag Hohengehren, 1997.
  Printed in Germany – Druck: Wilhelm Jungmann Göppingen

Inhaltsverzeichnis

Hans Rudolf Becher/Martin Schuster
Einleitung 1

I. KUNST HEUTE

Martin Schuster
Eine mit-fühlende Kunstpsychologie 6

Martin Schuster
„Es muß einen Unterschied für ihn machen"
M. Schuster spricht mit Sir E. H. Gombrich: 19

Martin Schuster
„Das individuelle Projekt"
M. Schuster spricht mit Prof. Bazon Brock: 28

Martin Schuster
„Die Akademie beschützt"
M. Schuster spricht mit Prof. Schneckenburger: 37

Hans Brög
Ein Plädoyer für die Moderne Kunst 47

Thomas Alexander Querengässer
Maden mit Blauschimmel oder
Über das Betrachen von Kunst 55

II. KÜNSTLERISCHE KREATIVITÄT UND RUHM

Martin Schuster
Künstlerische Kreativität
Der Versuch einer kreativen Auseinandersetzung 66

Peter Rech
Das Geheimnis der Berühmtheit 81

Christa Sütterlin
Vorurteile der künstlerischen Wahrnehmung
Ein Beitrag der Humanethologie 88

III. QUELLEN DER KUNST

Martin Schuster
Vorbilder für die künstlerische Idee 98

Max Kläger
Begegnung mit der Bilderwelt intellektuell behinderter Menschen . . 109

Hartmut Kraft
Hirschvogel oder: Die erste Begegnung mit einem, der stets abwesend ist 115

IV. EINFLÜSSE AUF DIE KUNST

Alphons Silbermann
Künstler und soziale Kontrolle 120

Arif er Raschid
Der Kunstmarkt 123

V. KREATIVE KÜNSTLER

Johannes Wickert
Das Bild in der Kirche
Ikonoklasten gegen Ikonodulen 128

Rüdiger Bergmann
Malerei unter Wasser 134

Heather Busch / Burton Silver
Kunst von Katzen 138

Hans Rudolf Becher / Claudia Mauer
Ich bin ein Spurensicherer
H. R. Becher u. Claudia Mauer sprechen mit Hermann Götting *141*

Udo Jürgens
Ich warne vor Experten
Thomas Weber spricht mit Udo Jürgens *144*

Matthias v. Matuschka
Was ist Kunst? Ist-Kunst „Kunst" Kunst ist. Kunst ist was?!
Kompositionen auf der Haut 152

Joachim Kern
Kunst und Mode und Ich 158

Martin Schuster
Der „Macher"
M. Schuster spricht mit HA Schult 162

Horst Beisl
Naturhäuser – Ökologie – Erziehung
Ein Projekt zur Dritten Haut des Menschen 166

HANS RUDOLF BECHER / MARTIN SCHUSTER

Einleitung

Das vorliegende Buch soll über die heutige Kunst informieren und die Erklärungen geben, die man braucht, um ihren Fortgang zu verstehen. Jeder, der im Museum schon einmal irritiert fragte, ob die Exponate wirklich Kunst seien, findet hier Unterscheidungskriterien. Aber auch jede Frau, jeder Mann, der einmal darüber nachgedacht hat, Künstler zu werden, wird von den Texten dieses Bandes profitieren.
Es geht, das sei allerdings zuerst gesagt, nur um „Bildende Kunst", also Malerei, Bildhauerei, eventuell Design usf. Der Begriff Kunst faßt zu Verschiedenes (Musik, Literatur usw.) zusammen, um sinnvolle Aussagen zu erlauben. Ja, es ist nicht sicher, ob in der Musik oder Literatur die gleichen „Zeitströmungen" wie in der bildenden Kunst herrschen. So gibt es ja kaum einen mächtigen Zweig „abstrakter" Literatur. Selbst innerhalb der bildenden Kunst kann die Auffassung von Entwicklungen und Aufgaben der Kunst unterschiedlich sein; so hat die Malerei früh (evtl. verursacht durch den Konkurrenten Fotografie) die naturalistische Abbildung verlassen, während die Bildhauerei in ihrem Hauptstrom fast bis heute gegenständlich geblieben ist.
Die Beiträge des Buches sind zu fünf thematischen Blocks zusammengefaßt:

I. Kunst heute

Einleitend versucht Schuster sich in einen Kunstbetrachter, in einen Künstler und in einen Kunstkäufer hineinzuversetzen und sie in ihren Rollen zu verstehen. Dann folgen Gespräche mit dem Kunsthistoriker **Sir Gombrich**, dem Künstler und Kunstexperten **Bazon Brock** und dem Documenta-Macher und Dekan einer Kunsthochschule **Schneckenburger**, die alle die Meinung und Debatte über die heutige Kunst wesentlich mit geformt haben. In allen drei Gesprächen geht es um den heutigen Kunstbegriff, um die Fähigkeiten, die ein Künstler heute haben muß, und um Einflußgrößen auf die heutige Kunst.
Es hat sich als ganz natürlich ergeben, die Fortschritte bzw. die Veränderungen der Kunst als positiv und avantgardistisch anzusehen. Auch dies ist eine von vielen liebgewordenen Gewohnheiten, die so nicht bestehen bleiben müssen. Es kann sich auch wieder Kritik an der zeitgenössischen Kunst einstellen, die auch von Kunstexperten vorgetragen wird. Die Beiträge von **Brög** und **Querengässer** sind Beispiel – bzw. im Bild gesprochen: eine Taube – für einen derartigen Wechsel der Großwetterlage der Kunst. Der junge Künstler kann sich eben nicht allzusehr darauf verlassen, daß die heute gefeierten Richtungen nicht doch bald als Irrweg angesehen werden und anstelle eines Fortschrittes in Richtung Postmoderne ein Rückgriff auf den Kunstbegriff und die Kunstpraxis der Moderne stattfindet.

II. Kreativität

In einem nächsten Block steht die künstlerische Kreativität im Mittelpunkt der Überlegungen.

Schuster hat in seinen Beiträgen versucht, den Schleier ein wenig zu lüften, der über der künstlerischen Erfindung liegt. Er untersuchte die Fähigkeitskomponenten und die Umwelt-Bedingungen, derer es für die künstlerische Kreativität bedarf. Dabei kristallisieren sich auch einige Hauptwege künstlerischer Erfindung heraus.

Direkt im Anschluß an solche Überlegungen fragt **Rech**, was eigentlich künstlerischen Ruhm begründet: Er kommt zu dem Ergebnis, daß eine irgendwie geartete Genialitätsidee verlassen werden sollte. Tatsächlich basiert der Ruhm auf den literarischen Werken der Kritiker, auf realen Machtverhältnissen und – wie am Beispiel des Werkes von Selle gezeigt wird – auf der Tabuverletzung, die die Aufmerksamkeit sichert.

Bei aller Innovation bezieht sich Kunst immer auf den Menschen, der seine Präferenzen, seine Reaktionsweisen in der Stammesgeschichte entwickelt hat. Dies gibt der Kunst einen Rahmen, den sie nur schwer verlassen kann. Die Reaktion auf Farbe und Farbigkeit, die Reaktion auf nackte Körper usf. fordert ihr Reizangebot, das eben auch innerhalb der Kunst bedient wird. Dieses Thema wird von **Sütterlin** beleuchtet. Ganz im Sinne ihrer Argumentation soll hier darauf hingewiesen werden, daß in einem Taschenbuch der künstlerischen Fotografie des 20. Jahrhunderts (Museum Ludwig, Köln: Photographie des 20. Jahrhunderts, Taschen 1996) ca. 25 % der Abbildungen (halb-)nackte Männer- oder Frauenkörper zeigen. Das ist eben ein Motiv, das Menschen gerne sehen.

III. Quellen der Kunst

Woher stammen die Bildwelten, die zum Vorbild der künstlerischen Erfindung werden? Einleitend untersucht Schuster die wechselnden Vorbilder, die berühmte Künstler zu ihrem Schaffen anregten.

Kläger berichtet in seinem Beitrag über die Kunst von Minderbegabten, die er seit Jahrzehnten dokumentiert und interpretiert. Hier ist ein Quell intellektuell unverstellter Kreativität, der zu den Wurzeln bildhafter Kreativität überhaupt führt. **Kraft** beschreibt seine Empfindungen zu einem Bild von Hirschvogel, das in seiner ungewöhnlichen und ganz neuartigen Bildsprache an die Bildnerei der Geisteskranken erinnert: ebenfalls einer wichtigen Quelle und Inspiration der Kunst, die als Art Brut von Dubuffet aber auch Picasso oder Max Ernst zum Vorbild genommen wurde.

IV. Einflüsse auf die Kunst

Im nächsten Block geht es um Einflüsse auf die Kunst, z. B. von Auftraggebern wie bei dem Psychologen und Kirchenmaler Wickert (vgl. Block V).

Silbermann, der die Einflußgrößen auf die Kunst diskutiert, stellt am Ende seines Aufsatzes zu diesem Thema lakonisch fest, daß es doch besser sei, es gebe gewisse Einflüsse auf die „autonome" Kunst, als daß es gar keine Auftraggeber mehr gebe.

Aus der Kenntnis des Kunsthändlers heraus, beschreibt **Raschid** eine solche Einflußnahme von innen. Es wird deutlich, wie der Kunstmarkt manipuliert wird und wie ganz kunstfremde Einflußgrößen schließlich den Marktwert eines Kunstwerkes bestimmen.

V. Originelle Ansätze

Hier kommen einige Künstler mit ihren Projekten zu Wort. Die Auswahl ist willkürlich, wenngleich in allen Fällen eine Anbindung an unseren Standort die Kunststadt Köln besteht, deren Zentrum – der Dom – daher auch in einer Abbildung von Claudia Mauer vertreten ist.

Jeder der vorgestellten Künstler hat sein eigenes ideosynkratisches Projekt und schildert seinen Versuch, sich mit der Forderung „innovativ" zu sein, auseinanderzusetzen. Manche der Ansätze sind spekulativ und haschen nach der Sensation, andere sind tiefsinnig auf die Kunstgeschichte bezogen. Wir geben hier aber keinerlei Bewertungen des künstlerischen Ranges dieser immer mutigen Versuche ab, sondern bedanken uns bei den vorgestellten Künstlern für die Bereitschaft, mitzumachen.

Das folgende Interview mit **Wickert** ist in mehrfacher Hinsicht lehrreich. Man erfährt, daß der Maler sich fast wissenschaftlich mit der Geschichte seines Faches beschäftigt hat, selbst in einer historischen Tradition steht. Dazu bringt er sein psychologisches Fachwissen ein (Johannes Wickert ist auch Professor der Psychologie), um das allgemein Menschliche seines Themas zu erfassen. Solche Malerei hat – so erfahren wir – einen theoretisch-gedanklichen Hintergrund, zu dem erst das handwerkliche Geschick kommt, um die Dinge bildhaft umzusetzen.

Wir erfahren aber auch – nebenbei – etwas über die Situation des Künstlers. Der engagierte Kirchen-Künstler bekommt nicht nur kein Entgelt, sondern muß sogar manchmal etwas dazuschießen. Er braucht einen anderen Beruf, um dieses Geld zu verdienen. Das ist bei vielen bildenden Künstlern heute so und es ist sicher eine Folge der Autonomie der Kunst. Der Künstler ist sein eigener Auftraggeber, und nun muß er auch selbst schauen, wohin mit seiner Kunst.

Bergmann malt unter Wasser. Sein Gegenstand ist die Schönheit der Unterwasserwelt. Sein Projekt ist sicher einzigartig, ja er hat seine eigene Technik entwickelt und sogar eine Ausstellung unter Wasser veranstaltet.

Ebenso originell ist der Versuch, uns am Beispiel der Gestaltungen der Katzen über die Grenze der Arten blicken zu lassen, wie ihn **Burton Silver / Heather Busch** unternehmen. Er rückt damit den Mensch aus dem Mittelpunkt der ästhetischen Welt und erweitert den Kunstbegriff.

So wie Richard Long Kunstwerke in der Steinwüste schaffte, die so nie im Museum gezeigt werden könnten, so findet **M. von Matuschka** eine Malfläche, die Kunst vergänglich werden läßt, die menschliche Haut. Dennoch liegt sein Werk ganz nah am Ursprung aller Kunst, nämlich dem menschlichen Bedürfnis, sich zu schmücken.

Joachim Kern integriert Kunst und Mode; er fokusiert beides auf sein „Ich" – so bisher auch noch nicht gesagt.

Interviews mit **Hermann Götting** und **Udo Jürgens** führen zwar in eine andere Welt der Kunst, werden aber gerade deswegen den Lesern interessant erscheinen, weil sie mutig genug sind, Kunst im Hinblick auf pro und contra abzuwägen.

Der Künstler **H. A. Schult** zum Beispiel hat gerade wieder etwas in Köln „gemacht". Eine Kugel auf der Severinsbrücke zeigt die relative Größe des Menschen und die relative Kleinheit des Lebensraumes Erde. Die Reibung mit Ämtern und Behörden wird dem Künstler zum willkommenen Kanonendonner, der seine Aktionen in die Medien und ins Bewußtsein der Menschen bringt.

Kunst-Pädagogik im besten Sinne liefert **Horst Beisl.** Er baut mit Eltern und Kindern aus Seilen und Ästen Naturhäuser. Soweit ist es ein Werk-Spiel. Es ist aber mehr – es ist eine Anwendung der Idee Hundertwassers, menschlichere naturnähere Formen und Lebensräume zu gestalten: Die Idee wurde im Gespräch mit dem Künstler Hundertwasser geboren. Kinder sind die Kunstkonsumenten und erleben das archaische Gefühl, die Befriedigung, sich mit eigener Kraft einen Schutzraum zu gestalten, die Schönheit des natürlichen Baumaterials.

Wie soll es mit der Kunst weitergehen?

Auf diese Frage wird meist mit einer Einladung zu einer Reise in die Vergangenheit geantwortet. Wäre es doch nur so meisterlich wie früher! Finden wir uns besser mit den Tatsachen ab. Warum soll die handwerkliche Meisterschaft nicht wirklich vom Handwerker kommen und der Künstler steuert nur die kreative Idee bei. Wie Brög bei seinen Keramiken Rohlinge des Handwerksmeisters bearbeitet und Rosemarie Trockel zu ihren Arbeiten die jeweiligen Handwerks-Spezialisten hinzuzieht und H.A. Schult sein Werk ganz wesentlich durch eine vom Fotomeister ausgeführte Arbeit präsentiert, könnte es viele Möglichkeiten der Gemeinschaft von Künstler und Handwerker geben.

Früher wurde ein Kunstwerk schon einmal gegen ein Essen eingetauscht, gegen eine Übernachtung im Wirtshaus: Wir können uns den Gegenwert ausrechnen. Wenn in diesem Preisbereich wieder ansehnliche Originalkunst entstände, wäre mancher Mißbrauch des Kunstmarktes von unten ausgehöhlt. Und warum muß der Dilettant, der Student, die Studentin auch 4000 DM für ein Bild verlangen. Sie könnten für Materialkosten und 15 DM Stundenlohn erst einmal im Bereich der Dekoration arbeiten und abwarten, ob sich die Muse der Kunst zu ihnen neigen möchte. Wenn man sich dann als Meister erweist, wird die Nachfrage eine Preissteigerung regeln. Der Museumsdirektor könnte seine Kennerschaft dann wieder dadurch beweisen, daß er große Kunst bereits zu sehr günstigen Preisen kauft.

I. KUNST HEUTE

MARTIN SCHUSTER

Eine mit-fühlende Kunstpsychologie

1. Was ist Kunst?

In meinen Alltagsgesprächen kommt es nicht vor, daß es jemand für nötig hält, die Sätze zu sprechen: ‚Das ist doch keine Tasse„ oder „Das ist doch für mich kein Jakkett". Dagegen habe ich schon oft die Sätze gehört: „Das ist doch keine Kunst„ oder einschränkend ‚Das ist doch für mich keine Kunst".

Was ist also mit der Kunst, daß sie so oft „keine Kunst" ist?

Zunächst versetzen wir uns einmal in einen Mitmenschen, und unterstellen, daß er, wenn er das Wort Kunst hört, sein ethymologisches Verständnis verwendet und von Können ableitet. (Die Fechtkunst, die Reitkunst, die Heilkunst: ergo weiß er, was Malkunst ist. Dies sind alles Wortgebilde, die auf das meisterliche Können abheben.) Wenn also kein „Können" dazugehört, dann ist es auch keine Kunst.

(Ich meine, daß gerade die Deutschen es mit der neuen Kunst so schwer haben, weil der Wortstamm „können" so offensichtlich in Kunst drinsteckt. „Art" heißt im Englischen „Kunst", und das kann auch im Sinn von „art of gardening" verwendet werden, kommt aber letztlich von „künstlich" – artificial. So hat man es im Englischen auch viel leichter mit Begriffen wie „art-therapie" oder „childrens art": der hohe Anspruch an das Können ist nicht gleichzeitig mitgedacht.)

Hat unser Kunstbetrachter schon ein wenig Ahnung von Kunst und erlebt, wie bei Führungen in Museen die alten Meister für ihr malerisches Können verehrt werden, so kann er in der Meinung, daß Kunst ausschließlich von Können abgeleitet wird, nur bestärkt werden. Rembrandts Licht- und Schattenmalerei werden gern als „unnachahmlich" bezeichnet. Auch Vermeers korrekte Perspektive, seine gekonnt naturalistische Licht- und Schatten-Verteilung entspricht so genau diesem Kunstbegriff. Eine jüngste Ausstellung wurde ein riesiger Erfolg. In der Packung Kunst war das, was ein großer Teil des Publikums erwartet.

Gerät nun ein Mitmensch, der ein wenig Ahnung von Kunst hat, in ein Museum zeitgenössischer Kunst und gelangt dort vor eine monochrom blaue Leinwand, dann denkt er als erstes „das kann ich auch" und als zweites (folgerichtig) „das ist keine Kunst".

Lassen Sie mich erzählen, daß ich zusammen mit einer Gruppe von Studenten aufgezeichnet habe, was die Besucher der modernen Abteilung des Kölner Museums Ludwig, in der keineswegs avantgardistische Kunst hängt und steht, miteinander sprechen. Am häufigsten sagt man sich ‚Das gefällt mir nicht", „Das würde ich mir nicht ins Wohnzimmer hängen". Allerdings, manchmal gefiel meinen heimlich beobachteten Versuchspersonen auch etwas. Am zweithäufigsten war der Satz „Das ist für mich keine Kunst". An dieser Stelle des Diskurses verstehen wir, welche Überlegung dazu führte. Der Betrachter meint, daß eben jenes Können, das er am Künstler ja ehrfürchtig bewundern soll, in diesem spezifischen Fall nicht zu erkennen ist.

Gerade was Vermeer anlangt, haben sich neue Fakten ergeben. Es war nicht allein das große malerische Können; er bediente sich bei seinen Bildern einer camera obscura und malte die Umrisse der Gegenstände auf dem Hintergrund der dunklen Kammer ab. Daher ergibt sich auch die fotografische Übereinstimmung. Als später die Fotografie aufkam, war auch sie natürlich bald Malhilfe – die man aber dem Publikum verheimlichte, weil man ja malerisches Können demonstrieren wollte.

Man könnte denken: Wenn es denn ein schönes Bild ist, so ist es ja gleich, wie es entstanden ist, und Kunst bleibt es eben in dem Sinne, daß nur ganz wenige Maler, ganz gleich welche Mittel sie auch einsetzen, schöne, eindrucksvolle, gefühlsgeladene Bildern malen können.

Die Museen heißen auch z. B. „Haus der schönen Künste" (wiederum ein Hinweis für jemanden, der überlegt, welche Eigenschaft denn die Künste haben). Das künstlerische Können wandelt sich bei näherem Kontakt vom „Abmalenkönnen der Natur" (wie es z. B. Kinder auffassen: sie halten eine Fotografie für ein besseres Kunstwerk als ein gemaltes Bild, Winner 1987) zum „Gestaltenkönnen". Das Abmalen übernimmt schon seit langem eine Art fotografische Maschine.

Unter Malern nun weiß man schon seit Jahrhunderten, daß manches am Malen Handwerk ist. Man lernt von den berühmten Vorbildern, wie es richtig gemacht wird. Hat ein Maler einmal eine Form gefunden, den Londoner Nebel darzustellen, steht nun allen anderen diese Möglichkeit auch offen (im Beispiel meine ich Whistler u. vgl. Gombrich 1996). Hat aber ein Maler dadurch ein schönes Bild geschaffen, daß er z. B. eine besonders schöne Pose eines menschlichen Körpers gefunden hat, so ist es für alle folgenden ja keine Kunst mehr, das nachzumalen.

Wenn also ein Maler sich einen Meister aussucht, wird es der sein, der die neuesten Entdeckungen kennt, ja am allerbesten der, der die neuesten Entdeckungen selbst gemacht hat. Und so wird derjenige innerhalb der Gilde der Maler später auch beim allgemeinen Publikum am berühmtesten und verehrtesten, der neue Abbildungsmöglichkeiten entdeckt, wie z. B. die Impressionisten.

Nachdem die Impressionisten die „schöne" plein-air-Malerei entwickelt haben, ist es für alle anderen keine Kunst mehr, auch in der *Manier* zu malen. Die Kunst, das Können, die Meisterschaft hat also eigentlich schon seit langem nur der, der entdeckt und zum ersten Mal verwirklicht.

Hier liegt allerdings noch ein gewisser Unterschied zur älteren, naturalistischen Malerei. Die Natur getreulich abzumalen, erfordert jedesmal neu das Können des Malers, z. B. bei jeder neuen Ansicht einer Landschaft die Meisterschaft im Abbilden. Viele der jetzt erreichbaren Ziele und Merkmale der Malerei müssen aber, einmal erfunden, nur wiederholt werden, so daß besonders deutlich wird, daß das bewunderte Können eigentlich nur in der Entdeckung liegt.

Nun ergibt sich: Nur der kann ein Künstler im Sinne des Könners sein, der ein Entdecker ist, der eine bestimmte Schönheit, eine bestimmte visuelle Erfahrung zum ersten Mal verwirklicht, der „kreativ" im Sinne von innovativ ist.

Eine blaue Fläche malen oder ein Pissoir ins Museum stellen, das könnten wir auch, aber zum ersten Mal haben wir es nicht gemacht – die Künstler Yves Klein und Duchamp werden für diese Leistungen bereits verehrt. Tatsächlich stellt Bazon Brock im Interview dieses Bandes den Wissenschaftler nah an den Künstler: auch er soll ein Entdecker sein. Unser Kunstbetrachter im Museum wird das bei näherem Kunstkontakt bemerken. Jetzt fragt er nicht mehr nur, ob ihm ein Bild gefällt, sondern ob es eine „Revolution" der Kunst war, als es entstand.

Andererseits ist ein nachgemalter Impressionist vielleicht schöner als die letzte Entdeckung in Sachen Farbkontrast im abstrakten Bild, aber wie ja zu verstehen war, wird nur der Entdecker gefeiert und erobert Plätze im Museum.

Dies ist eine Diskrepanz, die Beginner und sogar viele Amateurkünstler nicht sogleich verstehen.

Interessant ist in diesem Zusammenhang die Unterscheidung zwischen reiner und angewandter Kunst. Die angewandte Kunst will gefallen, muß gekauft werden – aber sie bedient sich der Entdeckungen, die in der reinen Kunst gemacht werden. So kommt es, daß Künstler sein auch ein ziemlich idealistisches Unterfangen sein kann. Man macht wichtige Entdeckungen, setzt sie gegen den Widerstand und die Mißachtung der Zeitgenossen durch, und hinterher hat ein anderer etwas davon, z. B. derjenige, der die Entdeckung in einer Werbegrafik umsetzt.

Zu den Kunstwerken gehört ein Preis. Ja, es wird vom Geld geredet, wenn ein Museum ein riesiges Kunstwerk, das aus drei Farbflächen besteht (z. B. Barnet Newmans „Wer hat Angst vor Rot, Gelb und Blau"), für 5 Millionen DM einkauft. Dann wird das von den Führern erwähnt, von der Presse besprochen, im Katalog expliziert. Jedermann erfährt, so teuer ist das Kunstwerk gewesen. Der in der Presse diskutierte Preis hat dann einen Kunstzerstörer zu einem Säure-Attentat angeregt (Pickshaus 1988).

Der Besucher muß sich nun erklären, warum es so teuer ist. Eine Erklärung wäre, die manchmal bei antiker Kunst paßt, daß eben eine Menge kompetenter Handwerksarbeit darinsteckt, wie z. B. bei einem gewebten Wandgemälde (Gobelin). Das ist aber beispielsweise bei einer monochromen Farbfläche in zweierlei Hinsicht nicht der Fall. Es dauert nicht lange, so etwas zu machen, und man muß auch nicht besonders gut malen können. So leicht versteht man den Preis nicht: auch das führt oft zu der Formulierung „Ich verstehe die moderne Kunst nicht".

Andererseits vermittelt sich auch dem naiven Museumsbesucher, daß die Menschen des Kunstbetriebs, Museumsdirektoren, Sponsoren nicht gerade dumm sind und auch nicht sinnlos Geld verpulvern. Das Kunstwerk muß aus irgendeinem nicht sichtbaren Grund so wertvoll sein.

Der Preis ist ja ein Equivalent für Qualität und Raffinement der Ware. Ein Mercedes ist eben teurer als ein Trabi. Man weiß das. So wird, ohne daß man genau weiß warum, der Preis zum Maßstab für die „Güte" des Kunstwerks, mitunter zum einzigen Maßstab. Staunend betrachtet man eine Sache, für die intelligente Menschen so viel Geld geben. Da muß sie ja ganz excellent sein.

Ein Kunstwerk für wenig Geld ist dann – nach einem solchen Kunstverständnis – auch nur noch wenig kunstvoll. Leider erliegen die Museumsdirektoren auch diesem Mißverständnis und verpulvern ihr Geld für Kunstwerke, deren Preise sie selber durch ihre Ankaufspolitik hochhalten. Der berühmte Kunstkritiker Robert Hughes (1995) gibt ein Beispiel: Die australische Regierung kaufte das Pollock-Bild „Blaue Pfähle" für 2 Millionen Dollar. S. 519:

„Niemandem zuvor war es je eingefallen, für einen Pollock so viel zu verlangen; aber natürlich nahm sich der Markt dieses heroische Beispiel dankbar zu Herzen, über Nacht verfünffachte sich der Preis eines jeden Pollock auf der Welt, was der „National Galery of Australia" die Verlautbarung ermöglichte, das Bild sei eigentlich billig gewesen."

2. Der Ruhm: Was tut der Künstler für uns?

Wie kommt es zu Ruhm und Verehrung? Es könnte einfach das Können in jedem Sachgebiet sein, das wir verehren. Ein Beispiel zeigt aber, daß es nicht so ist: Den geschickten Aktienspekulanten, der sich ein enormes Wissen über Wirtschaftsvorgänge erworben hat und eine Million nach der anderen „macht", den verehren wir nicht. Manchmal sind wir sogar ein wenig neidisch oder hassen ihn geradezu. Er nutzt sein Können nämlich nur dazu, sich Vorteile zu verschaffen.

Wenn dagegen jemand etwas kann, was uns Freude macht, dann sind wir dankbar, z. B. wenn er einen spannenden Roman schreibt, wenn er schön singen kann und uns dabei die Sorgen des Alltags vergessen läßt. Noch mehr können wir ihn bewundern, wenn er in seinen Gesängen etwas als wahr beschreibt, was wir uns sehr wünschen, wie z. B. die große Liebe oder den Frieden unter den Menschen (z. B. „Marmor, Stein und Eisen bricht, aber unsere Liebe nicht").

Auch der bildende Künstler macht uns mit dem schönen Bild eine Freude, gewährt uns schöne Momente (d. h. im günstigen Fall und eben zu einer Zeit, als die Künste noch schön waren).

In der Demokratie und Marktwirtschaft, in der jeder als Kunstkonsument in Frage kommt, kann sich eine therapeutische, kompensatorische Kunst entwickeln, die dem einzelnen Triebabfuhr oder Heilung gewährt. Brög beschäftigt sich in seinem Aufsatz mit dieser Entwicklung – und lehnt sie ab.

Dies gilt aber nicht für die eventuell unscheinbare, aber wichtige Entdeckung. Hier kommt noch eine andere Quelle des Ruhms ins Spiel, die wir gut aus dem Sport kennen.

Auch ohne im einzelnen jedes Tennisspiel zu sehen, bewundern und verehren viele Menschen den erfolgreichen Tennisspieler Boris Becker. Er ist unumstritten ein Meister, ein Künstler seines Fachs. Aber er ist darüber hinaus auch noch Deutscher, wie auch wir Deutsche sind, und macht so unsere Gruppe zum Sieger. Wenn viele wichtige Sportskanonen aus „meinem" Volk, aus meiner Gruppe stammen, dann muß ja auch ich aus gutem Holz geschnitzt sein. Was der siegreiche Sportler uns schenkt, ist Gruppenstolz, der sich im einzelnen als individuelle Größen- und Fähigkeitsvorstellungen niederschlägt.

Das genau tut auch der Künstler-Entdecker. Er ist ein Pionier, er gehört unserer Gruppe an, wir können auf ihn und damit auch auf uns selbst stolz sein (kaum jemand liest die „Iphigenie", aber wer ist nicht von der Größe Goethes überzeugt?). Dies ist eine sehr wichtige Leistung, die der Berühmte abliefert, und dafür wird ihm Dank und Ehre zuteil.

Wenn der Spitzensportler allerdings nicht mehr gewinnt, dann erlischt die Verehrung nicht nur, nein, er wird sogar beschimpft, weil er ja jetzt sozusagen „Stolz" von der Gruppe und damit von mir selbst abzieht.

Wenn wir Deutschen uns als Volk der Dichter und Denker bezeichnen, ganz ehrlich und Hand aufs Herz, dann wird doch jeder von uns auch ein wenig zu einem (kleinen) Dichter und Denker.

An dieser Stelle ergeben sich interessante Ausblicke auf zukünftige Chancen, berühmt zu werden. Wir definieren und identifizieren uns nämlich nicht immer in den gleichen Gruppierungen. Goethe bezog seinen Ruhm noch aus der Tatsache, der deutsche Dichterfürst zu sein, der die erst in ihren Anfängen stehende deutsche Nation mit-definierte. Im „Dritten Reich" gab es sogar eine deutsche Physik, und die Leistung des jeweiligen Physikers wurde stark auf die Volksleistung bezogen.

Jahre sind vergangen, und auch als Konsequenz der vergangenen Ereignisse werden wir bald einen verstärkten Bedarf haben, uns als Europäer zu fühlen, und werden dann den „europäischen Künstler" bewundern. Das heißt also, daß z. B. in Deutschland verstärkt Bedarf nach international und nicht nach deutsch besetzten Kunstausstellungen besteht. Eine andere Gruppe mit einem seit einigen Jahrzehnten erwachten Selbstbewußtsein ist die Gruppe der Frauen. Bedeutende weibliche Künstler bestätigen ja den in der gesamten Vergangenheit unterdrückten Wert weiblicher Kreativität und so das Selbstbewußtsein der ganzen Gruppe. Als Frau ist man als berühmte Person „willkommen", und es gibt ja auch eine betont weibliche, feministische Kunst, die in den Interviews mit Schneckenburger, Barzon Brock und auch mit Gombrich zur Sprache kommt. Wie Sie lesen werden, nehmen diese wichtigen Exponenten der Kunstwissenschaft ganz unterschiedlich dazu Stellung.

Jeder Staat wird natürlich solche Künstler fördern und fordern, die seine Wertvorstellungen propagieren. So steht der Künstler immer in der Versuchung, der politischen Macht zu sehr die Hand zu reichen. Es fördert seinen Tagesruhm auf jeden Fall. Bleibt er aber standhaft und vertritt seine Werte, kann ihm das natürlich dann, wenn sich das politische Blatt gewendet hat, besonderen Ruhm und besondere Beachtung eintragen. (Dies muß allerdings nicht passieren; manchmal wendet sich das Blatt eben nicht, und man gehört dann zu den ewig Gestrigen. So kann die gleiche Handlung also der Zeit vorauseilen oder hinter ihr liegen. Das hängt nicht von der Tat, sondern von der weiteren Entwicklung der Zeit ab.)

Muß der Künstler seiner Zeit voraus sein? Die Frage wird in manchem Beitrag gestellt. Besser wäre die Formulierung: Ist es gut, wenn die Zeit das Tun des Künstlers im nachhinein bestätigt? Ja sicher, lautet die Antwort. Wenn sie es nämlich nicht tut, wird niemand von der Tat Notiz nehmen. Anders formuliert: Jeder Künstler, der etwas nicht zeitgemäßes tut, muß notwendigerweise, um erfolgreich zu sein, „seiner Zeit voraus sein".

Wir lernen also: Auch heute gibt es Gruppen, die die einigende Kraft des berühmten Exponenten brauchen und daher Künstlerruhm akzeptieren und fördern – und andere, bei denen das schwerer ist. Nach berühmten bayrischen Künstlern ist eher kein Bedarf, was nicht heißt, daß kein Bayer berühmt werden kann. Die Tatsache, daß er Bayer ist, fördert den Ruhm aber nicht. Der neu gegründete palästinensische Staat aber wird einen Goldmedaillen-Gewinner oder einen Künstler aus seiner Mitte begeistert feiern und viele seiner Ressourcen für seine günstige Entwicklung opfern (zur Entwicklung von Ruhm vgl. Schneider 1985).

Jemand zu rühmen ist auch schmerzhaft: Man muß seine Leistung anerkennen, es ist irgendwie eine Kränkung des Ichs. Daher können solche Menschen leichter berühmt werden, die diese Kränkung weniger stark verursachen. Der geisteskranke Künstler kränkt uns nicht. An seiner Stelle wollen wir nicht stehen. Auch der arme Künstler macht es uns leichter; wir brauchen wenigstens nicht auf seinen materiellen Erfolg neidisch zu sein, der ja vielen ohnehin wichtiger wäre als der ideelle Erfolg. Daß selbst Rembrandt im Armenhaus starb, beruhigt etwas. Künstler, die nie daran gedacht haben, Künstler oder gar berühmt zu sein, machen es uns leichter. Wenn ein Künstler aus Protest gegen den Museumsbetrieb etwas macht, was man auf keinen Fall ausstellen kann, wenn er also nicht nach dem Erfolg einer Museumsausstellung giert, bemühen sich die Experten des Kunstbetriebs ganz besonders, ihn im Museum zu präsentieren (z.B. die Künstler der land-art).

Es gibt Künstler, die zu einem Zeitpunkt ihres Schaffens ihr ganzes (in ihren Händen befindliches) Werk zerstören. Es ist sozusagen schon zu einem Geheimtip geworden, einmal das ganze bestehende Werk zu vernichten. Das macht glaubwürdig, daß es nicht um den materiellen, sondern um den ideellen Erfolg geht.

3. Was erwartet den Adepten der Kunst?

Der Künstlerberuf – davon handelte ja der vorherige Abschnitt – kann eine Eingangstür zu individueller Bedeutung und individuellem Ruhm sein. Sicher ist es zutiefst menschlich, nach „Rang" innerhalb der Gruppe zu streben. So können wir verstehen, wenn auch beim angehenden Künstler ein Teil der Berufsmotivation darin besteht, Anerkennung und Bedeutung zu gewinnen.

Das Streben nach Bedeutung kann auf dem Hintergrund der Lebensgeschichte eines Menschen stärker und weniger stark sein. Niederland (1976) untersucht, in welchem Maß narzistische Kränkungen zum Berufswunsch „Künstler" beitragen. Der Mensch, der in seinem Erscheinungsbild schwere Mängel empfindet (z. B. körperbehindert ist wie Toulouse-Lautrec), kompensiert diese Minderwertigkeit durch eine besonders schöne Gestaltung, die ihm die Anerkennung der Mitmenschen sichert. Niederland kann diesen Zusammenhang für viele bekannte Künstler nachweisen.

Heute ist es nicht allein das Ziel der Kunst, „schöne" Werke zu schaffen, aber dennoch kann natürlich Ruhm und Bedeutung des Künstlers, die anerkannte „Genialität", eine Salbe für empfangene Kränkungen sein – und wird auch aus diesem Grund angestrebt.

Das Fenster zum Ruhm bei einem bestimmten Berufsweg ist im Verlauf der Geschichte allerdings nicht immer gleich groß oder auch überhaupt gleichermaßen vorhanden. So ist es auch in der Geschichte des Künstlerberufes. Der mittelalterliche Künstler empfand sich als Handwerker und sah es nicht einmal als nötig an, seine Werke zu signieren. Besonders schlimm stand es um die Schauspieler. Sie gehörten einer verachteten Gruppe an. Von Ruhm konnte bei ihnen gar keine Rede sein. Später, um die Jahrhundertwende, sprach man von Malerfürsten (etwa bei Franz von Matsch oder Franz von Stuck). Bei den beliebten Kostümumzügen der Handwerksgilden führten diese berühmten Personen, die auch wegen ihrer Werke geadelt wurden, das Spektakel an. Dies würde ich als einen der Höhepunkte künstlerischen Ruhms ansehen. Die Surrealisten mit einem sehr ambitionierten Programm, nämlich aus dem Unbewußten (das Freud gerade entdeckt hatte) einen neuen Menschen zu befreien (Breton), erreichten ebenfalls großen Ruhm, ja definierten teilweise das Bild vom Künstler (der sich keinen Konventionen unterwirft). Heute, so scheint mir, dümpelt der Künstlerruhm etwas dahin. Es gibt kein Programm, das den Ruhm tragen könnte. Das kann sich natürlich ändern. Um das Phänomen der sich wandelnden Chance, Ruhm zu gewinnen, weiter zu verbildlichen, will ich ein Beispiel erweitern, das einem der Beiträge dieses Bandes entnommen ist, nämlich dem Beitrag von Brög. Er fragt in seiner Analogie, warum Historiker die Kunstmuseen leiten, der Krieg werde doch auch nicht von Militärhistorikern, sondern von Generälen geführt. Wir bleiben auch in bezug auf den Ruhm im Beispiel: In Friedenszeiten kann auch ein General nicht so leicht berühmt werden.

Der Ruhm ist für den jungen Künstler auch deshalb ungewiß, weil natürlich von tausend Anfängern, die starten, nur zehn zu Ruhm und Anerkennung kommen. Aber selbst dann, wenn schon ein gewisser Ruhm erreicht ist, so ist meine Erfahrung, ist eine Finanzierung des Lebens aus den eigenen Werken oft nicht gesichert. Sicher wissen Sie, liebe Leser, daß Max Ernst, Dali, de Chiricot, Eluard in ihrem Leben lange Zeiten großer Armut durchlebt haben und sogar **der** Künstler Rembrandt im Armenhaus gestorben ist.

Beim Thema Finanzierung der Lebenskosten in Zusammenhang mit den Surrealisten fällt ein Phänomen auf, das sicher auch heute noch Gültigkeit hat. Es kann der künstlerischen Laufbahn nicht schaden, wenn man genug Geld hat und sich nicht um einen Brotberuf kümmern muß. Viele Surrealisten lebten zunächst von den väterlichen Vermögen. Max Ernst wurde aus Eluards Erbe mitfinanziert. Nur so, unbelastet vom Zwang, Bilder zu verkaufen (das würde eine Anpassung an den nicht innovativen Publikumsgeschmack erzwingen oder dazu führen, seine Zeit mit anderem zu vertun), kann ein eigenes künstlerisches Profil entwickelt werden. Arif Er Raschid zeigt in diesem Band auf ein bezeichnendes Beispiel aus der heutigen Kunstszene: Jeff Koons mietete (von seinem Geld) den Saal eines wichtigen Museums für die Ausstellung eigener Werke. So kam er aus dem Stand zu größerer Bekanntheit.

Sicher kann es auch nicht schaden, Lebenszeitbeamter und Kunstprofessor zu sein. Auch in dieser Position ist die Möglichkeit eines unabhängigen Werkes gegeben. Joseph Beuys konnte sein Werk und sein mutiges Wirken eben durch die Möglichkeiten der Professur vorantreiben. Reiche Kunst-Sammler, die sich auf einen Künstler spezialisiert haben, können die Kariere des Künstlers nachhaltig fördern. Die Ehe Max Ernst mit Peggy Guggenheim ist ein Beispiel dafür. Als die Ehe geschieden wurde, wollte zunächst keiner mehr seine Bilder kaufen, und er wurde zeitweise von seinem Sohn Jimmy unterstützt.

Wie oben ausgeführt wurde, hängt Anerkennung und Ruhm mit Entdeckung und Innovation zusammen. Anderes ist natürlich auch im Spiel: die Fähigkeit zur Selbstinszenierung, die man auch als eine Kunst bezeichnen könnte, und natürlich wie immer im Leben: „Beziehungen". Einflußreiche Bekannte und Verwandte im Museum begünstigen, wenn man eine Leistung vorzeigen kann, das Entdecktwerden (Gombrich weist darauf hin). Der junge Künstler soll also etwas Neues schaffen **und** damit auffallen. Er braucht das kreative Talent und das Talent, Macht zu entfalten, sich durchzusetzen: denn man ist ja immer in der Konkurrenz zu Mitbewerbern, die den neuen Konkurrenten sicher nicht freundlich vorbeiwinken wollen. Eher werden sie ihn anfeinden. Dafür gäbe es viele Beispiele zu berichten.

Also sind bestimmte Persönlichkeitseigenschaften erforderlich, die auch Kreative in anderen Bereichen brauchen. Man muß fleißig sein, man muß unbeirrt seinen Weg verfolgen. Man muß sich unabhängig von der „konventionellen" Meinung seiner Umgebung machen können. Das war die positive Seite dieser Gruppe von Eigenschaften. Negativ gewendet kann das aber auch bedeuten, daß der später Erfolgreiche fast psychotisch unabhängig von Kritik und sozialer Rückmeldung, egomanisch ist und seine soziale Umwelt rücksichtslos für seine Projekte einspannt (Gardner 1996 z. B. über Picasso). Van Gogh war ein großer Künstler, aber sicher kein angenehmer Mitmensch. Auch von Max Ernst kann man wohl behaupten, er habe seine „Affären" und Ehen durchaus auch in den Dienst seiner Karriere gestellt. Natürlich hat es auch sehr nette und angenehme Künstler gegeben, aber ganz allgemein überwiegen unter den Hochkreativen – auch anderer Domänen – sozial abweisende und zurückgezogene Persönlichkeiten.

Daß bei einem solchen Anforderungsprofil das Leben des Künstlers oft nicht leicht ist, ist evident. Innere Spannungen, Unzufriedenheit, Isolation sind die Kehrseite des Ruhms. Dazu kommt – es wurde schon einmal erwähnt –, daß der Künstler ja kein Angestellter ist, der ein Monatsgehalt bekommt. Im Bericht des Künstlerbundes der Bundesrepublik Deutschland wird klar, daß das Opfer für die Freiheiten des Künstlerberufs oft in einer gewissen Armut und finanzieller Unsicherheit besteht. Spitzenpreise zu Lebzeiten sind das Privileg von wenigen; aber auch gelegentliche Spitzenpreise werden in ihrer lebensichernden Wirkung überschätzt. Die Hälfte des Preises bekommt der Galerist, ein Viertel ist für die Steuer, und dann müssen noch Rentenversicherungen und vieles andere bezahlt werden. Zu recht beklagt der Bund Deutscher Künstler (BDK) die soziale Lage der Künstler im heutigen Deutschland.

Viele, die als junge Künstler starten, haben den möglichen Ruhm und hohe Preise im Auge. Für sie kann der Versuch, Künstler zu sein, sehr enttäuschend werden. Zu wenig wird von ihnen auf die Chance geblickt, ein Abenteuer zu erleben, nämlich das Abenteuer des Entdeckens der „terra incognita".

Bazon Brock gibt in diesem Zusammenhang seiner Überzeugung Ausdruck, daß man die Ausstrahlung des Abenteurers, dessen, der sich mit Kraft und innerer Überzeugung einer Idee, einem Projekt widmet, bemerkt. Das ist die Ausstrahlung, die als innere Seite der Selbstinszenierung gegeben sein muß.

4. Die hohen Preise

Das komplexeste Thema sind die Kunstpreise. Um sie zu verstehen, hilft zu Beginn eine Unterscheidung. Ich will unterscheiden zwischen der Bereitschaft, für eine schöne Dekoration oder für hohe Kunst Geld auszugeben.

Menschen geben nämlich dafür, daß sie es schön haben (ganz ohne daß dabei irgendwie Kunst ins Spiel kommt), auch viel Geld aus. Die schöne Tapete, eine schöne Badezimmergestaltung und die Ausstattung der Wohnung mit Vorhängen kann aufwendig und teuer sein. Man kann sich denken, daß im gleichen Rahmen auch „Kunst" als Dekoration gekauft wird. Wer wohlhabend ist und sich eine Badezimmergestaltung für 30 000 DM leistet, ist ja wahrscheinlich auch bereit, für Wandschmuck etwas tiefer in die Tasche zu greifen. Er sucht sich ein schönes Bild aus, das zur Farbe der Tapete und der Sitzmöbel paßt. Das breite Grafikkunst-Angebot deckt diesen Bedarf. Für 5 000 bis 10 000 Mark sind ansehnliche Werke auch sehr bekannter Künstler zu haben. Sie sind dann eine teure Dekoration; an Weiterverkauf oder Wertzuwachs denkt der Erwerber in der Regel nicht. Er freut sich darüber, daß das Kunstwerk nicht nur schön ist, sondern auch Bildung und Individualität demonstriert, denn nur ganz wenige andere haben das gleiche Kunstwerk.

Wer weniger wohlhabend ist, findet ein breites Angebot von Reproduktionen vor, die er als Wandschmuck verwenden kann. Nun haben viele das gleiche Bild, aber es stammt immer noch von einem berühmten Künstler und weist ebenfalls Geschmack und Bildung aus.

Alte Kunst und neue Kunst erzielen aber auf Auktionen gleichermaßen Spitzenpreise, die über die genannten Preise für ‚Dekoration‚" hinausgehen. Ist Kunst das wert? Vermittelt sie so viel „Genuß"? Oder warum kommt es zu solchen Preisen?

Wer einmal versucht hat, das „sehr schöne" und innovative Bild eines **un**bekannten Künstlers auf einer Auktion zu verkaufen, wird sich sehr schnell von der Idee irgendeines Zusammenhanges zwischen Kunstgenuß und Marktpreis verabschieden müssen. Das Auktionshaus nimmt das Bild nämlich gar nicht erst an. Ob ein Bild von Cezanne dagegen gut oder schlecht ist, spielt für den Preis nicht so eine Rolle. Es erzielt auf jeden Fall Millionen.

Um Kunstpreise und ihren Verlauf zu verstehen, sollte man sich eher in einen Kaufmann hineinversetzen, weniger in den Kunstliebhaber. Dann erschließt sich der Preis nämlich über die Marktgesetze.

Damit wir uns ganz von der Idee des Kunstgenusses als Ursache des Preises lösen, schlage ich ein Gedankenexperiment vor. Wir wollen uns über den Preis eines Kunstwerkes Gedanken machen, das ganz in schwarze Folie eingepackt ist und das weder der Verkäufer noch der Käufer auspacken werden. Wir wissen aber: es ist darin, es ist bedeutend und kostet, sagen wir mal, 10 000 000 Dollar (zehn Millionen!).

1. Ein Grund, solch ein Bild zu kaufen, könnte eine Gewinnerwartung sein: Ich hoffe, daß es in zwei Jahren 12 Millionen bringt. Z. B. könnte eine hohe Inflation den Kauf begünstigen. Warum wird es teurer? Es könnte eben andere geben, die aus den noch folgenden Gründen ebenfalls ein sehr teures Kunstwerk besitzen wollen.

2. Ein Grund, es zu kaufen, könnte der Prestigegewinn sein: Man weiß, ich oder meine Firma geben so viel Geld dafür aus. Der Kauf eines Van-Gogh-Bildes wurde von einem japanischen Kaufhauskonzern sehr gewinnbringend werbemäßig vermarktet. Das Bild spielt dann sein Geld wieder ein. Das liegt aber weniger daran, daß es schön oder interessant anzuschauen wäre, sondern daran, daß es jeder kennt und es als Gegenstand schon wegen seines Preises berühmt ist. Das Bild selbst ist „prominent".

3. Wenn ich das Bild nicht gerade bei Sothebys oder Christies ersteigere, sondern in der etwas diskreteren Atmosphäre der renommierten Galerie kaufe, kann dabei evtl. Schwarzgeld eine Rolle spielen. Später verkaufe ich das Kunstwerk wieder für „sauberes" Geld. So kann der Kunstkauf auch dazu dienen, Geld zu waschen.

4. Dabei dürfen wir durchaus davon ausgehen, daß Quittungen nicht immer die genaue Kaufsumme angeben. Stellen Sie sich vor, man kann 50 % der Kaufsumme von der Steuer absetzen (wie unter bestimmten Umständen in Amerika), und die Quittung wird über die doppelte Kaufsumme ausgestellt, dann wäre das in schwarze Folie eingepackte Kunstwerk für den Käufer umsonst, ein späterer Verkaufserlös ein Reingewinn.

5. Manche Kunstwerke sind klein und lassen sich im Notfall leicht transportieren: z. B. aus dem Haus eines Erblassers heraus – an der Erbschaftsteuer vorbei. Das

Haus selbst läßt sich nicht transportieren, und es steht auch im Grundbuch, wem es gehört. Manch einer mag daran denken, daß er mit einem Koffer Geld im Notfall nicht so leicht über eine Grenze kommt wie mit einer in schwarze Folie eingepackten Leinwand. Selbst wenn sie ausgepackt wird, muß der Zöllner den Wert nicht unbedingt erkennen. Ein Faberge'-Geschmeide wäre hier vielleicht aber noch praktischer.

6. Wenn man genug Geld hat, mag einfach die Idee einer Diversifizierung der Anlagen auch den Zukauf einiger erstklassiger Kunstwerke rechtfertigen. Die werden dann in den Tresor gelegt.

Jetzt könnte ich noch einmal den Gedanken eines Kunstliebhabers nachspüren, der ein Kunstwerk, z. B. ein Bild, kauft, um es anzuschauen (wie er sagt). Auch für ihn muß immer die Erwartung des stabilen Wertes da sein, denn: anschauen, und das in der eigenen Wohnung, kann man Kunstwerke nämlich deutlich preiswerter. Es gibt gute Reproduktionen (z. B. Dietz-Repliken), die vom Original visuell nicht mehr zu unterscheiden sind. In Röntgenschrift erst entdeckt man den Schriftzug „Replikat" unter den Farbschichten des Bildes. Das Angebot ist vielfältig, so daß auch nicht alle Menschen das gleiche Bild im Wohnzimmer aufhängen müssen. Man kann sich also auch in der Replikation durch den Geschmack unterscheiden.

Auch Plakate oder Siebdruck-Reproduktionen kommen der wirklichen Sache oft sehr nahe. Es kann also nicht allein der Kunstgenuß sein, der den Kunstliebhaber motiviert, hohe Preise zu bezahlen.

Natürlich: Kunstgenuß und zusätzlich stabiler Preis, das ist angenehm, weil nun noch der Prestigegewinn erlangt wird, ein Original und vor allem etwas Teures zu besitzen. So demonstriert man Kunstgeschmack und Status (Reichtum). Geld übrig zu haben, ist ja schön – und wenn man das noch auf eine angenehme Art demonstrieren kann, ist es noch schöner.

Aber solche „negativen" Motive müssen gar nicht beteiligt sein. Das Sparbuch liegt unauffällig im Schrank, und das Kunstwerk hat noch die „Dividende" Kunstgenuß. Tatsächlich ist auch für den kunstliebenden Investor alte und stabil bewertete Kunst, wie teure Möbel oder niederländische Landschaften, sicherer als die hochspekulative zeitgenössische Kunst. Die Nachfrage ist in den erstgenannten Feldern entsprechend höher. Der junge Kunstkäufer sollte sich von den wohlfeilen Ratschlägen, man solle nur kaufen, was einem gefällt, nicht dahingehend in die Irre führen lassen, zu kaufen, was gefällt, ohne daß das Werk seinen Marktwert behält oder steigert. Das tun die Ratgeber nämlich in nahezu allen Fällen auch nicht.

Der unbekannte Künstler sollte entsprechend „preiswert" sein, so daß man mit seinen Werken keinen Verlust erleidet.

Ich kenne einen zeitgenössischen Künstler (Körner), der sich genau aufschreibt, wieviele Stunden er an einem Bild gemalt hat. Dann berechnet er den Preis nach einem Stundensatz. Das finde ich ziemlich fair. In dem Stundensatz sollte allerdings die Zeit für Gedanken, für Vorbereitungen, für relevante Erlebnisse mitenthalten sein, wie im Stundensatz eines Mechanikers ja auch die Anfahrtszeiten und die Werkstattkosten enthalten sind. Der Stundensatz Körners war günstig, so daß der frühe Käufer heute einen hohen Gewinn machen könnte, wenn er ein Körner-Bild weiterverkauft.

Künstler argumentieren schon einmal anders: sie sagen, wenn ich von meinen Bildern leben will, und ich verkaufe oder produziere nur eines im Jahr, dann muß das wenigstens 20 000 Mark kosten. Dem Käufer ist das aber gleichgültig. Er zwingt den Künstler nicht, Künstler zu sein oder eine so kleine Produktion zu erzeugen. Er schaut auf die Wertentwicklung. Bei einem wenig bekannten Künstler und 20 000 Mark Ausgangspreis liegen die Chancen schon nicht mehr allzu hoch. Es sei denn, der Kunstliebhaber hat jene „Spürnase", die schon fast so selten ist wie künstlerische Begabung.

Schlußbemerkung

Nun haben wir uns in drei Personen hineinversetzt und versucht, sie zu verstehen. In einen Museumsbesucher, der sich fragt, ob das Kunst ist, was er da sieht, und der den großen Künstler bewundert; in einen jungen Menschen, der Künstler werden will und auf Anerkennung hofft; und in einen Kunstkäufer, der ein teures Bild gekauft hat und gefragt wird, ob es ihm denn so viel Genuß bringe. In jedem Fall sind wir beim Akt des Hineinversetzens in die fremde Haut zu überraschenden Ergebnissen gekommen.

Die ironisch-distanzierte Haltung des psychologischen Beobachters zum Kunstbetrieb mag den Kunstliebhaber etwas befremdet haben. Daher hier noch ein Versöhnungsversuch.

Sicher, diese Kunst, wie wir sie haben, ist eine ungeheure Chance. Kunst und Wissenschaft sind Fronten gesellschaftlicher Innovation, geben dem Menschen – wie Freud es formuliert – Hilfe im Leiden an den Zwängen der Kultur, öffnen die Pforten zu spirituellem Erleben und spiritueller Teilhabe.

Die Menschen haben es bis jetzt nicht geschafft, friedlich zusammenzuleben. Wir brauchen daher ständiges Überlegen, ständige Intuition, ständige Innovation in Wissenschaft und Kunst, um einmal das Klassenziel zu erreichen: friedliches Zusammenleben bei gerechtem Interessenausgleich ohne Ausbeutung der Ressourcen.

Literatur

Gardner, H. (1996). So genial wie Einstein. Schlüssel zum kreativen Denken. Stuttgart: Klett-Cotta.
Gombrich, E. H. (1996). Die Geschichte der Kunst. München: Fischer.
Hughes, R. (1995). Denn ich bin nichts, wenn ich nicht lästern darf. München: Knaur.
Niederland, W. G. (1976). Psychoanalytic approaches to artistic creativity. Psychoanaltic Quarterly, 45, 185–212.

Pickshaus, P. M. (1988). Kunstzerstörer. Hamburg: Rowohlt.
Schneider, K. (1985). Die Sieger. Hamburg: Rowohlt.
Winner, E. (1987). Wenn der Pelikan den Seehund küßt. Psychologie Heute, 14, 30–37.

MARTIN SCHUSTER

„Es muß einen Unterschied für ihn machen"

M. Schuster spricht mit Sir E. H. Gombrich:

Schuster: Aus Ihrer breiten und langjährigen Erfahrung mit der Kunst haben Sie ja sicher erlebt, daß viele junge Menschen starten, jetzt sogar etwas zeichnen können – etwas naturalistisch zeichnen können, und dann denken sie, sie sind so für eine künstlerische Laufbahn prädestiniert und werden natürlich dann oft auch enttäuscht in den Anforderungen, die gestellt werden. Was sollte denn ein junger Mensch von sich verlangen, welche Qualitäten, Talente sollte er bei sich suchen?

Gombrich: Ich fürchte, daß besonders heutzutage vor allem Glück dazugehört. Ich glaube, man sieht doch manchmal Sachen in Ausstellungen, wo man sich fragt, „warum gerade der?". Er hat halt Glück gehabt, er hat jemanden gekannt oder – und der Betrieb ist ja ungeheuer, die Produktion ist phantastisch groß von aller Art von Qualität, von hoch bis sehr tief, und ich glaube, daß man den Leuten sagen muß, wie überhaupt im Leben: zum Erfolg gehört Glück. Man kann nicht sagen, „ich verdiene den Erfolg". Niemand verdient den Erfolg. Man hat eben den richtigen Bekannten, oder jemand wird auf einen aufmerksam und so wird das weitergereicht. Es ist sehr selten, daß man wirklich sagen kann, der ist so gut, daß er Erfolg haben mußte. Natürlich gibt es das auch, aber das ist nicht sehr häufig.

Schuster: Glück gehört dazu. Sicher aber gehören auch Talente dazu. Andere Kollegen, mit denen ich gesprochen habe, haben z. B. vorgetragen, es sei gar nicht mehr nötig, naturalistisch zeichnen zu können, sondern es gehe eben um das idiosynkratische Projekt, um diese Individualität, die in die Gesellschaft gespielt wird.

Gombrich: Es ist fast sicher nicht nötig zeichnen zu können, um Erfolg zu haben. Wenn jemand ein Schaf in Formaldehyd ausstellt, der braucht deswegen noch lange nicht zeichnen zu können. Da gehört eine gewisse Frechheit zu und ein gewisses Selbstvertrauen, das dasselbe ist wie Frechheit, auch eine Nase dafür dazu, was gerade eine Sensation machen kann. Das gehört sozusagen in den Jahrmarkt der Eitelkeit und nicht in die Geschichte der Kunst.

Schuster: Gibt es aber auch Talente, von denen Sie sagen würden, die sollte jemand haben, der sich auf diesen dornigen Pfad begibt?

Gombrich: Ja, absolut. Es kann keinen Musiker geben der unmusikalisch ist und nicht hört. Der arme Beethoven ist zwar taub geworden, aber er war natürlich nicht immer taub. So kann es keinen Maler geben – sollte es keinen Maler geben – der nicht ein kolossales Gefühl für Formen, Nuancen hat und dem jede kleine Änderung nicht viel bedeutet. Darum geht es doch eigentlich in der Kunst: um die Verfeinerung der Sensibilität. Sicher kann nur jemand ein wirklicher Künstler sein, dem es auf die kleinsten Unterschiede ankommt. Natürlich – wie gesagt –

man kann auch irgendetwas hinpatzen und Erfolg haben mit dem Hingepatzten, aber das hat nichts mit der Kunst zu tun, sondern das ist ein soziologisches Faktum.

Ich habe sogar in meiner „Populären Kunstgeschichte" in der Einleitung geschrieben. Ein Künstler ist jemand, der ein Gefühl für – sagen wir – Farbenzusammenstellung hat, auch wenn es nichts Besseres ist, als den richtigen Schlips für das richtige Hemd zu finden. Es muß einen Unterschied für ihn ausmachen, daß dieses zusammenpaßt und das andere nicht. In diesem Sinn ist jemand ein Musiker, der einen Klangsinn hat, dem es nicht gleichgültig ist, wie das eben klingt, sondern daß es zusammenklingt. Und das gilt sicher auch für die Formen der Architektur oder für alle Arten künstlerischer Tätigkeit, auch wenn es nur die Textilerzeugung ist. Man muß dafür ein Gefühl haben, sowohl – womöglich wenn er Erfolg haben will – etwas was neu ist – in dem Sinn, daß es genauso noch nie gemacht ist, ein neuer Ton – als auch dafür, ob es hineinpaßt, in den Rahmen paßt, wie das in den Raum paßt usw. Denken Sie an Picasso, der ja oft ganz rücksichtslos war in vielen Dingen, aber was immer er gemacht hat, paßt irgendwie auf das Papier, es ist nie ungeschickt gemacht in dem Sinn. Auch ganz kleine Arbeiten sind mit ungeheurem Takt und Gefühl dafür gemacht. Das scheint mir absolut charakteristisch für jeden Künstler, daß es ihm darauf ankommt. Wenn Sie je mit Künstlern verkehren, wissen Sie, daß das der Fall ist. Ein künstlerisches Talent hat jemand, für den die Farbe, die Form etc. auch emotionell sehr viel bedeutet. Sonst kann er noch immer Erfolg haben, aber er ist kein Künstler.

Schuster: Manche Kunstrichtungen der vergangenen Jahrzehnte, fast Jahrhunderte, sind ja dadurch entstanden, daß neue Vorbilder genommen wurden. Zum Beispiel orientierte sich die „Art Brut" an den Bildern der Geisteskranken oder der Kinder oder der Kunst der Primitiven. Werden die zukünftigen Künstler solche sein, die neue Vorbildwelten entdecken?

Gombrich: Ich bin kein Prophet – wir wissen es nicht.

Schuster: Wird das eine Suche sein, neue Bildwelten zu entdecken, die dann ein Kunstprogramm werden können?

Gombrich: Es ist anzunehmen, daß weiter gesucht wird, es ist auch möglich, daß das Umgekehrte geschieht und daß sehr viel zurückgegriffen werden wird. Denken Sie an den ungeheuren Erfolg der Vermeer-Ausstellung. Die Leute entdecken plötzlich, daß das doch etwas ganz Anderes ist, wenn jemand so malen kann.

Schuster: Und Sie denken, da wäre eine Renaissance meisterlicher Kunst möglich und würde die Menschen mit der zeitgenössischen Kunst versöhnen? Dazu eine Frage zur Rezeption der „modernen Kunst". Haben es die deutschen Menschen eigentlich besonders schwer mit der zeitgenössischen Kunst, weil ja in Deutsch Kunst auch sprachlich von Können abgeleitet wird, also Jagdkunst, Kochkunst, während das englische Art sprachlich eher artifiziell anklingen läßt?

Gombrich: Es gibt auch auf Englisch „the Art of Gardening", oder „the Art of War", leider Gottes, und selbstverständlich auch die „Art of Love"! Ich meine, auf Worte kommt's ja schließlich nicht an. Liebermann hat gesagt, „Kunst kommt von Können, wenn es von Wollen käme, hieße es bekanntlich Wulst."

Sie fragen, ob es in Deutschland besonders schwer ist. Ja! In Deutschland ist es besonders schwer, wegen der Katastrophe der „entarteten Kunst" und all dieser Dinge, so daß man sich nicht mehr traut.

Schuster: Wer etwas gegen die abstrakte Kunst sagt, der wird sofort in die Nazi-Ecke gestellt. Efraim Kishon hat ein Buch geschrieben: „Picassos Rache". Er hat sich sehr gegen die zeitgenössische Kunst ausgesprochen, und er hat die schlimmsten und dumpfesten Anwürfe dafür bekommen.

Gombrich: Ja, ja, das ist ganz klar. Die Tatsache, daß die Diktatur auch in Sowjetrußland natürlich gegen die experimentelle Kunst war, macht es jetzt zur politischen Pflicht, für sie zu sein. Das ist meiner Meinung nach eine etwas primitive Einstellung von ja und nein, man muß schon auch da etwas nuancieren können, nicht?

Schuster: Der heutige Künstler malt ja irgendwie für einen imaginären, nicht existierenden Auftraggeber. Er kann machen, was er will. Läßt sich dennoch so eine Art geheimer Auftraggeber ausmachen, die politischen Ströme der Gesellschaft?

Gombrich: Ich glaube nicht, daß das die politischen Ströme sind, aber es ist ganz klar, daß in der heutigen Welt besonders durch die Medien ein Kunstbegriff aufgekommen ist, der, wie Sie sagen, sehr verschieden ist von dem der Meisterschaft. Es ist eigentlich ein Begriff der Rebellion, der Kritik an der Gesellschaft, der Entdeckung, daß es nicht alles sehr großartig bei uns ist, eine Entdeckung, die schon manchmal gemacht wurde. Es gibt die Vorstellung, daß nur der ein Künstler ist, der sich gegen die Werte der gegenwärtigen Gesellschaft richtet.

Schuster: Ich meine, nun bilden sich in der zeitgenössischen Kunst schon auch manche politischen Strömungen ab. Zum Beispiel gibt es bei uns in Deutschland eine feministische Kunst.

Gombrich: Das sind alles Modeströmungen, Trends, wie man auf Englisch sagt, die man nicht gar so ernst nehmen muß. Die Medien nehmen alles das ungeheuer ernst, ich nehme das nicht so ernst, von einem etwas distanzierten Standpunkt. Von einer höheren oder ferneren Warte sind das kleine, wirklich nicht sehr wichtigen Dinge.

Schuster: Wird der Erfolg des jungen Mannes, der jungen Frau davon abhängen, ob sie sich an einen gesellschaftlichen Bedarf ankoppeln?

Gombrich: Ich glaube, das hängt davon ab, was man „Erfolg" nennt, nicht wahr? Wie steht's bei Schiller: „Mache es wenigen recht, vielen gefallen ist schlimm". Man kann nicht sagen, daß es da ein Rezept gibt. Es gibt natürlich ein Rezept der Sensation, aber auch das hängt zum Teil vom Zufall ab. Denken Sie an die Szene der Popsänger. Wahrscheinlich probieren hunderte junge Leute da hinauf zu kommen, in diese sogenannten Top-Ten. Sie verzehren sich in Sehnsucht, auch so berühmt zu sein. Wem es gelingt oder nicht, was der dazu haben muß, um plötzlich ganz hinauf geschwemmt zu werden, für ein paar Jahre und dann vergessen, das weiß ich nicht. Das sind eigentlich Geheimnisse, aber irgendwo hängt es zusammen mit dem „Plepsappeal". Es hat vor vielen Jahren ein Mann ein Buch geschrieben, das hieß „Kritik des Erfolges". Und man kann dem Erfolg gegenüber immer nur etwas skeptisch sein. Ich habe schon einmal Schiller zitiert, jetzt zitiere ich ihn wieder, dort steht irgendwo: „Ich sah des Ruhmes heil'ge Kränze auf der gemeinen Stirn entweiht". Nicht wahr, das ist einfach wahr. Plötzlich wird irgendein Idiot berühmt für ein halbes Jahr oder auch für lange – denken Sie an Warhol, das ist doch eigentlich eine phantastische Angelegenheit. Warhol hat sich ja selbst nicht einmal für sehr gut gehalten. Es gibt wahrscheinlich viele Warhols.

Schuster: Die Szene ist ja auch völlig verunsichert, was Qualität hat und was nicht. So ist dem Zufall viel mehr Platz gegeben als früher.

Gombrich: Das ist anzunehmen.

Schuster: Die Künstler haben natürlich Konkurrenten; zum Beispiel in der Werbung haben die zeitgenössischen Künstler Konkurrenten. Die schöne Illusion, die Visualisierung des Glücks der Käsesorte, das in endlose Verzückung führt, ist natürlich eine mächtige und sehr professionelle Konkurrenz.

Gombrich: Absolut. In der Werbegraphik gibt es auch einfallsreiche Künstler, denen immer wieder etwas Witziges und Treffendes einfällt als Schlagwort, als Schlagzeile oder Bild. Es gibt hochbegabte Plakatkünstler – und andere, denen es vielleicht einmal gelungen ist, und dann nicht mehr wieder.

Schuster: Driftet dadurch die Kunst vielleicht etwas ins negative Dunkel ab? Künstler wie Hermann Nitsch bedienen ja mehr so eine etwas dunkle Seite menschlicher Existenz – weil die positive Illusion so stark von der Werbung verwirklicht wird.

Gombrich: Ich glaube, eigentlich künstlerisch wird die Werbung unterschätzt, nämlich die Werbungsgraphik. Ich glaube, daß man vielleicht in der Zukunft finden wird, daß die begabtesten Künstler unserer Zeit Werbegraphik gemacht haben. Ich habe selbst in einem meiner Bücher über einen von ihnen geschrieben, Abraham Games, der auch sehr viel so für die Regierung während des Krieges gearbeitet hat. Er ist sehr witzig und sehr begabt. Nicht alle Künstler sind so begabt wie er war oder noch ist – er lebt noch. Auch in Frankreich gibt es ja ausgezeichnete Werbegraphiker. Ich halte es für durchaus möglich, daß das sehr unterschätzt wird, weil das nicht in den Kunsthandel kommt. Nicht nur kommt es nicht in den Kunsthandel, ich habe in meiner eigenen Arbeit bemerkt, daß, wenn man sich erinnert an ein altes Plakat erinnert und es erwerben will, selbst die produzierende Firma es nicht mehr hat. Es wird ganz vergessen oder in die Makulatur geworfen. Daß Künstler, oder was man heute Künstler nennt, unterscheiden wollen, ist vielleicht ein Irrweg. Vielleicht sollten sie von ihnen auch lernen. Manche haben auch gelernt. Sicher hat die Werbegraphik viel von der modernen Kunst gelernt.

Schuster: Man zitiert ja auch oft die Kunst.

Gombrich: Klarerweise. Aber auch das Umgekehrte könnte wahr sein. Und das trifft nicht nur auf die bildende Kunst zu, sondern auch auf das Fernsehen und auf Was-weiß-ich-noch. Nicht nur auf die Architektur – da muß man ja doch immer irgendwie auf den Zweck, auf den Gebrauchszweck achten; man kann ja kaum ein Haus bauen, was total unbewohnbar ist, nicht wahr?

Schuster: Ja, obwohl es ja auch versucht wird.

Gombrich: Obwohl es gerne und immer wieder versucht wird. Aber ich glaube nicht, daß dabei sehr viel herauskommt. Nein, ich glaube, da gibt es noch etwas anderes, das viel älter ist, was man – ich habe auch irgendwo darüber geschrieben – die Kitschangst nennen kann. Die Künstler haben so ungeheure Angst, daß sie also Bourgeois sind und für die Spießer arbeiten, und man muß sich davon unterscheiden und man muß eben sozusagen abgelehnt werden, damit man ein großer Mann ist. Alle diese ideologischen Sachen scheinen nicht nur falsch, sondern unglaublich primitiv zu sein. Es vollzieht sich leider auf einem sehr niedrigen intellektuellen Niveau. Es gibt gar keinen Grund, warum es nur Kitsch und Kunst geben soll, es gibt alles dazwischen, und es gibt gar keinen Grund, warum einer, der einem sogenannten Bourgeois gefällt, nicht auch ein großer Künstler sein kann. Van Gogh selbst hat ja einen ungeheuren Erfolg gehabt. Die Farbabbildungen nach van Gogh sind in kleinen Häusern zu sehen. Also die Sache ist offenbar nicht so einfach, wie die Leute glauben. Aber sie denken ja so gern in Polaritäten, und diese Polaritäten leuchten sehr schnell ein, das kann jeder lernen. Das scheint mir eine der Hauptgefahren. Eine der Hauptpflichten eines anständigen Kunstunterrichts sollte sein, diese Primitivität, dieser Primitivität etwas entgegenzusetzen, was nuancierter ist als diese einfache Polarität, Kitsch und Kunst.

Schuster: Haben Sie Lust, das noch etwas genauer zu sagen? Wie könnte ein guter Kunstunterricht aussehen?

Gombrich: Ein guter Kunstunterricht, wenn er sich zum Beispiel auch mit der Vergangenheit beschäftigt (was ja nicht mehr oft der Fall ist), müßte eben zeigen, wie viele Dinge dazukommen müssen, um ein Kunstwerk zu machen. Jemand kann sehr begabt sein, aber keinen Geschmack haben. Dann ist er eben geschmacklos. Ich glaube, ein Beispiel dafür ist Salvador Dali. Er hatte eine ungeheure technische Fertigkeit und war auch originell, aber er war geschmacklos. Und das ist traurig, aber wahr. Andere haben nicht so viel Geschicklichkeit. Cézanne war gewiß manuell nicht geschickt, aber er hat ungeheuer gerungen, und er hat diese phantastische Entschlossenheit gehabt, immer weiterzukommen. Er hat das „Réaliser" genannt, Realisierung dessen, was er machen will. Es gehört sehr viel dazu, daß einer ein wirklicher Künstler ist. Und das, würde ich auch sagen, müßte auch gelehrt werden. Denken Sie an einen Pianisten, er kann vielleicht sehr schnell spielen, aber er hat keinen Klangsinn. Oder er hat keinen Rhythmus. Alles mögliche muß dazukommen, bis einer das kann, was ein Meister kann. Und in jedem Fall, auch in der Vergangenheit, gibt es natürlich Meister, die in manuellen Dingen Schwierigkeiten hatten. Ich glaube, daß selbst Poussin nicht sehr geschickt war, er hat sehr spät angefangen, nachdem er nach Italien gekommen ist. Aber er hat das phantastisch kompensiert mit seinem Farben- und Formgefühl, das er eben hatte und das er erarbeitet hatte. Ich glaube, man sollte die moderne Kunstideologie einer Kritik unterziehen. Zum Beispiel diese ganze Geschichte mit der Selbstverwirklichung.

Schuster: Ein merkwürdiges Wort ...

Gombrich: Ich weiß nicht, wann es entstanden ist, aber es ist natürlich so: Es kann sich jemand selbstverwirklichen, aber er selbst ist so uninteressant, daß niemand seine Arbeit haben will. Das sind doch Dinge, die eben doch zum Teil trivial sind und auch einfach nicht anwendbar. Wir haben die Vorstellung, daß man den Künstler durch sein Werk kennt, was ja an und für sich schon sehr fragwürdig ist. Denken Sie an Benvenuto Cellini, wir wissen von ihm, daß er so ein Haudegen war und kennen seine Autobiographie; wenn man seine verfeinerten Figuren sieht, würde man sich das doch nicht vorstellen. Und dasselbe gilt ja gewiß auch für viele andere Künstler. Wir wissen einfach nicht, wie sie als Menschen waren, und eigentlich ist es auch ganz gleichgültig. Das, worauf es ankommt, ist das Werk, nicht wahr? Nicht der Anteil seiner Psyche – der sollte einen gar nicht interessieren. Wenn einer eine Fuge schreiben will, muß es eine gute Fuge sein, darauf kommt es vor allem an.

Schuster: Ich frage noch mal nach den Einflüssen auf die Kunst. Sie selbst haben geschrieben, daß die Künstler versuchten, zum Beispiel Einsteins Relativitätstheorie einzusetzen. Dies blieb ohne besonderen Erfolg. Die Chaostheorie, das wurde auch sofort aufgegriffen und man versuchte etwas mit Fraktalen zu machen.
So kommen Ideen aus anderen Bereichen natürlich in die Kunst hinein. Wenn man nun heute ein Bild digital aufbaut, dann wird es ja synthetisiert. Das ist eine völlig andere Entstehensweise, als früher Bilder in der Vorstellung entstanden sind.

Gombrich: Wieder bin ich kein Prophet. Ich bin sogar an einer Zeitschrift sehr locker beteiligt über virtuelle Realität, aber ich verstehe nichts davon. Ich habe sie vor drei Tagen ins Haus geschickt bekommen. Ich verstehe diese Technik natürlich überhaupt nicht. Sie ist ungeheuer schwierig, aber die Tatsache, daß da etwas entsteht, das vielleicht auch einmal eine Kunst werden soll, ich glaub das Hologramm ist schon manchmal eine Kunst geworden, daran zweifle ich nicht. Ein Kunstwerk muß ja nicht unbedingt auf eine Tafel gemalt sein.

Schuster: Das wäre ja eine Revolution, wenn das Tafelbild aufgegeben würde.

Gombrich: Das ist schon oft gesagt worden, aber einstweilen ist es doch sehr praktisch, ein Bild in einem Rahmen zu haben.

Schuster: Ja, stimmt. Das ist ja interessant: Sie denken, die gleiche Kunst, die sich aus dieser Tradition ergibt, wird sich auch wieder in dieser virtuellen Realität darstellen?

Gombrich: Nicht die gleiche Kunst, aber die gleichen Fähigkeiten, wieder eine gewisse besondere Sensibilität für Farben, Formen, Nuancen, die sich natürlich auch gegenüber dem Bildschirm auswirken kann. Einer kann einfach dabei herumspielen und irgendetwas annehmen, aber ein anderer wird sehr sorgfältig sein Leben lang daran arbeiten, wie Cézanne daran gearbeitet hat – bis es so ist, daß es ihn befriedigt.

Schuster: Sie haben ja viel über Kunst geschrieben und gesagt. Staunen Sie über einen blinden Fleck, den die Leute nicht berühren? Sind Sie eine bestimmte Sache nie gefragt worden? Staunen Sie über eine „Auslassung"?

Gombrich: Das ist eine gute Frage, aber ich habe darauf keine Antwort. Ich glaube schon, daß es sehr viele blinde Flecken gibt. Ich habe auch darüber gesprochen und geschrieben. Das ganz Elementare, was eigentlich passiert, wenn jemand einen Pinsel und eine Palette nimmt und auf diese Holztafel oder Leinwand malt, ist irgendwo unerforscht. Wie es dazu kommt, daß diese Farben oder Zusammenstellungen eine gewisse Wirkung auf uns ausüben, das ist die zentrale Frage, um die es gehen sollte. Sie ist viel interessanter als der gesamte Feminismus oder alle ähnlichen Fragen.

Schuster: Würde man bei der Beantwortung dieser Frage so etwas in die Richtung der Ethologie gehen, also daß die Blumen auf der Wiese, die Frucht am Baum, die eben auf angeborener Grundlage in uns etwas zum Schwingen bringt?

Gombrich: Auch das kommt hinein. Es gibt gewiß diese – natürlich wir sind auch programmiert auf gewisse Reize – aber wir sind auch nicht ganz so primitiv und einfach. Wir sind eben keine Tiere, wir sind Menschen, wir haben eine Kultur, so daß das spontane Ansprechen oder Angesprochensein auch abstößt. Das ist ja eigentlich der Kitsch. Etwas, das zu süß ist oder zu gefällig, wird aus gewissen Gründen auch abgelehnt. Die richtigen Spannungsverhältnisse zwischen diesen Dingen hängen gewiß ursprünglich mit unserer biologischen Anlage zusammen. Aber sie ist überlagert von unserer Kultur, von unserem eigenen Selbstgefühl, von dem, was wir von uns halten, ich glaube schon, daß der französische Soziologe Pierre Bourdieu, der über die Unterschiede im Geschmack und seine sozialen Bedeutungen geschrieben hat, etwas Richtiges gesehen hat. Auch das kann man so sehr vereinfachen, daß es nicht mehr wahr ist. Aber im großen und ganzen ist es natürlich richtig, daß der Geschmack und die Auswahl dessen, was man sich an die Wand hängt, etwas damit zu tun hat, wie man sich sozial präsentiert. Ich meine, wir alle haben dieses Problem. Wir haben eine sehr nette – ich kann das ruhig sagen, weil das in Deutschland veröffentlicht werden soll – eine sehr nette Haushilfe aus Sizilien. Wenn sie uns irgendein Geschenk von den Ferien mitbringt, ist es ein großes Problem, wo wir das verstecken können.

Das geht vielen Leuten so, aber warum eigentlich? Weil man mit diesen Sachen nicht gerne gesehen werden will. Das heißt, da sind auch soziale Dinge, die eine Rolle spielen. Das sind die elementaren Fragen. Ich glaube, es wird gerade in der Kunstgeschichte oder Kunsttheorie zu viel tangential gearbeitet über Dinge, die auch eine Rolle spielen, zum Beispiel der Kunstmarkt oder was immer man will. Aber man sollte immer wieder zurückgehen zu der elementaren Tatsache, was eigentlich passiert, und was sich zwischen dem Künstler oder Erzeuger und dem Genießer dieser Bilder eigentlich abspielt. Wir sind keine – wie sagt man auf Deutsch? – slotmachines.

Schuster: Wo man etwas hineinwirft ...

Gombrich: Hinweinwirft in den Schlitz und schon geht das los. Wir sind keine Automaten, ganz im Gegenteil, wir sind immer anders eingestellt. Die Einstellung und die Erwartung spielen eine ungeheure Rolle in unserer Reaktion.

Schuster: Bateson hat doch mal dieses Beispiel hierfür gegeben. Wenn man einen Hund tritt, dann springt er nicht weg wie ein Ball, sondern er beißt.

Gombrich: Ja, Sie haben ganz recht. Ich beneide keine zeitgenössischen Künstler. Sie sind in keiner leichten Lage. Sie haben die Mittelspersonen, die Kritiker, die auch natürlich irgendwie versuchen, mit der Mode zu gehen und schauen, was morgen modern sein wird. Ich war mal als Gast bei einem Kunstprofessor, als ich irgendwo in England einen Vortrag gehalten habe, und er hat mir seine Bilder gezeigt. Sie waren sehr gut, ganz anständige Bilder, und plötzlich war da so ein Bruch in seiner Produktion und die nächsten Bilder kamen mir sehr verfahren vor. Er hat mir erzählt, daß er nur einmal eine größere Ausstellung hatte und ein Kritiker in der lokalen Presse hat gesagt, seine Bilder seien zu hart, oder zu weich, und er hat sich dann danach gerichtet. Er hat sich eigentlich selbst verpatzt, nicht wahr? Das war doch sicher eine ganz verantwortungslose Bemerkung des Kritikers. Der arme Mann mußte irgendwas sagen, und so hat er irgendwas gesagt. Ich glaube, diese Kritiker haben eine große Verantwortung.

Ich meine, das Wesentliche ist nicht nur die Reaktion des Publikums, sondern die Reaktion des Künstlers selbst. Natürlich gibt es welche, die sich nicht kümmern.

Schuster: Aber das ist schwer. In den Tageszeitungen schreiben Journalisten, die oft wenig davon verstehen.

Gombrich: Sicher, das kommt immer wieder vor. Aber es ist ja auch sehr schwer zu sagen, was man eigentlich da meint, „etwas davon verstehen".

Schuster: Zum Beispiel ein wenig Kunstgeschichte oder zumindest, daß man weiß, was es gibt. Verändert die Gesellschaftsform die Basis des Ruhms? Der Ruhm, den es früher gab, entstand, weil jemand für seinen Kaiser etwas schaffte. Der Ruhm, der heute in diesem Gemeinschaftswesen vorgegeben wird, entsteht, weil der Künstler für den Souverän Publikum etwas schafft. Wie wirkt sich das aus?

Gombrich: Das ist etwas zu überspritzt. Rembrandt hat ja auch nicht unter einem Kaiser gelebt. Aber man kann auch sagen, daß sein Ruhm etwas schwankend wurde. Sicher hat es Rubens in der Beziehung etwas leichter gehabt, er hat für den Hof in Spanien, in Frankreich, für die Habsburger und alle möglichen gemalt.

Schuster: Der Ruhm leitet sich dann sozusagen von der Macht des Hofes ab?

Gombrich: Nicht nur, aber es hilft. Ich meine, im Florenz des 15. Jahrhunderts gab es auch keinen Kaiser, aber es gab einen Erfolg. Ich meine doch, der hat für den Papst gemalt.

Schuster: Jeder ist ein Künstler, sagt Beuys.

Gombrich: Ich weiß es.

Schuster: Ja, es ist ja oft zitiert. Aber das Lustige ist, ich höre das oft von meinen Freunden wiederholt. Die Menschen sagen das gerne. Sie nehmen es gerne an und möchten sich jetzt gerne demokratisch jeder als Künstler fühlen.

Gombrich: Na ja, weil Künstler heute ein Ehrentitel ist. Das war nicht immer so. Ich weiß ja nicht einmal genau, was Beuys damit gemeint hat. Ich weiß nicht, ob er selbst genau wußte, was er gemeint hat. Aber natürlich ist jeder ein Künstler, in dem Sinn, daß es ihm – wie ich einmal geschrieben habe –, wenn er die Soße auf das Fleisch auf seinen Teller gibt, ihm darauf ankommt, daß das Richtige auf der richtigen Stelle liegt. Aber das ist eben etwas sehr Elementares und Velasquez ist noch etwas anderes.

MARTIN SCHUSTER

„Das individuelle Projekt"

M. Schuster spricht mit Prof. Bazon Brock:

Schuster: Was ich im Zusammenhang mit Kunst heute problematisch finde: Die Menschen denken bei „Kunst" an die schönen Künste, an Vermeer oder schöne Landschaften. Die Künstler und Experten haben aber einen ganz anderen Kunstbegriff.

Brock: Selbst wenn jemand denkt, die schönen Künste würden heute durch Vermeer oder Caspar David Friedrich repräsentiert, also Maler, die die allergrößte Zustimmung von seiten eines mehrheitlichen Publikums haben, müßte er sich klarmachen, daß gerade Vermeer fast 300 Jahre völlig vergessen war. Caspar David Friedrich zählte als Landschaftsmaler sowieso schon nicht mehr zur Kunst – Landschaftsmalerei war das Letzte. Um 1810 war er ohne Echo und ohne Erfolg, außer daß ein halbpsychotischer preußischer Prinz ihn sammelte. Also diejenigen, die heute so selbstverständlich behaupten, die Kunst würde von solchen Figuren unbestreitbarer Qualität repräsentiert, müßten sich fragen, warum diese Qualität eben doch umstritten worden ist, und zwar sehr heftig. Wenn man sich klarmacht, daß alles das, was man heute als völlig selbstverständliche Repräsentanz von großer, schöner Kunst darstellt, in ihrer Zeit oder seit ihrer Zeit bis in die Gegenwart äußerst umstritten war, dann erkennt man, daß es offensichtlich nicht darum geht, die große, fraglos anerkannte Kunst gegen die „kleine" Tageskunst auszuspielen. Es hat nie eine Möglichkeit gegeben, Kunst als Kanon zu reklamieren, seit es freie Kunst gibt. Die Möglichkeit, Kunst als Kanon zu reklamieren, gab es, so lange die Künstler im Auftrag der Kirche arbeiteten oder sich als Familiares den Höfen zugesellten. An den Kirchen und Höfen gab es für Auftraggeber eben einen solchen Kanon. Bei Hofe galt es, bestimmte propagandistische Zwecke für den Fürsten zu erfüllen. In der Periode des Anspruchs freier Kunst, die in den Niederlanden in der Mitte des 17. Jahrhunderts beginnt (Vermeer war u. a. ein Opfer der Freiheit der Kunst), bezahlte man die Freiheit mit dem Verlust des Kanons. Es gab keinen Künstler, der in seiner Zeit stark genug gewesen wäre, von sich aus einen solchen Kanon vorzugeben. Nicht einmal Rembrandt ist das gelungen.

Freie Kunst hieß ja: Jemand produziert ohne den potentiellen Käufer zu kennen, d. h. er produziert für einen anonymen Markt oder eben nur für sich, wenn er gar keinen Markt hat. Das ist das entscheidende Kriterium. Das heißt, er stellt sich seine Aufgaben selbst und bekommt sie nicht von potentiellen Auftraggebern oder Käufern vorgegeben. Deshalb muß jeder gegenwärtig arbeitende Künstler halt Kraft haben, um sich über eine Zeit von mindestens 15 Jahren, im Alter zwischen 20 und 35, kontinuierlich seine Aufgaben selber zu stellen und an ihnen zu arbeiten, damit andere die Bedeutung dieser Art von Fragestellungen erkennen können und sich langsam vielleicht für das interessieren, was der betreffende Einzelne bearbeitet.

Schuster: Ist das nicht oft ein ganz schwerer Lebensweg? Man schafft Dinge, die innovativ sind, die aber z. B. von der Schwiegermutter und den Freunden nicht anerkannt werden. Der Künstler tut etwas in der Hoffnung, daß Aufmerksamkeit weckt. Gehört dazu nicht eine, sage ich mal, fast psychotische Ausdauer?

Brock: Der Zusammenhang zwischen psychotischer Anfälligkeit oder psychiatrischer Auffälligkeit und dieser Art von Arbeit ist ja oft auch gesehen worden. Aber im Grunde kann man sagen, man definiert Künstler als Menschen, die etwas von sich aus zum Thema oder Problem vorgeben, das bearbeiten und die Begründung für ihr Tun in der Tatsache sehen, daß sie das machen. Sie können sich nicht darauf berufen, daß es gerade zeitgemäß ist oder daß es zwanzigtausend Leute gibt, die das auch so machen. Bei den Naturwissenschaftlern ist eine Fragestellung um so interessanter, je mehr Leute sich damit beschäftigen, in der Kunst ist es genau umgekehrt. Wenn sich zwanzigtausend Leute mit derselben Frage beschäftigen, gilt der Betreffende als Mitschwimmer.

Schuster: Wird aber der Künstler, der jetzt diese Rolle für sich erkennt und versucht, in diese Lücke einzusteigen und diese Frage zu klären, ob er etwas anzubieten hat – wird dieser Mensch nicht doch ein bißchen nach den politischen Strömungen schielen? Die Gesellschaft hat ja einen Darstellungsbedarf in dieser oder jener Hinsicht, einen Überzeugungsbedarf, den man bedienen könnte.

Brock: Also wenn man sich die Aufgaben von anderen vorgeben läßt, dann betreibt man Werbung. Alle diejenigen, die bei gleicher Fähigkeit über Bildgebung, über Bildtextverknüpfung, also über Zeichengebung, eine Aufgabe bearbeiten, sind im Designbereich, im Journalismus, in der Werbung tätig. Künstler sind wirklich nur die Leute, die sich ihre Aufgaben selbst vorgeben und eben nichts brauchen, um Interesse für diese Sache zu entwickeln. Sie können nicht vorgeben, daß viele andere sich dafür interessieren, daß dahinter viel Geld steckt, daß eine Partei das wichtig findet oder ein Unternehmen. Das ist der Aspekt des Künstlerischen, das ist die phantastische Tatsache, daß wir Individuen zuhören, die etwas sagen, obwohl hinter dem gar nichts steckt. Und jeder weiß, daß in der Kunst gar nichts steckt. Denn wenn hinter ihr etwas steckt, dann ist sie eben Werbung für Hofkunst oder Auftragskunst oder Marktkunst. Und das ist das Mirakel, daß so etwas in einer Gesellschaft bestehen kann, die vermehrt alle Fragestellungen danach beurteilt, wieviel Parteien oder wieviel Interessen von Unternehmen oder wieviel Anerkennungen dahinterstecken, einer Gesellschaft, die sozusagen alles nur im Hinblick auf die Massenwirksamkeit beim Wähler oder beim Geld akzeptiert. Künstlern nützt ein Zertifikat, ein Hochschulabschluß überhaupt nichts. Der Künstler kann nicht sagen: weil ich ein erstklassiges Diplom habe, müßt ihr das, was ich tue, anerkennen. Und trotzdem ist das interessant. Warum? Weil natürlich alle Menschen in einer bestimmten Hinsicht Individuen sein müssen, d. h. sie müssen selber für sich eine Klärung von bestimmten Fragen erreichen, z. B. zur Machtfrage, zur Todesfrage, zur Frage, wie stelle ich mich zur Kosmologie, was ist die Welt als Ganzes. Weil alle sich in diesem Bereich als Individuen erfahren, die nur glauben können, was sie selbst überzeugt, hören sie andern zu, eben den Künstlern, die von sich aus, wie alle anderen, als einzelne zu solchen grundsätzlichen Sachverhalten etwas zu sagen haben.

Schuster: Darf ich in dem Punkt noch einmal kritisch nachfragen? Es gibt ja nun Künstler, die sich wirklich gegen den Strom stellen, wie z. B. Hermann Nitsch, die bewundernswert mutig ihr Projekt vorantragen, die dagegen halten. Dann gibt es natürlich noch ganz andere in der Kunst, die die großen gesellschaftliche Strömungen, z. B. den Feminismus, bedienen. Und ist es jetzt so, daß – sagen wir mal – ein glücklicher Zufall das Interesse dieses Künstlers in die richtige Richtung fallen läßt, oder ist es vielleicht so, daß Teile der gegenwärtigen Kunstszene sich auch durchaus in diesen Strömen wärmen?

Brock: Das ist eine Frage, wie man künstlerische Arbeiten dann in Dienst nehmen kann, ohne daß sie auf diesen Zwecksinn gedacht worden sind. Natürlich kann man beliebig Material für diese oder jene Zwecke verwenden, dann wehren sich die Künstler aber auch weitestgehend gegen solche Indienstnahme.

Das politische Interesse hat ja jedes Individuum auch, sowie ein soziales Interesse und ein psychologisches Interesse hat es auch. Es muß ja doch seine Art und Weise, wie es sich zu entscheiden hat, immer in Betracht ziehen. Insofern sind Künstler wie alle anderen Menschen teilweise von politischen oder sozialen oder sonstigen Phänomenen in besonderer Weise berührt. Sie interessieren sich natürlich dafür, aber daraus ergibt sich sozusagen kein Kunstanspruch. Der Kunstanspruch ergibt sich daraus, daß ein einzelner es fertigbringt, sich mit Kontinuität von ihm vorgegebenen und gesetzten Themen und ihrer Bearbeitung zu widmen. Und die Künstler sind darin eben repräsentative Individuen – als sie zeigen, was noch ein einzelner in seiner Zeit gegenüber der Gesellschaft, der Politik, den sozialen, den politischen, den wissenschaftlichen Fragen zu sagen, zu behaupten, zu glauben in der Lage ist. Künstler sind um so bedeutendere Individuen, als sie gerade nicht nur von Zeitströmungen getragen werden oder in irgendwelche Bedarfslücken passen.

Bei den großen gesellschaftlichen Formationen, Parteien und Unternehmungen z. B. geht natürlich durch den Druck zum Konsens oder durch den Druck, sich zu einem Sachverhalt einheitlich zu stellen, ein enormes Spektrum von Fragestellungen verloren, und das ist eben die Möglichkeit für die Individuen als Künstler, sich auf solche Fragen einzulassen.

Schuster: Menschen, die gerne Künstler werden wollen, haben das natürlich oft nicht verstanden. Sie konnten im Kunstunterricht ganz gut zeichnen und denken nun, dies ist die Voraussetzung für eine Karriere als Künstler. Nach dem, was wir jetzt gesagt haben, wird man sich klar, daß es nicht so ist, sondern daß da eine enorme Innovationsleistung gefragt ist. Wie kann ein junger Mensch spüren, daß er vielleicht als Künstler Erfolg haben könnte?

Brock: Ausschließlich durch die Frage: „Kann ich über Jahre hin – es beginnt so mit 16/17 – mich wirklich für das interessieren, was mir selbst auch wichtig ist, so daß ich daran arbeite? Oder bin ich eher ein Typ, der auf das bloß reagiert, was so allgemein stattfindet oder was zum Thema gemacht wird?" Das ist wie bei der Existenzgründung in anderen Bereichen auch. Wenn Sie die Kraft haben, sich Ihre Aufgaben selbst vorzugeben, dann werden Sie sehr schnell nach Ihrem Gesellenbrief den Meister machen, werden selber ein Unternehmen in die Welt setzen, z.B. einen Handwerksbetrieb. Wenn Sie aber jemand sind, der, wie gut er auch immer sein mag, richtig reagiert, wenn andere ihm sagen, was er jetzt eigentlich zu tun hat, was er jetzt tun soll, dann wird er bestenfalls ein fabelhafter Angestellter oder Mitarbeiter sein, aber er wird es nicht dazu bringen, Vorgaben zu machen. Das ist das Kriterium. Das müssen sich alle anderen auch überlegen. Wenn ich heute Elektriker werde, muß ich mir auch überlegen, ob ich das Zeug dazu habe, ein selbständiges kleines Lädchen oder einen Betrieb aufzubauen. Die Frage ist also: Kann ich mir meine Aufgaben selber vorgeben oder nicht?

Schuster: Sie erwähnen natürlich jetzt überhaupt keine Form von Visualisierungsgeschicklichkeit.

Brock: Na gut, wir setzen mal voraus, daß der Bewerber in der Lage ist, das, was er zum Thema ausssagen will, auch in irgendeiner Form zu bearbeiten. Und dazu braucht er meinetwegen visuelle Geschicklichkeit, er muß seine Ideen meinetwegen scrabbeln oder aufschreiben oder auf eine Weise sich selbst gegenüber repräsentieren können. Das kann er auf sehr unterschiedliche Weise tun. Es kommt beim Künstler nicht darauf an, ob er malt oder aquarelliert oder auch wie Einstein Mathematik und Physik betreibt, entscheidend ist die Haltung, in der er das tut. Und zwar gerade im Hinblick auf diese Unirritierbarkeit durch das, was alle anderen auch tun. Nun ist es für Menschen schwer erträglich, etwas zu tun, was durch die Reaktion anderer nicht geschätzt wird. Ein Künstler muß ja mindestens 15 Jahre arbeiten, ohne darauf zu hören, was andere sagen, wie andere es finden. Und das ist von der Psychologie her gesehen außerordentlich riskant, denn alle lernen sich ja nur kennen in den Reaktionen, die das soziale Umfeld bietet. Insofern ist dann der Künstler eben doch jemand, der in einem anderen Felde, in einem anderen Bereich diese Art von sozialem Feed-back bekommen muß, meinetwegen als Familienvater.

Schuster: Oder in der Künstlergruppe?

Brock: In der Künstlergruppe gibt es das auch im Hinblick auf ganz einfache Alltagsprobleme. Der Künstler kann ja in einer Partei sein, er kann Sozialarbeit machen. Dort erfährt er, daß er sozialfähig ist, daß er richtig tickt, daß er Kontakte hat usw. Aber in seinem Bereich Kunst ist das nicht sehr bedeutsam, oder er riskiert dann doch, ein großer Mitschwimmer zu sein.

In der Gruppe ist für den Künstler sozusagen die Gesellschaft selbst repräsentiert, und meistens geht es in den Gruppen ja um ganz alltägliche Sachverhalte: Organisationsprobleme oder Materialbeschaffung oder soziale Kommunikation. Die Gruppe hat eine Art von Stammtischfunktion, das heißt also, man trifft auf Menschen, die durch die Art, wie sie auf einen eingehen, die Möglichkeit bieten, sich selbst zu kontrollieren. Die Gruppen waren sozusagen soziales Rückkopplungsfeld, aber für die einzelne Entwicklung der Künstler hatten sie keine Bedeutung.

Schuster: Gehört zum Erfolg noch eine andere Gabe, nämlich andere zu überzeugen, Ausstrahlung zu haben, sich zu inszenieren?

Brock: Diese Qualität, sich so zu konzentrieren, daß man wenig abgelenkt wird, daß man über Hindernisse hinwegsteigt, daß man sich nicht irritieren läßt, die strahlt tatsächlich ab, und man merkt Leuten an, welche persönliche Kraft sie haben, wirklich für das einzustehen, was sie tun. Das muß man nicht gleich Charisma nennen, sondern das ist einfach etwas, das man als Ausdruck der Kraft einer Persönlichkeit wahrnimmt. Und insofern kann man, glaube ich, ziemlich sicher sagen, wer das Zeug zum Künstler hat, wenn man mit dem Beurteilen von Leuten im Hinblick auf ihre Arbeiten etwas Erfahrung hat wie wir – jetzt bin ich 65 Semester an der Hochschule. Was viel wichtiger ist: Warum werden Menschen mehr oder weniger dazu getrieben, unbedingt Künstler sein zu wollen und begnügen sich nicht mit der Rolle des Designers, des Kommunikationsdesigners oder des Werbemannes? Da rennen die meisten Leute in ihre eigene Falle: anstatt wirklich gute Aufgaben, die von anderen kommen, zu bearbeiten und damit etwas zu leisten, zerschlagen sie diese Möglichkeit, indem sie sich ständig als Künstler in Szene setzen wollen. Sie glauben, das sei offenbar das höherwertige, menschliche Tun.

Schuster: Es liegt natürlich eine narzistische Befriedigung im Anspruch, ein Künstler zu sein.

Brock: Das ist wohl ein ideologisches Moment. Das heißt, die Kunst hat bei ihrer Ablösung aus den Kirchen- und Höfenauftragslagen in Nachfolge Dürers das Schöpfungsmodell der Theologen übernommen. Ein Mann wie Dürer sah sich noch in der Nachfolge der Imitatio Christi; die Nachfolger Dürers aber sahen sich in der Nachfolge Dürers und nicht in der Nachfolge Christi. Mit anderen Worten, sie wurden plötzlich mit einem Anspruch, schöpferisch, ja weltenschöpferisch sein zu wollen, konfrontiert, der von Menschen eben nicht erfüllbar ist. Denn selbst die größten Künstler schaffen nicht die Welt, sondern sie bringen es fertig, eine individuelle Sicht und Position in ihrer Zeit so auszuformulieren, daß man sie nicht übersehen kann. Aber damit haben sie noch keinen anderen Weg, noch keine andere Zeit geschaffen. Selbst das größte Genie – nehmen wir mal einen wie Michelangelo – bleibt Kind seiner Zeit. Und 30 Jahre nach seinem Tode konnte jeder halbwegs Geschulte sagen, das ist typisch 1511, wie die Fresken in der Decke, das ist typisch 40er Jahre, als er das jüngste Gericht malte, oder das ist typisch 1560, als er die Porta Pia entwarf oder so. Dieses vertrackte Modell der theologischen Schöpfungsmythologie auf den Künstler zu übertragen, ist einfach eine schlichte Überforderung; dieses ideologische Überformtwerden von solchen Vorstellungen, wie „der Künstler als Weltenschöpfer", „der Künstler als menschlicher Minigott"; das kriegen noch nicht mal große Staatengründer fertig. Heute sieht jeder, daß so ein Unternehmen in der zweiten Generation kaum noch haltbar ist, es wird von Managern gemanagt, es wird verscherbelt, zerlegt und ausgeschlachtet. Selbst Namen wie AEG sind über Nacht zusammengebrochen. Der Sozialismus ist über Nacht zusammengebrochen. Wir haben eine grundsätzliche Fehlsteuerung in dieser Übernahme des theologischen Schöpfungsbegriffes erlebt, und inzwischen verabschieden sich alle davon. Ein zweites Modell neben der Weltenschöpfung ist, unsterblich zu werden.

Schuster: Kann aber der erfolgreiche Künstler nicht für sich beanspruchen, genial zu sein, wenn er sein individuelles Projekt erfolgreich vorträgt?

Brock: Zu einem gewissen Teil kann das doch eigentlich jeder. Es wird dann jeder interessant, wie wir beispielsweise aus der oral history sehen. Da erzählen ganz normale Menschen aus dem Leben der letzten 30 Jahre. Und das, was sie da vorbringen, ist für die Historiker sogar von großem Interesse, und man kann an deren Erzählung genauso zeitspezifische Studien treiben, es bedarf dazu nicht des Genies. Das Genie ist eben eine solche Überformung dieses christlichen Motivs und des Staatengründermotivs, also Ewigkeit und Dauer auf der einen Seite, neue Welten schaffen auf der anderen Seite. Heute glaubt niemand mehr daran, und zwar in ganz praktischer Hinsicht. Wenn allein in der Bundesrepublik 28.000 vor dem Finanzamt deklarierte Künstler Ruhm für sich in Anspruch nehmen wollen, kann man sich ausrechnen, wieviel Menschen man brauchte, damit die Namen dieser Leute auch nur einmal pro Jahr erwähnt werden. Das ist schon sehr schwierig.

Umgekehrt hat jeder die Aufgabe, sich gegenüber den Grundproblemen Gott und Tod und Herrschaft und Ewigkeit in irgendeiner Weise zu verhalten, und das bearbeitet er nun; da kann man sagen, er wird ein Heros der Menschlichkeit, indem er seine Inidividualität durchhält. Das kann man auf jedem Niveau machen. Es gibt großartige Künstler auf sehr unterschiedlichen Niveaus. Denken sie: ein Mann wie Magritte ist als Maler eine absolute Null, aber als Künstler, als Konzeptentwickler, als Themenentwickler, Problementwickler einfach ein Großereignis. Das ist ein Mann, der gedacht hat, wie kaum ein anderer. Man kann es mit der Radikalität eines Picassiette, also eines Mannes machen, der ganz in der Nähe von Chartre ein kleines Dombauunternehmen führt und aus Scherben (daher Picassiette) ein Universum schafft. Man kann es machen, wie Kurt Schwitters es mit seinem Märzbau versucht hat. Man kann es wie irgendein Bauer aus Tirol machen, der das Atomium in Brüssel in eine Weltmaschine übersetzt. Das ist weder von intellektueller Fähigkeit, noch von bürgerlicher Bildungsqualität abhängig, sondern nur von dem Anspruch, den jemand als Individuum erhebt, die Welt selber verstehen zu wollen und sich in den Mittelpunkt zu setzen, indem er sich fragt: Was kann ich mit all dem anfangen, was uns da von der Wissenschaft, von der Politik, vom Sozialen, was von Familien, Onkel und Tanten angeboten wird?

Schuster: Kann es sein, daß in dieser Konkurrenz zur Fotografie und zur Werbung der Kunst ein spezieller Platz zuwächst, nämlich der Platz des Psychotherapeuten, der also nicht die schönen Phantasien bedient, sondern die dunklere, negative Seite des Lebens? Der solche Dinge natürlich auch in dem Sinn positiv bedient, daß Verdrängungen und Verklemmungen aufgedeckt werden.

Brock: Also, erfolgreiche Kunsttherapie ist eine Therapie, die den Klienten von dem Wahn befreit, Künstler werden zu müssen. Die Befreiung von der Kunstgläubigkeit wäre therapeutisches Ziel. Insofern ist das genaue Konfrontieren mit den Problemen, die Künstler haben, sehr heilsam. Der Kunsttherapie geht es ja um die Möglichkeit, von seinen eigenen unproduktiven Mißverständnissen, Besessenheiten, frei zu werden.

Die scheinbar dunklen Seiten sind diejenigen, die sich eben nicht durch den Einkauf der neuesten Autodesigns, Kleiderdesigns oder Käsedesigns befriedigen lassen. Dunkel wird es deswegen, weil es prinzipiell unlösbare Probleme sind. Das heißt also, die eigentlich wichtigen Probleme, z. B. die Sterblichkeitsfrage des Menschen, können Sie nicht mit Werbemaßnahmen bearbeiten wollen, weil prinzipiell, was immer Sie aufstellen, die Sterblichkeit unumgehbar ist. Sie ist ein unlösbares Problem. Und das wird dann zum Gegenstand der Bearbeitung, d. h. des radikalen Ernstnehmens solcher unlösbaren Probleme, und deswegen wirkt es so, als sei die Kunst für die dunklen Seiten zuständig.

Schuster: Sie haben Kunsttherapie als Befreiung von dem Wahn, Künstler werden zu müssen, bezeichnet. Werden wir uns von dem Wahn, Künstler zu sein, befreien und wieder zu so einer handwerklichen Kunstauffassung wie im 14. Jahrhundert kommen? Wird der Kunstbegriff „demokratisiert"?

Brock: Das ist ja schon längst geschehen. Indem der Kunstbegriff so allumfassend wurde, leistet er ja keine Unterscheidung mehr. Die Menschen werden verstärkt mit der Tatsache konfrontiert, daß alle wichtigen Probleme unlösbar sind. Das heißt die künstlerischen Positionen, insofern vielleicht auch die philosophischen Positionen, werden um so wichtiger. Heute ist bereits allen klar, daß die Ökoprobleme nicht lösbar sind. Also kann man sich im Hinblick auf ökologische Fragestellung eigentlich nur noch wie ein Künstler verhalten. Die ökonomischen Probleme sind prinzipiell nicht mehr lösbar. Also kann man sich ihnen gegenüber auch nur noch wie ein Künstler verhalten. Es wird eine Verstärkung der künstlerischen Position geben. Das hat aber nichts mit der Medienentwicklung zu tun, das hat auch nichts mit der Vereinnahmung von jeder Art von Tun in das Künstlerische zu tun. Das Entscheidende bleibt die Radikalität, in der man sich auf Fragestellungen einläßt, die man bearbeitet, ohne daß man andere zwingen kann, sie anzuerkennen, weil dahinter eben Macht und Zustimmung, Akklamation steckt. Also werden die künstlerischen Haltungen immer wichtiger – das ist ja auch psychologisch verständlich – je mehr ich tagsüber gezwungen bin, mich nach dem zu richten, was vorgeschrieben ist, was Konsens findet, was Geld bringt, was Position schafft, was Anerkennung schafft, desto wichtiger werden für mich als Individuum die Möglichkeiten der Beschäftigung mit Fragen, die eben durch solchen Konsens, durch solche Macht etc., nicht abgedeckt werden.

Wie begegnet man eigentlich jungen Leuten, die mehr oder weniger tagtäglich mit großen Hoffnungen kommen, um sich künstlerisch zu bewähren, und die glauben, zu ästhetischen Operationen aller Art befähigt zu sein? Aber ästhetische Problemstellungen sind anthropologisch vorgegeben, d. h. jeder Unabhängige außerhalb der Kunst muß sich mit der ästhetischen Fragestellung beschäftigen, deswegen gibt es in Bali oder wo immer auf der Welt genauso eine hochdifferenzierte Ästhetik des Unterscheidens oder eine hochdifferenzierte Ästhetik der Beziehung zwischen dem Spirituellen und dem Materiellen. Ästhetische Entwicklungen gibt es in allen Kulturen, zu allen Zeiten, sie sind, wenn sie leistungsfähig sind, immer alle geistig sehr hoch entwickelt gewesen. Kunst hat aber mit der Ästhetik überhaupt nichts zu tun. Die schönen Künste sind nur ein historischer Name, aber die künstlerische Haltung im Sinne der Entwicklung in Europa ist nur eine besonders radikale oder kontinuierlich ausdauernde Beschäftigung mit solchen Problemen der Ästhetik. Sie sind aber nicht primär künstlerisch. Auf der ästhetischen Ebene kann man Operationen in Bali und Afrika etc. ohne weiteres mit jeder Art von Operation in den westlichen Ländern vergleichen, und sie sind auch genauso interessant. Künstlerisch ist das anders, weil diese Gesellschaften den Kunstbegriff gar nicht entwickelt haben und mit dem künstlerischen „Tun" nur eine ästhetische Operation verbinden. Das heißt die Verknüpfung von intrapsychischem Geschehen und sprachlicher Thematisierung oder Problematisierung gibt es dort nicht. Wir müßten den jungen Leuten also sagen, "ihr solltet euch vielleicht zunächst einmal mit der Bearbeitung von ästhetischen Problemstellungen beschäftigen, denn die könnt ihr als Bankdirektoren und als Oberstadtdirektoren, die könnt ihr als Werbeagentur-Mitarbeiter, als Journalisten, als Museumsdirektoren genauso gut wie als Autonutzer oder als Wohnungseinrichter benützen. Ihr müßt aber dann versuchen, etwas, was ihr denkt, auszudrücken. Ihr müßt immer wissen, daß das sprachlich nicht ohne weiteres geht. Ihr müßt immer verstehen, was in sprachlichen Äußerungen anderer an Gedachtem, Vorgestelltem enthalten sein kann oder was gemeint sein kann.

Insofern gibt es in Europa z. B. Künstler in der Wissenschaft. Da gibt's auch Leute, die Jahrzehnte etwas verfolgt haben, was alle anderen für irrsinnig und unwissenschaftlich hielten, als Theorie und erst auf lange Frist stellt sich ein durchaus diskussionswürdiger Sachverhalt dar. Es gibt Künstler in allen Bereichen, wenn sie den Mut haben, sich ausschließlich durch sich selbst zu legitimieren. Und wer die Kraft dazu nicht hat, der muß sich deswegen nicht diskriminiert vorkommen. Nur der kann sich ja als der wichtigere, nützlichere Arbeiter im Weinberg des Herrn oder eben auf der Straße betätigen, der die Kraft hat. Deswegen ist das Training im Bereich der Ästhetik fast als Grundlage für die gesamte Lebenstüchtigkeit anzusehen. Während künstlerisches Training von Lehrern nur mit äußerster Bedenklichkeit empfohlen werden kann, um Lebenstüchtigkeit zu erreichen.

Schuster: Um den Begriff noch einmal zu klären: Jetzt haben sie ja behauptet, auch der Wissenschaftler, der Physiker könnte Künstler sein, indem er ja auch einen eigenen innovativen Weg beschreitet.

Brock: Es gibt das Beispiel auch in der Medizin. In der Medizin gibt es eine wissenschaftliche und eine künstlerische Vorgehensweise. Die wissenschaftliche ist durch die Beherrschung dessen, was eine große Gruppe auch tut und für richtig oder für begründet hält, gegeben. Es gibt aber auch Mediziner, die arbeiten durch Selbstlegitimation, und das sind die Schamanen. Also ein schamanischer Mediziner ist genau der, der sich selbst legitimiert, weil er am eigenen Leib erfahren hat, worum es geht. Und schamanistische Medizin ist sehr erfolgreich in vielen Kulturen, und selbst die Legitimation bei einem Schamanen ist das, was auch den Künstler auszeichnen würde. Der Mediziner durchläuft eine Extremsituation, der er sich z. B. durch Gifteinnahme aussetzt. Und wenn er da wieder rauskommt, dann ist er schamanisch und legitimiert. Das ist beim Künstler nicht anders. Er ist als Künstler legitimiert, wenn er lange Zeit die selbstinduzierten schwierigen Probleme, die prinzipiell unlösbar sind, aushält und bearbeitet.

MARTIN SCHUSTER

„Die Akademie beschützt"

M. Schuster spricht mit Prof. Schneckenburger:

Schuster: Der Kunstbegriff des Publikums und der Kunstbegriff der Künstler und Experten stimmen heute nicht überein. Man besucht massenweise Vermeer- und van-Gogh-Ausstellungen und ist gleichzeitig entsetzt, was an anderer Stelle von den Experten als heutige Kunst angeboten wird. Ist das eine Gefahr, daß das breite Publikum letztlich gar nicht weiß, was heute Kunst ist?

Schneckenburger: Ich weiß nicht, ob dieses ein so furchtbar spannendes Thema ist, weil es schon hundert Jahre alt ist – mindestens schon hundert Jahre. Es ist so, daß das breite Publikum auch heute zu Franz Mark und natürlich zu Beuys rennt, obwohl ich fest überzeugt bin, daß Franz Mark genausowenig wie Beuys angekommen ist. Das heißt, wohin das breite Publikum rennt und was es unter Kunst versteht, ist doch schlichtweg das, was ihm als Kunst von den Institutionen als Kunst angeboten wird.

Auch das „breite Kunst-Publikum" ist aber ganz sicher noch ein sehr schmales Publikum. Circa 350 000 Menschen besuchten die Vermeer-Ausstellung; das ist aber bei 3,5 Millionen Holländern, bei 50 Millionen Franzosen, bei 60 Millionen Deutschen, die in nächster Umgebung der Ausstellung wohnen, immer noch minimal. Und die anderen rennen nicht und interessieren sich letztendes weder für neue Kunst noch für alte Kunst.

Schuster: Sie sprechen von unterschiedlichen Bevölkerungsschichten, deren Kunstverständnis unterschieden werden muß?

Schneckenburger: Das wirklich breite Publikum, ich sag' jetzt mal ganz grob 90 Prozent, hat immer noch die mimetische Vorstellung von Kunst, die naturalistische Vorstellung, vielleicht die pathetisch-sentimentale Vorstellung von Kunst. Aber immer nur auf der Basis des mimetischen. Das dürfte wohl die Kunstauffassung des wirklich breiten Publikums sein, und so ist es ja mindestens seit unserer griechischen Klassik und seit den Römern. Denn hier gibt es tatsächlich europäische Kanones, die so fest verwurzelt sind, weil sie auch fundamental mit dem Wesen von Kunst, vor allem mit dem Zweck von Kunst, zu tun haben. Und daß wir das Wesen von Kunst inzwischen so weit vom ursprünglichen Zweck der Kunst abgelöst haben, das könnte vielleicht ein viel größeres Problem oder die viel größere Frage sein als die vielen Stilunterschiede und dieses Potpourri und diese Wäscheleine von Stilen, die aufeinanderfolgen. Beim breiten Publikum, glaube ich, gibt es eine sehr kräftige, kanonisierte Vorstellung von dem, was in unserer Gesellschaft, in unserer Kultur Kunst ist, und die ist unabhängig davon, ob auf van Gogh Monet, auf Monet Mark und auf Mark – ich weiß jetzt nicht – Dix, Beckmann und auf Beckmann Beuys folgt.

Schuster: Die mimetische Aufgabe der Kunst ist ja von der Fotografie auf eine perfekte Art und Weise übernommen worden. Hat das für die Entwicklung der Kunst aus Ihrer Sicht eine wichtige Rolle gespielt?

Schneckenburger: Das glaube ich eher nicht. Das sogenannte breite Publikum hat über die Fotografie eine – wenn auch minimale – Akzeptanz der Abstraktion erreicht, weil bei der ja viel eher manipuliert werden kann und die Manipulation von Licht und Schatten, von Hell und Dunkel auch eine ganz andere Legitimation hat. So wurde das Abstrakte plötzlich für jeden, auch für den Knipser zugänglich, sei es auch nur, durch eine Schwäche der fotografischen Qualität. Ich glaube auch, daß heute eine sogenannte künstlerische Fotografie einem breiten Publikum eher zugänglich ist als ein sogenanntes abstraktes künstlerisches Bild. Es gibt da mehr Füße in der Tür, über die man reinkommt. Ein mißlungenes Foto ist fast schon ein abstraktes Foto. Deshalb meine ich, daß der Amateur-Fotograf dann mit zu denen gehört, die auf dem Weg zu einem neuen Kunstverständnis sind.

Schuster: Dann gibt es natürlich noch einen anderen Konkurrenten der zeitgenössischen Kunst, die Werbung. Tatsächlich werden ja Werbegrafiken teuer auf Auktionen verkauft. Die Werbung wird zu Preisen wie die Hochkunst gehandelt. In der Werbung werden natürlich die positiven Phantasien der Gesellschaft abgehandelt; die guten Nachrichten kommen aus der Werbung, das große Glück, das die Käsesorte uns vermittelt. Kann es sein, daß der Konkurrent Werbung die zeitgenössische Hochkunst ein bißchen in den Bereich des Dunklen, Verdrängten, des Therapeutischen drängt?

Schneckenburger: Ich glaube, daß wir jetzt von zwei verschiedenen Schichten des Kunstpublikums reden. Ich meine, derjenige, der 60 000 Mark für die erste Emmentaler-Reklame ausgibt, ist ein Freak. Es ist aber einer, der mit Sicherheit genauso zu der sogenannten Kunst Zugang hat, der vielleicht an ihr etwas müde geworden ist, der vielleicht auch ein Branchenspezialist ist, der noch dazu das Geld hat, aber er ist auf keinen Fall einer von diesen 90 Prozent, die ihren Kunstbegriff immer noch bei Praxiteles abholen.

Daß die Werbegrafik plötzlich so populär und teuer ist, ist selbstverständlich ohne die Pop-Art schwer denkbar. Zum anderen ist seit dem späten 19. Jahrhundert ein eigener Strang von visueller Kommunikation entstanden: die Kunst von Toulouse-Lautrec ist letztlich auch Werbegrafik.

Ich glaube, da gibt es einen eigenen Strang von Grafik-Freaks und Grafik-Sammlern und Werbe-Soziologen, die sich speziell dafür interessieren. Nichtsdestoweniger meine ich, daß es – abgesehen von Museen für Kunst und Gewerbe und Museen für Design – in diesem Feld noch ganz wenige Sammler gibt. Ich würde hier nicht von einem allgemeinen Publikum reden, sondern von einem Spezialpublikum, was es ja auch für Briefmarken und Schnupftabakdosen etc. gibt. Aber ich glaube nicht, daß dies ein Problem der Breite und des Zugangs des Publikums ist.

Schuster: Nein, das wollte ich mit der Frage auch nicht speziell ansteuern, sondern die Frage ist, ob es ein Problem des zeitgenössischen Künstlers ist, sozusagen in Konkurrenz zur ständigen positiven Werbe-Phantasie zu stehen?

Schneckenburger: Ja, ich weiß, was Sie meinen. Aber ich glaube nicht mal, daß die Pop-Art in Konkurrenz dazu gestanden ist. Die Pop-Art steht im sehr produktiven, teils parasitären, teils kreativen Verhältnis dazu. Ich glaube, daß die zeitgenössische Kunst so vielfältig motiviert ist, daß man sie in keiner Weise gegen diese Werbephantasien, gegen diese quasi kurzfüßigen Utopien, die auch noch verlogen sind, absetzen muß. Natürlich gibt es Strategien der Werbung, die teils ironisch, teils parasitär, teils zynisch umgesetzt werden in künstlerische Strategien, zum Beispiel von Jeff Koons. Ich bin davon überzeugt, daß auch hier die Übernahme – sei es durch Ironie, sei es durch Radikalität – in eine künstlerische Position kippt. Das ist nicht undenkbar. Aber es ist sehr selten.

Die vielbeschworene Utopie in der Kunst wurde allerdings in einigen Bereichen, das ist richtig, von der Werbung durch die Alltagsutopie für die 99,9 Pfennig ersetzt. Zum Beispiel beim Waschmittel, mit dieser Art, das weißeste Weiß, das noch weißer ist als der visionärste Himmel, das ensteht eine Parallele zur visionären Kunst. Hier muß man jetzt aufpassen, daß sich die Kunst als das große Therapieangebote nicht in die Werbung verflüchtigt und in kleiner Münze ausgezahlt wird.

Und insofern mag es eine Kontraposition zur Werbung geben, daß nämlich die Kurzweil der Utopie für jedermann vielleicht zu einem Ersatz für die große, langfristige Utopie wurde, für die Vision in der Kunst. Mag sein, daß Beuys der letzte große Visionär und Utopist auf dem Gebiet war.

Aber die Werbung, die gab es – Fernsehen hin, Fernsehen her – natürlich strukturell und im Grundtenor auch schon zu einem Zeitpunkt, als die Kunst noch ganz utopisch und ganz visionär war. Insofern meine ich, sollte man auch mit der oben geführten These aufpassen. Nur vielleicht ist es so.

Schuster: Ist Kunst ein Therapieangebot im dunklen Bereich menschlichen Lebens? Dali hat in Amerika gesagt, er befreie die Obsessionen der amerikanischen Gesellschaft. Und das tut natürlich auch Arnulf Reiner, der Maler von Totenmasken, oder natürlich ein Künstler wie Nitsch, der jene unterdrückte Blutrunst in der menschlichen Seele kathartisch befreien will.

Schneckenburger: Wenn man sagt, wir wollen die Gesellschaft therapieren, muß man doch wissen, daß ein solches Unterfangen nur Bruchteile, kleinste Bruchteile dieser Gesellschaft erreicht, nicht mehr als die innerste Kunstzone, die innerste Rezeptionszone derer, die sich mit Kunst befassen. Als Modell mag das durchaus eine Gesellschaftstherapie sein, wie es Kunst immer war, das will ich gar nicht bezweifeln, aber erstens ist es innerhalb der Kunst nur ein Modell von vielen, und zum anderen ist die Kunst innerhalb aller gesellschaftlichen Modelle nur eines von vielen, das schließlich am meisten im eigenen Saft schmort.

Damit diese Modelle auch nur begrifflich benutzt oder gar akzeptiert werden, muß erst mal die Schwelle überwunden sein, die zur modernen Kunst führt, da kann mir natürlich der Nitsch erzählen, was er will, zum Beispiel alles sei osmotisch, dringe unterschwellig ein. Das hat Dali sich auch schon ausgemalt. Ich glaube nicht, daß irgendetwas davon jemals Realität geworden ist. Das ist die Autonomie der Kunst, das ist der Preis, den wir letztendlich für die Autonomie zahlen. Wenn es nicht so wäre, dann allerdings müßte man sich Sorgen um die Zukunft der Kunst machen.

Schuster: Jetzt schlagen wir mal einen etwas größeren Bogen, nehmen aber das gleiche Thema, vielleicht in verwandelter Form, wieder auf. Sie haben ja bedeutende Ausstellungen, zum Beispiel die „Documenta", gestaltet und dabei viele Angebote junger, aber auch schon berühmter Künstler gesehen. Sie waren an einer dieser Schaltstellen, wo man sagt: das soll jetzt präsentiert werden, das soll nicht präsentiert werden. Viele junge Menschen brechen heute auf und hoffen Künstler zu werden. Manchmal können sie etwas naturalistisch malen und glauben daher, künstlerisches Talent zu haben. Aus der Position dessen beurteilt, der einmal diese Präsentations-Entscheidungen getroffen hat: Was würden Sie denn einem jungen Menschen raten, der sich berufen fühlt; welche Eigenschaft soll er bei sich suchen?

Schneckenburger: Das gleiche Problem stellt sich ja jedes Semester bei der Akademie. Wer gut abpinseln kann, hat den Traum vom großen Künstler. Wir haben jedes Jahr eine ganze Anzahl perfekter Filmplakatmaler, die können das naturell und in Öl. Die lehnen wir natürlich nicht deshalb ab, weil sie malen können, das soll kein Ausschluß sein. Gerhard Richter kann auch malen wie kaum ein anderer und so perfekt naturalistisch und mimetisch, wie es sein soll. Was uns daran hindert, sie anzunehmen, das ist die absolute Abgeleitetheit dieser Perfektion, dieser Malerei. Unsere Kriterien sind schwierig zu bestimmen und zu benennen, sind aber doch zu erfühlen. Sie sind in der Kommunikation immer wieder als Spurenelemente von Authentizität zu fassen. Im Bild könnte man sagen: in diesem einen Ton, diesem einen Klang ist jemand nicht nur perfekt auf einer vorgegebenen Linie, die er variiert, sondern er löckt wider den Stachel. An irgendeiner Stelle ist irgendetwas, es kann auch bei einem zunächst mal Unbegabten etwas geben, was sich vielleicht bis zur Authentizität lockern läßt. Das weiß man nicht immer vorher. Unsere Kriterien sind, ob jemand den Konventionen „guter Kunst" widerspricht, wobei gute Kunst hier bis zum Objekt und bis zum Objektzitat und natürlich bis zum abstrakten Bild geht. Es soll irgendwo ein innerer Widerstand gegen das Verfügbare erkennbar sein. Das ist nicht sehr leicht zu formulieren, aber letztenendes, als Konzept im Hinterkopf, stelle ich Vergleichbares auch bei Kollegen fest, ohne daß sie es ausdrücken könnten. Wenn es bei einer Aufnahmeprüfung ums Abstimmen geht, merkt man immer wieder, daß eben jeder so was ähnliches im Kopf hatte. Änliches wird sich letztenendes dann bei der „Documenta", beziehungsweise in einem Vor-Vor-Feld der „Documenta", abspielen.

Man muß aber verstehen, daß es so gut wie unmöglich ist, manchen jungen Leuten das zu sagen. Diejenigen, die im Vollbewußtsein ihrer phantastischen Bilder kommen und die von der ganzen Familie, Verwandtschaft, Schule, möglichst noch vom Kunsterzieher (wenn er nichts taugt) seit zehn Jahren begeistert zu ihrer großen Künstlerei beglückwünscht und nun auf die Schiene „Künstler" geschoben wurden, denen werden Sie nie beibringen können, daß sie nicht die großen Künstler sind.

Vielleicht werden sie statt dessen sogar erfolgreiche Pseudokünstler, die immerhin noch 90 Prozent des Marktes beherrschen. Es gibt einen riesigen Markt von hochprofessioneller Kunst, die übliche Gebrauchskunst, die ist wiederum für dieses sogenannte breite Publikum. Ruhm kann man auch dort erlangen. In der Spitze sind das schon die Top-Profis. Aber die meisten brauchen eigentlich keine akademische Ausbildung, zum Teil sind sie absolute Könner.

Schuster: Ja, aber nicht in dem Sinn „Künstler".

Schneckenburger: Nein.

Schuster: Es fehlt nach Ihrer Meinung die individuelle Kreativität?

Schneckenburger: Das Bedürfnis nach Gebrauchskunst ist so breit, das Publikum ist so breit, daß ganze Fabriken, ja Märkte, entstehen. Da gibt es direkte Klassiker, von denen der offizielle Kunstbetrieb überhaupt keine Notiz nimmt. Das sind aber die Leute, die man zu packen und aus der Akademie rauszuhalten versucht. Die selbst können das niemals verstehen. Deshalb kann man es denen auch gar nicht sagen, daß sie nicht diejenigen welche sind. Andere kommen, mit vielen Talenten, oft auch mit vielen Zweifeln und einem gewissem Selbstbewußtsein. Manchmal ist es ganz offenkundig, daß da etwas Eigenes da ist, manchmal wissen die Bewerber es selber nicht, und da muß man sehr sorgfältig prüfen. In zwei Semestern kann man das prüfen. Und dann stellt man fest, daß nur 15 Prozent von denen, die man geprüft hat, die Meisterschüler geworden sind und ein Diplom machen. Und von den 15 Prozent ist es dann noch höchstens ein Drittel, das irgendwann mal dieses Maß an innerbetrieblicher Professionalität erreicht, daß eine künstlerische Existenz entsteht, für die es gelohnt hat, den ganzen Aufwand an Akademieausbildung zu betreiben.

Schuster: Dieses innere eigene Projekt, was der einzelne sozusagen ideosynkratisch aus sich heraus schafft, ist natürlich etwas, was nicht den Beifall der Ehepartner, der Schwiegereltern und der Menschen um diese Person herum findet. Der zukünftige Künstler muß ja fast schon eine psychotische Unabhängigkeit von sozialer Zustimmung entwickeln.

Schneckenburger: Unsere Akademien sind ja für den Studenten wirkliche Schutzkäfige, ich will gar nicht sagen Elfenbeintürme. Nicht nur die Ausbildung – oder was im Moment darunter zu verstehen ist – ist ihre Funktion, sondern auch das Beschützen der jungen Menschen genau gegen diese negativen Umweltmißverständnisse. Das heißt, ein Student heute an der Akademie kann damit rechnen, wenn er etwas bringt, was für die Familie und die Umwelt unverständlich ist, daß dies dort verstanden wird. Ich würde sagen, das ist der Normalfall. Dieses hebammenhafte der Akademie gibt es auch. Gelegentlich kommt es zu einem Kaiserschnitt. Es gibt natürlich sehr häufig Totgeburten, das ist klar. Aber das ist ein Vorteil der Akademie, daß eigentlich wirklich keine Begabung, wie einseitig oder punktuell sie auch sein mag, durch die Lappen geht. Und darauf kann heute jemand zählen.

Schuster: So daß die Akademie ein bißchen die Künstlergruppe ersetzt, die früher ihre Mitglieder beschützt hat?

Schneckenburger: Ich würde sagen, sie ersetzt sogar den gesellschaftlichen Konsens. Denn der gesellschaftliche Konsens ist ja zunächst auf den Kunstbetrieb geschrumpft. Sie ist heute der Ersatz für den gesellschaftlichen Konsens, wobei man sich gesellschaftlich wieder insgesamt darüber einig ist, daß dieser Betrieb seine Legitimität hat. Abgesehen vom Stammtisch würde sich die Gesellschaft insgesamt bis zum verständnislosesten Politiker nicht anmaßen (auch wenn sie es innerlich noch so sehr ablehnt und überflüssig findet), diese Institution in ihrer kulturellen politischen Notwendigkeit in Frage zu stellen. Das ist sozusagen das Existenzminimum für den gesellschaftlichen Konsens. In diesem Betriebssystem Kunst gibt es ja wiederum einen Konsens, ob jemand begabt ist oder nicht. Und es wird dann darauf ankommen, den Konsens innerhalb der Akademie in einen Konsens innerhalb des Betriebssystems zu verwandeln. Das ist eigentlich der Sprung, der rezeptionspsychologisch, soziologisch zwischen Akademie und dem System Kunst geschafft werden muß. Ob das dann nachher in der Gesellschaft akzeptiert wird, sagen wir so wie bei Beuys, wie breit der Konsens dann ist und wieviele – was weiß ich – Zwiebelhäute herauskommen, nach außen wachsen (wie bei Picasso, Monet, van Gogh), das muß sich dann herausstellen. Selbst jeder Arbeiter hat mal gelernt, daß van Gogh Kunst ist. Das ist nun die Frage, wie weit man es bei diesem Konsens bringt.

Schuster: Sie haben von der Kunsthochschule, der Kunstakademie als Hebamme gesprochen, die nun diese Kinder in die Welt hinein gebiert. Jetzt sind sie verschiedenen Kräften ausgesetzt. Draußen gilt: Wer zahlt, schafft an. Wenn also die Kirche zahlt, dann sagt sie auch, was abgebildet wird, natürlich die Freuden des Paradieses und die Schrecken der Hölle. Und wenn die Fürsten zahlen, dann ist ja auch ziemlich klar, was die sich wünschen.

Muß der Künstler sich also gesellschaftlichen Strömungen anpassen, zum Beispiel solchen Strömungen wie dem Feminismus? Kann man letztlich nur überleben, wenn man solche Strömungen bedient, also seinem Auftraggeber, so indirekt er auch immer sein mag, gerecht wird?

Schneckenburger: Es gibt keinen Auftraggeber. Für die öffentliche Kunst gilt ja – ab einem bestimmten Level – mehr als für jeden anderen Bereich die Autonomie. Für einen Künstler wäre es ganz schwierig, einen Auftraggeber herauszufinden, selbst wenn man sich nach ihm richten wollte, da es noch nie so wenig selbstbewußte Auftraggeber gegeben hat wie heute. Nach den potentiellen Auftraggebern Staat, Städte, Kirche kann er sich noch am wenigsten richten. Deshalb ist es ja auch das größte Desaster, was dort passiert. Im Grunde genommen geben sie ihre Rechte, Pflichten, Möglichkeiten als Auftraggeber an Jurys von Fachleuten ab. Es ist eigentlich in der Kunst heute viel eher so wie gelegentlich vor Gericht. Man hat eine Expertendiktatur, die entscheidet. Gerade bei der Unsicherheit der potentiellen Auftraggeber, bis hin in die Politik, ist es so. Die Vorsitzenden der Kulturausschüsse sitzen dann zwar mit in der Jury, sie sind aber prinzipiell in der Minderzahl. Gelegentlich kommen sie aber auch aus der Kunstszene und reden mit. Normalerweise vertreten sie ihre Meinung, die ist meistens angepaßt, ohne überzeugt zu sein. Hier ist viel eher ein Hebel einer Anpassung an gesellschaftliche Strömungen, an Auftraggeber gegeben. Das ist eigentlich aus zwei Gründen heute nicht so furchtbar relevant, außer bei ganz schwachen Typen, die wiederum in schwache Kerben hauen. Natürlich gibt es das, daß man wild malt, wenn es heißt, wild ist gerade „in". Das meine ich aber jetzt nicht, das hat es bei den Malern immer gegeben. Um 1640, da malte fast ganz Amsterdam, wie man heute sieht, wie Rembrandt. Also dieses und das war „en vogue"; als man wie Karavachio malte, da malte man eben dunkel bis nach Holland. Also, das mag meinetwegen teils automatisch so sein. Die Geschichte der Kunst ist ganz sicher auch die Geschichte einer Anpassung an Modeströmungen, an Erfolgsströmungen und -richtungen. Das gibt es heute selbstverständlich auch, aber das kann ja nicht gemeint sein.

Dem widerspricht aber diese ganz harte Zäsur der Autonomie der Kunst seit hundert Jahren. Sicher, auch die Impressionisten malten noch sehr für ihre Auftraggeber. Nur die Auftraggeber wußten es nicht, das heißt, sie malten im Sinne einer Gesellschaft, die zu spät kapierte, daß in ihrem Sinne gemalt wurde. Das gibt es sicher heute auch noch. Dann folgt die scharfe Zäsur 'Autonomie der Kunst', die nicht nur eine allgemeine gesellschaftliche oder kunstsoziologische oder auch ästhetische Entwicklung, sondern auch eine moralische Zäsur ist. Eine Kunst, die sich in Abhängigkeit begibt, ist eben nicht mehr anerkannt wie der Medici-Zyklus von Rubens, sondern ist tatsächlich eine Kunst, die ihre eigentliche Moral als Kunst versäumt und aufgibt.

Weil die Kunst keinen Auftraggeber mehr hat, kippt es mit der Kunst in Utopie. Vorher war sie als kirchliche oder gesellschaftliche Utopie nur vorgegeben. Das sich Entwickeln der Kunst zu einer klassischen Modellutopie geht nicht zuletzt darauf zurück, daß die autonome Kunst sich ihre gesellschaftliche Vision, ihren Gesellschaftenhorizont, ihre gesellschaftliche An- und Einbindung in die Zukunft selber setzen muß, weil sie sich zur Gegenwart nicht mehr bezieht. Das mag ein Grund sein, warum die ganzen klassischen Modelle der Autonomie und Utopie in der Kunst gleichzeitig auftreten. Der Anspruch an Utopie und Autonomie war bei Mondrean gleich intensiv. Er war großer Utopist und großer Autonomer. In der Kunst bei Beuys ist es dann zwei Generationen später wieder etwas anders.

Aber die klassische Moderne ist jetzt eine Kunst, die sich nicht so richtig an Gesellschaft anlehnt. Wenn nun jemand heute feministisch arbeitet, ist das keine Anpassung oder Anbiederung an Erfolg oder an relevante Strömungen. Ich glaube, die Künstlerinnen und Künstler sind so sehr Teil einer Gesellschaft, daß sie praktisch auf einer Linie mit den Hauptströmungen der Gesellschaft arbeiten. Eine

Ulrike Rosenberg läuft ja nicht hinter der Speckseite her. Daran glaube ich auch heute noch, trotz Betrieb, trotz Verbrauchssystem, trotz Betriebssystem. Die Kunst ist auch ein Teil der Gesellschaft, die Kunst selber hat das „tua res agitur", die Kunst selber geht mit unseren Problemen um.

Selbst das weiße Bild, das ist ja auch oft gesagt worden, ist in dem Moment der Diktaktur ein politisches Bild. Auch wenn es sich entwicklungsgeschichtlich noch so sehr als das letzte Bild aus vielen vielen Stufen von Grau und Hellgrau und Weiß entwickelt hat. Es gibt Momente, das heißt historische Momente, in dem jedes Bild, auch das abstrakteste und autonomste, hochpolitisch sein kann. Und das meine ich. Die Kunst ist selbst ein Teil der Gesellschaft, und deshalb ist das Anbiedern an die Gesellschaft und ihre Strömungen ein Merkmal von schlechter Kunst. Das gibt es zwar sehr häufig, es ist aber heute nicht das Wesen und auch nicht das Schicksal von Kunst.

Schuster: Man könnte hier das Sponsoring herausheben: Es gibt große Investoren wie die Deutsche Bank, die Kunst kaufen und sich die Künstler aussuchen. Und so ein kapitalistisches Unternehmen wie die Deutsche Bank möchte natürlich dadurch eine Imageverbesserung in irgendeiner Form erreichen und wird eher das Positive wählen, also umweltschutz-ökologische Probleme, das Beschützen des Behinderten und Benachteiligten – Themen also, die sozusagen das Bösesein des Kapitalismus übertünchen.

Schneckenburger: Gerade die Deutsche Bank ist ein Beispiel für diese Expertendiktatur oder Expertenherrschaft, um es nicht ganz so extrem zu sagen. Die Deutsche Bank beschäftigt Fachleute, und die Fachleute wissen natürlich (im Hinterkopf), was bei ihrer Bank geht oder nicht. Und die Deutsche Bank kauft gemäßigt modern bis progressiv. Sie kauft so, daß es niemandem weh tut, auch in der eigenen Bank nicht. Sie kauft auch Ungesichertes sehr billig. Das sind dann meistens Zeichnungen. Sie kauft auch hierarchisch gestaffelt. Kadinsky ist für Herrn Abs gewesen im obersten Geschoß, und die Handzeichnungen von jungen unbekannten Künstlern sind dann bei den Sekretärinnen irgendwo im Erdgeschoß zu finden. Die Bank kauft im Grunde genommen vom Markt. Im positiven wie im negativen Sinn. Aber sie würde niemals – und das ist der Unterschied – versuchen, den Markt zu beeinflussen. Sie akzeptiert den Markt, sie nutzt den Markt, sie stabilisiert gelegentlich gewisse Marktströmungen, das mag sein, auch bei einigen Künstlern, die dann schwerpunktmäßig gesammelt werden, aber sie ist letztenendes – ohne den kleinsten Ausrutscher – absolut affirmativ zum Markt.

Schuster: Ist es bei der Hypobank anders?

Schneckenburger: Die Hypobank ist auch affirmativ. Nicht zum Markt allgemein, sondern zu den oberen Spitzen der Hierarchie dieses Marktes, zu den teuren Bildern, die die öffentliche Hand sich nicht mehr leisten kann. Sie hat erkannt, daß das Sammeln heute nur noch ein Aspekt der Publizität und der Imagepflege ist und daß das Ausstellen, das nach Außen bilden von Kunst, heute, was das Image angeht, wichtiger und auch nützlicher ist.

Schuster: Das bringt uns zu der Frage, welchen Einfluß letztlich die Sammler haben, da ja die Museen gar nicht flächendeckend Kunst einkaufen können, sondern die großen Sammlungen später als Geschenk erhalten. Bestimmen also die Sammler, wie auch der Sammler Ludwig, was in zehn, zwanzig, dreißig Jahren das sein wird, was die Kunstmuseen zeigen?

Schneckenburger: Das war schon im 19. Jahrhundert so. Als die Kölner Boisorees Spätgotik und Altdeutsches sammelten, hatten sie ja auch in gewisser Weise einen guten Berater, so daß das nachher unsere deutschen Renaissance-Klassiker übernahmen. Der Trend verstärkte sich im späten 19. Jahrhundert als Sammlungen in den Louvre gingen, obwohl der Louvre es nicht wollte Das Prinzip hat einen Quantensprung durch das amerikanische Prinzip erlebt, weil dort keine öffentlichen Gelder für Museen exisitierten, so daß eben alle großen Sammlungen letztenendes Privatsammlungen sind. Dadurch hat sich der Impressionismus, der in Amerika akzeptiert war, bevor er in Frankreich akzeptiert war, in Amerika sofort zu einer ganz wichtigen Kunstströmung entwickelt, das ist dann zurückgeschwappt. Da hat sich zum ersten Mal gezeigt, daß Sammler auch Kunstgeschichte mitmachen. Diese Entwicklung, die lange Zeit eine mehr oder weniger amerikanische war, hat sich fortgesetzt bei den großen deutschen Expressionisten-Sammlern, die aber noch parallel zu den großen musealen Sammlern handelten. Bode und Shudie sammelten als Museumsdirektoren noch Kunstgeschichte. August Köhler sammelte parallel zu Grusebruch. Damals konnten die Museen noch mithalten, auch wenn sie auch damals schon jung sammelten. Aber es ist gar kein Zweifel, daß diese Sammler im nachhinein Kunstgeschichte mitschreiben. Das sich diese Entwicklung beschleunigt, hängt teilweise mit der größeren Risikofähigkeit und Bereitschaft von Sammlern zusammen und damit, daß diese Unternehmen keine Rechenschaft ablegen müssen. Das Subjektive des normalen Privatsammlers, der aber auch nur an ein zwei Galeristen klebt, ist ja auch nur bedingt gegeben. Das heißt, das Subjektive dieser Privatsammler und die Risikofähigkeit der Privatsammler ist meist aber auch nur die Subjektivität und Risikofähigkeit ihrer Galeristen. Aber gut: Das ist eine Symbiose, die auch funktioniert. Das ist das eine. Das andere ist natürlich, daß die Museen kein Geld mehr haben, um etwas anzuschaffen.

Die Motivation des Privatsammelns von moderner Kunst ist einfach ein Moment von sozialem Prestige geworden, wie es das früher nicht gegeben hat. Es ist ein Moment von Kompensation. Es ist kein Zufall, daß die großen Sammler bei Zigarettenfirmen, Banken und Autofirmen angesiedelt sind, also letztenendes vor allem bei in unserer Zeit ökologisch negativ besetzten Branchen, und daß die großen Berliner Sammler zumeist Immobilienhaie sind. Dort soll das negative Firmenimage kompensiert werden.

Das hat es noch nicht gegeben. Früher war der Sammler ein Schöngeist. Aber auch die neuen Sammler folgen oft wieder der Expertenherrschaft. Die Experten beraten den Sammler, damit man ja keinen Fehler macht und auch die wichtigen

Künstler vertreten sind. Daß gerade dieser Sammler mit ins Museum bringt, was für ihn dann der Höhepunkt seiner sozial-künstlerischen Karriere ist, das ist ja ganz klar. Ludwig ist ein Sonderfall, würde ich meinen, den gibt's nicht wieder. Der hat auch einige Vorteile, die andere nicht haben. Das ist – wegen der Größe des Unternehmens – ein Sonderfall. Aber die Gefahr, daß auf diese Weise Kunstgeschichte von Sammlern nicht mehr nur mitgeschrieben, sondern umgeschrieben wird, ist gegeben. Das wird dann der Leitton – und nicht ein willkommener, kontrollierter, eingeflochtener Oberton oder Unterton. Es wird nicht mehr eingeflochten, sondern der Hauptstrang.

Schuster: Könnte man irgendeine Änderung des Steuerrechts vornehmen, die einen positiven Einfluß auf die Kunstszene hat?

Schneckenburger: Steuerrechtlich hat man schon vor vielen Jahren durchgesetzt, daß für Bilder und für Kunst von lebenden Künstlern keine Vermögenssteuer mehr gezahlt werden muß. Das ist so, solange der Künstler lebt. Dann, wenn er gestorben ist, wird es ein Problem. Dennoch wird Kunst schlichtweg kaum versteuert. Zumindest nicht bei der Vermögenssteuer.

Schuster: In Amerika kann man einen Kunstkauf aber von der Steuer absetzen?

Schneckenburger: Nein, nur teilweise. Man muß dann eine Stiftung machen. Es wäre denkbar, daß das Steuersystem bei uns dem Kunstmarkt gerade durch Stiftungen dergestalt entgegenkommt, daß auch bei uns amerikanische Verhältnisse entstehen. Andererseits muß man klar sagen – dazu hat Walter Graskamp jetzt gerade einen sehr richtigen Artikel in der „Zeit" geschrieben –, alles was die Steuer letztenendes dem Sammler gibt, muß sie woanders wegnehmen. So muß sich die Gesellschaft über die Hälfte an dem Kunstkauf beteiligen. Das heißt, es wäre zu einem erheblichen Teil nichts anderes als eine Verlagerung, eine Verschichtung der Mittel.

Zum andern würde natürlich auch der Staat, der ja doch über die Hälfte zahlt, keinerlei Kontrolle mehr haben. Von Demokratie in der Kunst wollen wir hier nicht reden – oder von mir aus auch von Expertenherrschaft oder sonst etwas. Die Steuervergünstigung subventioniert aber die Willkür des Subjektes bis hin zum Geschmack eines einzelnen. Ob dieses Geld besser in die staatliche Förderung von Kunst investiert werden soll, wäre dann eben die Frage. Ich glaube, das Allheilmittel ist die vielberufene Steuerermäßigung und die Minderung der Erbschaftssteuer nicht.

HANS BRÖG

Ein Plädoyer für die Moderne Kunst

I.

Gibt es heute moderne oder postmoderne Kunst?

Man muß wohl die Frage stellen, ob wir in der Moderne oder in postmoderner Zeit leben. Eingeredet wird uns die Postmoderne. Kriterien für Postmodernität in Philosophie und Kunst z. B. wurden proklamiert. Venturi sieht schon im geistreichen Zitat ein Indiz für die Postmoderne (vgl. Abb. 1). Demnach herrscht Postmoderne; zu fragen ist freilich, mit welchem Wirkungsgrad, mit welcher Relevanz[1]

Die Moderne lebt noch

Keineswegs ist der Gedanke, der die West-Kunst in Theorie und Praxis auf die Beine brachte, aufgegeben; die Moderne wird weiter vorangetrieben. Freilich wird dies in dem Bewußtsein des Kunstverbrauchers nicht immer recht erkenntlich. Dies liegt daran, daß es nur wenige Künstler sind, die sich computergestützter Kunst befleißigen oder gar ihre Beiträge in den virtuellen Welten, als virtuelle Welten installieren. Intellektuell gesteuertes künstlerisches Arbeiten, ästhetische Konzepte zu algorithmieren, vermögen nur wenige Künstler zu leisten. Auch der Zugang zu leistungsfähigen, elektronischen Produktionsmitteln ist vielen Künstlern verschlossen (natürlich ist moderne Kunst auch (noch) ohne apparative Hilfsmittel möglich). Letztlich dürfte es aber die emotionale Verfaßtheit sein, die daran hindert, sich der Kreation moderner Kunst auszusetzen; die eingeschränkte Emotionalität, mit der ans Werk gegangen werden muß, kommt einer Entfremdung von der Arbeit gleich, durch die unsere Umwelt bestimmt wird und die nach Kompensation sucht. Man huldigt zwar der *Post*moderne; aber, obwohl man bereits mit der Kunst der 60er Jahre den Bruch

---

[1] Venturi, R.: Lernen von Las Vegas, Zur Ikonographie und Architektursymbolik der Geschäftsstadt/R. Venturi; Denise Scott Brown; Steven Izenour. Braunschweig 1979
Venturi, R., Venturi and Rauch: Architektur im Alltag Amerikas. Autoren: Stanislaus von Moos…Niederteufen 1979.
Für die Diskussion der Postmoderne sind m. E. insbesondere Baudrillard, Derrida, Foucault und Lyotard zu nennen. Eklektizismus/Historismus des 19. Jh. wurde mit der Postmoderne verglichen. Natürlich sind die jeweiligen geistigen Voraussetzungen unterschiedlicher Art. Das geistreiche Zitat aber, das Venturi als ausreichendes Indiz für Postmoderne ansieht, ist dem 19. Jh. keinesfalls fremd. Die „Ochsenkathedrale", ein Schlachthaus in Bad Kissingen, die einer Moschee gleichende Zigarettenfabrik YENIDZE – heute Bürozentrum – in Dresden; fast beliebig viele Beispiele wären zu nennen, sind glanzvolle, geistreiche Zitate. Man könnte dagegen einwenden, daß man für neue Funktionen, wie sie Bahnhöfe, Schlachthäuser, Turbinenhallen etc. zu erfüllen hatten, keine den Funktionen anpaßbaren, historischen Bauformen zur Verfügung hatte und deshalb zu Übernahmen genötigt war. Für diesen Fall gilt, daß nicht gewollte Ironie, nicht gewollt geistreiche Verwendung – aber mit geistreichem Anschein – Verlegenheitslösungen eben auch ihren Charme haben, so wie das geistreich Gedachte in seiner Verwirklichung zur Banalität geraten kann.

Abb. 1: C. H. Moore, Piazza d'Italia, 1975, 1978 New Orleans

mit der Moderne vollzogen sah, so meine ich, wird sie unaufhaltsam generiert. Noch ist das Ziel der Moderne, das Supreme (Malewitsch), nicht erreicht; auch nicht dort, wo die Front der Moderne am weitesten vorgeschoben wurde, dort wo die virtuellen Welten entstehen.

Der Moderne Visionär, der Dienstbote der Postmoderne

Im Rahmen der Moderne konnte man die Frage stellen, ob der Künstler seiner Zeit voraus ist. Er war es nie. Wie hätte das denn geschehen können? Vielmehr ist es so, daß die kompakte Masse, der Moderne hoffnungslos hinterher hinkt. Daß Hinkende den Leichtfüßigen enteilen sehen, nimmt nicht wunder. Das hat sich unter den Bedingungen der Postmoderne geändert. Jetzt ist es die Kunst, die hinterher hächelt, darauf aus, gesellschaftliche Bedürfnisse zu befriedigen.

Die Postmoderne ist Kompensationskunst

Ganz besonders mag der Wunsch nach Kompensation frustrierender Alltagstätigkeit durch lustvollen, problemlosen Kunstgenuß – sowohl bei Produktion als auch Rezeption – der Postmoderne zum Erfolg verhelfen. Moderne Kunst ist für triviale, emotionsbezogene, wenn auch noch so drängende Verwertungszusammenhänge bei weitem nicht so gut geeignet wie postmodern orientierte Malerei/Grafik, die ja entweder durch ihre Beliebigkeit (vgl. G. Richter) oder durch ihre geringe Autonomie aufgrund starker Bindung an den Künstler (vgl. J. Beuys) ausgezeichnet ist, um von der 3. Variante, der eklektizistischen gar nicht erst zu sprechen. Die Werke der Kunstgeschichte als Verfügungsmasse zu benutzen ist für M. Lüpertz schon in den 60er Jahren zur legitimen Übung geworden. Im nachhinein, mit dem Fokus der Postmoderne betrachtet, ein Verdienst (P. Picasso lieferte Beiträge zur Postmoderne lange bevor es diesen Begriff gab).

Postmoderne Kunst bietet quasi jedem x-beliebigen Betrachter die Möglichkeit zur (Eigen-)Identifikation. Ja, selbst die ersehnte Teilhabe an einer verehrten Person, am Künstler selbst, gelingt. Saturierende Identifikation führt obendrein zu vermeintlicher Kunstkompetenz, wodurch postmoderner Kunst zu ihrer bekannten Wirkung auf dem Markt verholfen wird. Kunst ist somit jenes Etwas, das die Funktionen des Fetischs erfüllt. Gemeinsam ist all dem Gängigen zwar kompensatorische Kraft und diffuse Wirkung, aber das Fehlen verallgemeinerbarer, nachvollziehbarer Botschaft. Dies heißt natürlich nicht, daß sich Erscheinungsformen von Kunst nicht ständig ändern dürften.

Was Kunst auch immer je bedeutet haben mag; wenn nicht alles täuscht, ist die postmoderne Kunst, die uns als spektakulär und besonders bedeutsam vorgesetzt wird, zum Therapeutikum verkommen.

Kompensationskunst wird im großen und ganzen auch die Szene der nächsten Jahre dominieren, zumal nicht anzunehmen ist, daß sich unsere Gesellschaft so verändert, um auf Kompensationsmöglichkeiten für die kompakte Masse verzichten zu können, die an der einseitigen Belastung als Mitglieder dieser Gesellschaft – die ja eine durch und durch moderne ist – durch eben diese Gesellschaft zu leiden hat.

Der Kunstrezipient, wahrscheinlich darf man verallgemeinern, Mitglieder westlicher Industriegesellschaften, bedürfen der Kompensation ihrer weitestgehend gesellschaftlich bedingten Frustrationen (vgl. O. Marquard[2]).

Wird es ermöglicht, in den Kompensaten gar Kunst erkennen zu dürfen, bringt dies die zusätzlich wohltuende Satisfaktion höchst anerkannter kultureller Werke teilhaftig zu sein. Zwischen Rezipien und Produzenten besteht ein korrelierendes Saturierungssystem, das durch modernes Sponsoring angefeuert, zur Nobilitierung häufig in die Nähe von Mäzenatentum gerückt – dem Privatheitlichen entzogen – regulierende Steuerung erfährt.

---

[2] Marquard, O. Aesthetica und anasthetica: philosophische Überlegungen. Paderborn 1989

Wird die Postmoderne wirklich verstanden?

Bei genauer Betrachtung kommt ein Projektions-/Identifikationsmechanismus zustande, der darin besteht, eigene Wunschinhalte realisiert zu sehen. Im Prinzip ist die Gefahr solch blinder, privatheitlicher Interpretationsästhetik längst erkannt. Freilich wurde sie nie so geschürt, ja bestätigt, wie heute[3].

Aber: Einfühlung oder Projektion?

Es ist klar, daß man sich ohne jegliche Empathie möglicherweise schwer tut, daß aber die Gefahr besteht, sich zu täuschen. Zu täuschen insofern, als man nicht die Lage des anderern erfühlt, die materialiter prüfbar in einem Werk manifest wurde, sondern eigene Befindlichkeit in das Gegenüber, den Artefakt, die Kunst oder auch nur vermeintliche Kunst, den Fetisch hineinprojiziert[4].

Wenn man in der Einfühlung die Bedingung für Verstehen sieht, ist klar, wie leicht man mißversteht: postmoderne Kunst entweder eklektizistische Erinnerungshilfe an Positionen früherer Kunst, ein Konglomerat all dessen, was einmal war „geistreich" kopuliert (Venturi), oder Beliebigkeit ohne Autonomie.
Ist das, die Postmoderne, möglicherweise ein einziges Mißverständnis von Kunst?

Projektion semiotisch aufgefaßt

In semiotischer Nüchternheit läßt sich folgendes sagen: Unter Kunstrezeption ist der Vorgang zu verstehen, Botschaften, die an ein Medium gebunden wurden, zu dekodieren. Die eben beschriebenen Vorgänge zeigen einen völlig anderen semiotischen Prozeß auf, nämlich den der Kodierung: Der Rezipient benutzt das künstlerische Angebot als x-beliebiges Etwas – um mit Ch. S. Peirce zu sprechen – das er zu einem Zeichen mit ihm genehmer Bedeutung erklärt[5].

---

[3] Erwin Heerich verwies anläßlich eines Symposiums im Januar 1996, zum 10. Todestag von J. Beuys im Lehmbruck-Museum darauf, in Erwiderung auf den Vorschlag von G. Leins (Lehmbruck-Museum), daß das Publikum an Beuys herangeführt werden müsse, daß darin die Gefahr der Fehlinterpretation der Gedanken Beuys' bestehe. Heerich schlug statt dessen vor, jeden einzelnen Betrachter mit Beuys alleine zu lassen, um zu einem eigenen Urteil zu kommen. Implizit bringt Heerich zum Ausdruck, daß er dem *Interpretanten* in der Kunst Beuys' mißtraut. Er zweifelt an der Kunst Beuys', als verbindliches Medium. Er bezweifelt letztendlich die Fähigkeit Beuys', in der Lage zu sein, verbindliche Zeichen präparieren zu können. Er bekennt, daß Beuys' Kunst, sofern man von Zeichen sprechen will, rhematisch, d. h. offen ist, was freilich nicht heißen kann beliebig interpretierbar zu sein.

[4] Die Einfühlungstheorie von Th. Lips ist ein folgenschweres Beispiel. J. G. Herder, F. Th. Vischer, W. Worringer sind ebenfalls zu nennen. Einfühlungstheorien besagen, daß es darauf ankomme, sich in die Vorstellungswelt anderer einfühlen zu können.
Lipps, Theodor: Ästhetik. Psychologie des Schönen und der Kunst (Bd. 1–2), Leipzig 1920
Herder, Johann Gottfried: Vom Erkennen und Empfinden der menschlichen Seele: Bemerkungen und Träume. Riga 1778
Vischer, F. Theodor: Ästhetik oder Wissenschaft des Schönen. Das Schöne und die Kunst: zur Einführung in die Ästhetik. Stuttgart 1898, München 1922, Reutlichen/Leipzig 1847, Hildesheim 1975
Worringer, Wilhelm: Abstraktion und Einfühlung: Ein Beitrag zur Stilpsychologie. München 1987

[5] Die Offenheit des Angebots, die „Interpretationslosigkeit" verleitet zur Zeichensetzung. Bedeutungsfindung wird mit Bedeutungsstiftung verwechselt.

II.

Was bedeutet das für die Kunstpädagogik?

Von Paradigmawechseln in der Kunst bleibt auch die Kunstpädagogik nicht unberührt. Die Geschichte der Kunstpädagogik zeichnet sich auch dadurch aus, daß die Nähe zur zeitgenössischen Kunst und zur zeitgenössischen Theoriebildung von Bezugswissenschaften groß oder aber durch erhebliche Distanz ausgezeichnet ist. Je nach Opportunität, dem sogenannten Zeitgeist gehorchend oder einem, von wem auch immer propagierten Paradigmawechsel folgend, wechselt Kunstpädagogik ihre Konzepte. Zur Zeit läßt sich schwer ausmachen, ob sich Kunstpädagogik, insbesondere das Schulfach Kunsterziehung, überhaupt noch als Schulfach legitimiert. Wird dennoch gelehrt? So muß man fragen.

Statt Lehre Tugendhaftigkeit

Verfährt man nicht längst so, wie man an manchen Kunstakademien vorgeht? Dort wird keinesfalls (immer) gelehrt, sondern vielfach eine von Beuys als „Lehre" begründete Tugendhaftigkeit praktiziert, die man als „Haltung zeigen" bezeichnen könnte. Darin liegt zweifellos das Verdienst des Lehrers Beuys, vermittelt zu haben, daß das Geradestehen für persönliche Überzeugungen ein ästhetisches Ereignis sein kann[6].

„Hier steh' ich und kann nicht anders", gesagt von einem, gehandelt aus *innerer Notwendigkeit* vom anderen, in dieser Tradition steht Beuys. Insofern nahe verwandt den *action painters*, den emsigen Lieferanten von Beweisen ihrer Existenz. Heute sind nicht Existenzbeweise gefragt, sondern die Fähigkeit zur Beliebigkeit. „Alles ist schön", „alles ist machbar (alles ‹geht›)" sind, im nachhinein betrachtet, fundamentale Einsichten zur Begründung von Unverbindlichkeit und eklektizistischem Vorgehen, dem nach „offizieller" Aussage des postmodernen Trendsetters Venturi bereits die geistreiche Verwendung der Versatzstücke genügt (s. o.). Mit dieser „Kunst", das ist ein entscheidendes Datum, wurde die Moderne verlassen.

Die Kunstpädagogik sollte der Moderne treu bleiben

Mir scheint, daß es in nächster Zukunft für den Kunstpädagogen/-erzieher keinen Grund gibt, die Moderne aufzugeben bzw. guten Grund gibt, sich wieder auf die Moderne zu beziehen.

Der Kunstbegriff der Moderne ist der elaborierteste, theoretisierbar und deshalb für Lehre geeignet, an Beurteilbarkeit orientiert und auf Verbindlichkeit aus. Die Schulpraxis orientiert sich aber z. Zt. wohl überwiegend an anderen Paradigmen. Hält dieser Trend an, kann es nur konsequent sein, Kunst als Schulfach zu entlassen.

---

[6] Daß mit solcher Haltung entstehende Werke an Eigenständigkeit verlieren, nur in Zusammenschau mit dem Künstler verstanden werden können, sei zwar nur am Rande vermerkt, aber damit die Frage aufgeworfen, wie tauglich solche Werke für die Lehre sind.

Noch hat Kunstpädagogik ihren Platz in den Schulen und damit die Chance einigermaßen verbindlicher Wirksamkeit.

Kunstwissenschaft oder Psychologie?

Wenn man an einem Schulfach Kunst/Kunsterziehung festhalten möchte, dann heißt das wohl auch, daß man an Lehre, an Verbindlichkeit festhalten will, dann muß man konsequenterweise für eine Kunst als Paradigma für Unterricht plädieren, die ein gewisses Maß an Autonomie wahrt und nicht nur als Annex *einer* speziellen Person im Hinblick auf *eine* spezielle Person interpretiert werden kann. Verstellt man sich dieser Einsicht, liegt es nahe, Kunst als Psychologismus aufzufassen und Kunsterziehung zum psychischen und/oder psychologischen Unternehmen zu verbiegen.

Ich plädiere für theoretisierbare Kunst als Gegenstand von Unterricht und für die Annahme rationaler Beteiligung an der Produktion von Kunst, jedenfalls so lange nicht erwiesen ist, daß Rationalität auch in bewußtlosem Zustand wirksam ist.

Thema der Kunstpädagogik: Allgemeine Grundlagen visueller Kommunikation

Schließlich wäre zu überlegen, ob man Orientierung an zeitgenössischer Kunst nicht völlig aufgeben sollte. Warum nicht die Orientierung an zeitgenössischer *nicht moderner*, d. h. postmoderner, therapeutischer Kunst im Unterricht aufgeben zugunsten von Lehre und Training allgemeiner Grundlagen visueller Kommunikation, die ja selbstverständlich auch Grundlage jeglicher Kunst, verstanden als Medium, sind. Auf diese Weise unterrichtet, würde der Schüler u. a. auch in die Lage versetzt, argumentativ manches abzulehnen, was als Kunst ausgegeben wird.

Dies leistet die Semiotik

Groß ist z. Zt. die Tendenz, das Fach für art-fremde, kompensatorische Zwecke zu instrumentalisieren. Damit dies auch gründlich gelingen kann, sind Bestrebungen im Gange, den Lernort Schule für das Fach Kunst aufzugeben. Kunstpädagogik sollte, ohne Rücksicht auf zeitgebundene, spektakuläre Paradigmen daran festhalten, daß es sich bei Kunst, was auch immer ansonsten darunter verstanden werden soll, um ein Zeichensystem handelt. Diese Annahme garantiert verbindliche Diskussionsfähigkeit. Ein Minimum an zu fordernder Verbindlichkeit ist Voraussetzung zur Rechtfertigung von Kunst als Gegenstand von Lehre und Unterricht, nicht zuletzt auch zur Legitimation von Ankäufen aus Mitteln der öffentlichen Hand und zur Aufstellung im öffentlichen Raum. Kunstpädagogik kann ich mir nur vorstellen als angewandte Semiotik im intermedialen Raum oder aber ganz im Sinne der Volksgesundheit als Heilpädagogik.

Auch Kunstsammeln ist ein Unterrichtsthema

Nicht zuletzt vor dem Hintergrund der Kunstpädagogik bedarf auch das Sammeln von Kunst einer neuen Grundlegung. Sammeln als Gegenstand von Unterricht ist von gleicher Relevanz wie die Unterrichtselemente *Kunstgeschichte, Kunstproduktion, Kunstrezeption.*

III.

Sollte der Privatmann postmoderne Kunst sammeln?

Als Privatmann diese (postmoderne, kompensatorische) Kunst zu sammeln, sehe ich keine Veranlassung, es sei denn, der Begehrlichkeit öffentlicher, mittelloser Sammlungen zu erliegen und die eigene Sammlung zur eigenen Nobilitierung weiterzugeben. Das Verdienst, einen Beitrag zur Verbesserung der Volkshygiene geleistet zu haben, hätte man damit obendrein erworben. Freilich, sammelnde Fetischisten wird es auch künftig geben. Eine dunkle Zukunft zu entwerfen hat darin ihre Begründung, daß das gültige Paradigma *Kunst* jegliche Verbindlichkeit verloren hat und damit auch das Sammeln in sozio-politischer Verantwortung als Sammeln unter dem Aspekt des Sozialbezugs.

Die Kriterien für Kunst liegen nicht mehr im Kunstwerk

Interessanterweise hat man die Kriterien für Kunst von den Exponaten selbst auch völlig weggezogen, hinverlegt *in* die Ausstellungsmacher, die über sakrale, Weihe gebende Räume verfügen und sei es nur temporär, z. B. als Kommissare. Kunst ist, so der großartige Sammler und Museumsmann Johannes Cladders, was „als Kunst in dem durch die Konvention geprägten Rahmen von Kunst gezeigt wird." (FAZ, 03.02.1996, S. 33). Cladders, ein braver Schüler Duchamps! Duchamp vermutete in diesem Automatismus eine (semantische) Regel und ersann eine intelligente Versuchsanordnung zur Überprüfung, aus der die *ready mades* glorreich als Kunst hervorgingen. Was sich Duchamp, überrascht, gefallen ließ, ist notgedrungen längst Usus geworden. Suspendiert man Kunst von der Forderung einigermaßen verbindlich kommunizierbar zu sein, dann entläßt man Kunst aus dem Verbund der Medien. Kommunizierbarkeit, Diskussions-, Beurteilungsmöglichkeit oder gar Entscheidbarkeit ist dann nicht mehr gewährleistet. Diese Rolle der Kunst in unserer Gesellschaft ist konstatierbar – angebahnt freilich über Jahrhunderte, seit der Keim der Moderne in der Renaissance gelegt wurde –. Man mag diesen Zustand beklagen. Verständlich ist der gesellschaftliche Bedarf nach Kompensation gesellschaftlich verursachter Defizite. Weshalb sich die Kunst bereitwillig für diese Rolle zur Verfügung stellt, kann nur vermutet werden. Die Künstler kompensieren ihren Frust, zweifellos. Welche Rolle aber spielen die Institutionen? Müssen Museen, Galerien an der kompensatorischen Funktion des gültigen Kunst-Paradigmas interessiert sein?

Die utopische Funktion der Kunst ist nicht gut bei Kunsthistorikern aufgehoben

Sicherlich nicht, wenn man an die kritische und utopische Funktion von Kunst denkt. Liegt es daran, daß zu wenige Fachleute professionell mit Kunst befaßt sind? Das nicht, aber schließlich sind ja Kunsthistoriker professionell ausgebildete Historiker, somit nicht Spezialisten für Kunst, sondern für die Geschichte von Kunst. Kunsthistoriker sind Profis für das, was war, nicht für das, was ist. Hat man sich aus mangelnder Kompetenz – ein ernstzunehmender Diskurs findet nicht statt – kollektiv dem populistischen Primat der massenweisen Akzeptanz als Kriterium für Kunst gebeugt? Wer käme schon auf die groteske Idee, die Generalstäbe mit Historikern zu besetzen und nicht mit Generälen.

THOMAS ALEXANDER QUERENGÄSSER

Maden mit Blauschimmel
oder
Über das Betrachten von Kunst
Zeuxis und den 5 krotonischen Jungfrauen gewidmet ...

1.

Anläßlich der großen Cézanne-Ausstellung im Pariser Grand-Palais 1995/96 bildete der „Spiegel"[7] das Gemälde „Die Badenden" von 1875 großformatig ab und sprach dabei von „grandios in Farbfacetten vibrierenden Landschaften". „Die Badenden" seien die Höhepunkte der Pariser Schau: „Zwei Großformate ... variieren das Thema anmutiger Nacktheit". Dem Tenor dieser Veröffentlichung ist zu entnehmen, daß auch der „Spiegel" sich der allgemeinen Übereinkunft anschließt, in Cézannes Gemälden großartige Kunstwerke zu sehen; die so dominant abgebildeten „Badenden" dürfen also die Attribute „grandios" und „anmutig" für sich beanspruchen, da sich der zitierte Text direkt auf sie bezieht.

Ein merkwürdiges Phänomen darf konstatiert werden: offenkundig – und nicht nur hier – führt die Verbindung eines bekannten und nach allgemeinem Dafürhalten sakrosankten Namens der Kunstgeschichte mit einem konkreten Bildwerk zu einer sofortigen Verkümmerung desjenigen Nervenstranges, der das Auge üblicherweise mit dem differenzierenden Verstand verbindet. Denn: bei objektiver Betrachtung kann man dem genannten Gemälde alle möglichen Attribute zuerkennen, zuallerletzt aber „anmutig" oder gar „grandios". Das Bild ist schlicht mißlungen, um nicht zu sagen schlecht. Und stünde darunter nicht „Cézanne", sondern „Wilfried Müller", würde ihm niemand auch nur einen zweiten Blick, geschweige denn einige begeisterte Zeilen widmen. Der Farbauftrag und die Farbdifferenzierung sind ärmlich, die Figuren völlig verzeichnet, in der Licht/Schatten-Verteilung herrscht klägliche Hilflosigkeit. Die „anmutige Nacktheit", die der „Spiegel" zu erkennen vorgab, erinnert eher an Maden mit Blauschimmel. Dies sei – so höre ich die Verteidiger der angeblichen Meisterschaft Cézannes – gewollt und bewußt, der *revolu*tionäre Bruch mit der glättlichen Wahrhaftigkeitswiedergabe der Salonmaler, der Beginn der Moderne, roh und ungekünstelt. Mag – leider – sein; bereits Dali hat Cézanne mit Recht als eine Katastrophe für die Entwicklung der Malerei bezeichnet („... eine Art neoplatonischer Maurermeister")[8]. Das Bild bleibt das Werk eines Dilettanten, insbesondere dann, wenn man es an Cézannes eigenen Worten mißt, der sich beispielsweise über Gustave Moreau einmal äußerte: „Ich möchte diesen guten Kerl einmal in meine

---
[7] „Der Spiegel" 40/1995 v. 02.10.1995, S. 270
[8] S. Dali „50 magische Geheimnisse". Köln 1986, S. 17

Hände bekommen, um ihm die gesunde, stärkende und einzig richtige Vorstellung von der Bereicherung der Kunst durch die enge Beziehung zur Natur einzuhämmern."[9] Cézanne selbst also stellte die Forderung, sich an der Natur zu orientieren; und dies ist ihm – deutlich sichtbar für jeden, der gegen „große" Namen immun ist – offenkundig mißlungen. Weder Licht, noch Raum, noch Farbe, noch Kontur erfüllen irgendeinen Anspruch an malerisches Können – gleich welcher Art.

2.

Was also bewegt alle Welt, in Bildern Cézannes großartige Meisterwerke zu sehen – die sie zweifelsohne zum großen Teil nicht sind? Wohl in erster Linie die Tatsache, daß Cézanne sich einen gewissen Ruf als Überwinder des Akademismus geschaffen hat, daß er gelegentlich als Pionier und Überwinder des Impressionismus verstanden wird und daß er versucht hat, die formale Struktur der Dinge in die optische Wiedergabe zu implizieren. Dies alles mag zutreffen, hat aber nichts zu tun mit der tatsächlichen Qualität der Bilder, die dabei entstanden sind. Und die ist in vielen Fällen schlicht mies. Womit wir beim entscheidenden Phänomen angelangt wären: Ist der Name – aus welchen Gründen auch immer – erst einmal zu Ruhm gekommen, gilt jedes Elaborat als Meisterwerk, sei es noch so mißlungen. Der objektive Blick auf das singuläre Kunstwerk zählt nicht mehr, sondern seine Statthalterfunktion als Bedeutungsträger einer kunsthistorisch oder künstlerisch für bemerkenswert gehaltenen Idee. Nur so konnte der Irrtum entstehen, beispielsweise ein Baselitz sei ein großer Künstler – der er nicht ist. Bekannt geworden sind weniger seine Bilder als eigenständige Qualitäten, sondern der in ihnen sich äußernde Aufstand gegen Glätte und Unverbindlichkeit in PopArt, Fotorealismus etc.etc. Nicht das Bild als optisches und sinnliches Phänomen, sondern das Infragestellen von Konvention und Sehgewohnheiten webt also am Ruhm. Dies wäre gut und schön, wenn man es dabei beließe unter Würdigung von Idee und Intention. Doch die visuelle Dummheit hat inzwischen soweit die unvoreingenommene Betrachtung verdrängt, daß in den Augen der Kunstkritik und der nachfolgenden Schafherde ein Werk, das einen bestimmten Namen trägt, notwendig ein Meisterwerk sein muß – ungeachtet seiner tatsächlichen Qualitäten.

3.

Die wahre Katastrophe besteht darin, daß mit Cézanne zum ersten Mal in der Geschichte der Kunst Ruhm trotz nur mangelhafter Begabung errungen wurde: „Mit der Begründung, daß die akademische Malerei hassenswert sein kann, hat man aus dem Letzten der Klasse einen Helden gemacht! Er öffnet das Tor zur Ästhetik der Scheiße! Etwas Neues um jeden Preis – und die Kunst ist zuletzt nur noch eine Latrine!

---
[9] Ambroise Vollard, „Paul Cézanne – Gespräche und Erinnerungen". Zürich 1960, S. 41 f.

Die Logik dieser Suche nach dem Neuen führt zur Verherrlichung der totalen Scheiße, deren Hohepriester Cézanne ist!"[10] Dali war doch ein Visionär: offenbar hat er Nitsch und die bepißten Kupfertafeln von Andy Warhol auf der „documenta" vorausgesehen. In vielen Dingen hatte Dali mehr recht, als seine ständigen Benörgler wahrhaben wollen.

In der Folge jedenfalls führte die „Cézanne'sche Katastrophe" zum Triumph des Dilettantismus mit der extremen Auswirkung, daß schließlich auch nur die Andeutung bildnerischen Könnens zur Verdammung ausreichte. „Akademismus" wurde zum Schimpfwort. Nur so konnte es geschehen, daß mit Lüpertz, Baselitz, Penck der künstlerische Offenbarungseid zum Lorbeerkranz der deutschen Gegenwartskunst geflochten wurde.

Das Publikum – von selbsternannten Experten dann sogleich des mangelnden Kunstverstandes bezichtigt – steht staunend davor und begreift nicht, warum ein schlecht gemaltes Bild gut und ein gut gemaltes schlecht sein soll; denn das Publikum – anders als die selbstgefällige Kritik – ist zwar mittlerweile gründlich verunsichert, geht aber überwiegend nach wie vor vom Bild aus und nicht vom angestrengt konstruierten Mythos. Die Kunstkritik ist hingegen bei dem absurden Paradoxon angelangt, daß das, was gefällt, keine Kunst sein kann. Was für ein Unsinn!

4.

„Es kann einen vorzüglichen Meister geben, der nie mehr als eine Gestalt gemalt hat und auch nie mehr malen wird, und er kann mehr Ruhm und Ehre verdienen als solche, die tausend Bilder gemalt haben; denn was er nicht tut, versteht er besser als jene anderen das, was sie tun." (Michelangelo)[11] Dieser Satz besagt nicht mehr und nicht weniger und mit gleichbleibender Gültigkeit, daß unsere Beurteilung vom einzelnen Kunstwerk ausgehen muß, um ihm gerecht zu werden. Natürlich sind die später vorzunehmenden historischen, soziologischen, biographischen Ein- und Zuordnungen sinnvoll und hilfreich; die künstlerische Qualität jedoch muß am einzelnen Werk beurteilt werden. Nur dann kann der Leistung Gerechtigkeit widerfahren und unser Kunstverstand wieder zur „Betrachtung" zurückkehren. Nicht das intellektuelle „Einordnen" muß oberstes Kriterium der Kunstbetrachtung sein, sondern das unvoreingenommene „Anschauen". Wir tun ansonsten der Kunst in hohem Maße Unrecht und füllen die zukünftigen Depots unserer Museen mit Eintagsfliegen, die als Experiment zwar zulässig, als Kunstwerk aber überwiegend maßlos überschätzt sind. Diese Überschätzung hat in verhängnisvollem Umfang auch von den Künstlern selbst Besitz ergriffen, die sich freudvoll dem Beuys'schen Dogma ‚Alles ist Kunst und jeder ein Künstler', angeschlossen haben; eine Diskussion über die Qualität des Einzelwerks ist damit hinfällig geworden, und dementsprechend treten zahl-

---

[10] S. Dali „So wird man Dali" – zusammengestellt und präsentiert von André Parinaud. Wien/München/Zürich 1974, S. 291 f.
[11] „Michelangelo – „Von Kunst und Leben". Aus Briefen und Gesprächen, hrsg. v. Fritz Erpel, Berlin 1964

reiche „Künstler" mit dem „Rembrandt und Ich-Habitus" auf. Eine Einordnung des eigenen Werkes – beispielsweise durch selbstkritischen Vergleich mit den Arbeiten anderer – unterbleibt, weil inzwischen mit dem Wegfall eines Qualitätsanspruchs nahezu alles zum Meisterwerk erklärt werden kann. Interessant ist es beispielsweise, Künstler zu beobachten, die eine Galerie aufsuchen, um ihre – z. T. nicht mehr diskutablen – Arbeiten zu zeigen: Die wenigsten von ihnen interessieren sich für die ausgestellten Exponate, denn wenn (Qualitäts-)Maßstäbe fehlen, sind Vergleiche überflüssig. Die Zentrierung auf ausschließlich Eigenes ohne Relativierung führt zu einem Qualitätsniveau kurz unter Null; doch genau dieser Vorgang ist von der Kunstkritik der vergangenen Jahre gefördert worden. Inzwischen steht man vor dem daraus entstandenen Scherbenhaufen, ohne bereits in der Lage zu sein, den Wegfall des Qualitätskriteriums als eigenen Fehler einzugestehen. Das Ergebnis ist Ratlosigkeit und der Rückgriff auf die für gesichert geltende klassische Moderne: auf der „art cologne" des Jahres 1995 wurden neben zahlreichen hilflosen „avantgardistischen" Experimenten (die im übrigen alle schon mal da waren und durch Repetition auch nicht besser werden) in bezeichnender Häufung Klassiker des 20. Jahrhunderts von Giacometti bis Bacon – gezeigt, die auf einer Messe der Gegenwartskunst eigentlich gar nichts zu suchen haben. Mit anderen Worten: allgemeine Hilflosigkeit, aber nirgendwo der Mut, wieder Qualitätskriterien zu etablieren.

Der Maler Balthus kolportierte eine Begebenheit aus seinem Elternhaus: Matisse und Bonnard waren zum Abendessen geladen; Matisse zu seinem Freund und Kollegen: „Bonnard, ist dir klar, daß wir die größten Maler unserer Zeit sind?" Bonnard runzelte die Stirn und sagte zu Matisse: „Ich hoffe, du hast nicht recht. Aber wenn es wirklich stimmt, dann ist es das Traurigste, was ich je gehört habe."[12] Kann man sich diesen Dialog zwischen beispielsweise – Bruce Naumann und Georg Baselitz vorstellen?

5.

Die Kunstkritik hat inzwischen völlig darauf verzichtet, ein Kunstwerk (der Gegenwartskunst) nach seinen bildnerischen, sinnlichen Qualitäten zu beurteilen; die ursprünglich durchaus sinnvolle Suche nach der Bedeutung eines Bildwerks hat sich verselbständigt und ist zu einer krampfhaften Bedeutungszuweisung verkommen, die ihren Ursprung weniger in dem Kunstwerk als im Hirn des bemühten Kritikers hat und selbst dann erfolgt, wenn es keine Bedeutung gibt. Niemand weiß besser als die Künstler selbst um die Zufälligkeiten und belanglosen Auslöser und Ursachen in einem Kunstwerk – auch wenn sie sich nur allzugerne aufgeblähten Bedeutungszuweisungen anschließen: das macht ihre Arbeit wichtiger. Die ästhetische Anmutung, die sinnliche Qualität ist völlig in den Hintergrund getreten, ebenso wie die Beurteilung handwerklichen Könnens; eigentlich sind Kunstwerke inzwischen verzichtbar –

---

[12] nach: „Der letzte Verführer". Gero von Boehm über den Maler Balthus, in: 'Der Spiegel', 48/95 v. 27.11.1995, S. 216

theoretische Analysen, und seien sie noch so an den Haaren herbeigezogen, ersetzen die unmittelbare Anschauung inzwischen vollkommen. Dies ist nur in dieser extremen Ausprägung neu; geboren wurde die verhängnisvolle Primäreinbettung in einen tatsächlichen oder vermeintlichen Zusammenhang zur Rechtfertigung der Qualitätszuweisung schon im 19. Jahrhundert, als die Fähigkeit der unmittelbaren Anschauung bereits verwelkte. In seiner „Anleitung zur Kunstkennerschaft", einem köstlich ironischen Text, hat Johann Hermann Detmold bereits 1834 diesen Mechanismus bloßgestellt[13]:

„Nun kann aber wohl ein Bild, das mir gefällt, einem anderen mißfallen, aber ein Bild, das wirklich gut ist, kann nicht zugleich schlecht sein. Das ist den meisten Leuten nicht klar, und sie urteilen daher frischweg nach ihrem Wohlgefallen oder Mißfallen. (...) Nicht so der wahre Kenner. Der weiß, wie sehr eine Empfindung täuscht, weiß, daß ein Bild gefallen und doch schlecht sein kann und umgekehrt, und weiß, daß er seine ganze Autorität aufs Spiel setzt, wenn er vielleicht seinem Gefühl nach über ein Bild urteilte und ein anderer vielleicht ebenso angesehener Kenner widerspräche dem. Der Kenner wird also nicht nach der Empfindung urteilen, sondern sucht die Gründe seines Urteils im Bilde selbst auf. Zum Beispiel: 'Das Bild ist sehr braun; weil es sehr braun ist, muß viel Judenpech[14] darin sein; weil viel Judenpech darin ist, muß das Bild aus der Düsseldorfer Schule sein; weil es aus der Düsseldorfer Schule ist, muß es gut sein; das Bild ist gut.' Auf diese Weise gelangt der Kenner zur wahren Vollkommenheit...". Vom Bild als sinnlichem Erlebnis ist „unter Kennern also schon damals nicht mehr die Rede; und auch die weitere Entwicklung hat Detmold mit leisem Spott beschrieben: Der Kenner, so heißt es weiter, „mißtraut seinen Empfindungen und unterdrückt sie. So nannte er z. B. das braune Bild nach obiger Schlußreihe gut, und Braun mag der Edle vielleicht gar nicht leiden (...).aber seine Selbstverleugnung geht so weit, daß er das braune Bild gut nennt. Daß nun der Mensch (...) sich also verleugnen soll, so kann man das Kennertum die Blüte der menschlichen Vollkommenheit nennen; denn der Kenner stärkt sich immer mehr in Verleugnungen seiner Empfindungen, sehr bald kommt er dahin, daß er nur urteilt und gar nicht mehr empfindet, und das ist die wahre Kennerschaft. Die bildende Kunst ist (...) nur zum Beurteilen, nicht zum Empfinden. Es ist zwar gesagt, sie sei da, damit der Mensch Vergnügen an ihr haben solle. Aber nicht an der Kunst selbst soll der Mensch Vergnügen haben, sondern nur an der Beurteilung derselben. (...) Kein wahrer Kenner wird über die Kunst selbst sich freuen, die ist ihm sehr gleichgültig, nur seiner Urteile wegen ist sie ja da...". Es fällt wirklich schwer, Detmold nicht komplett zu zitieren...

---

[13] Johann Hermann Detmold, „Anleitung zur Kunstkennerschaft" (1834) In: „Anleitung zur Kunstkennerschaft oder Kunst, in drei Stunden ein Kenner zu werden. Ein Versuch bei Gelegenheit der zweiten Kunstausstellung", hrsgg. vom Advokaten Detmold in Hannover; Hannover 1834, in: J. H. D. „Die Kunst, in drei Stunden ein Kunstkenner zu werden". Berlin 1955

[14] im Zeitalter von „political correctness" sollte man vorsichtig sein: also: Judenpech ist der historische Ausdruck für Asphalt-Lasurharz, mit dem im 19. Jahrhundert – leider, aus Sicht der Restauratoren – viel untermalt wurde.

Übertragen auf die Kunstszene der – beispielsweise – achtziger Jahre, müßte man in der obigen Beschreibung nur „Braun" durch ‚Fett" ersetzen und wäre schon bei Beuys: Welcher Kritiker wollte ernsthaft vertreten, ein Fettfleck gefalle ihm? Auf seinem Küchentisch jedenfalls wird er ihn entfernen. Steht aber „Beuys" darunter, fallen ihm seitenlange Begründungen ein, warum dies große Kunst sei (... „schon leicht ranzig" bemerkte kürzlich ein Kölner Auktionator bei Vorstellung einer im übrigen „ohne Limit" angebotenen Beuys-Arbeit).

6.

Natürlich ist zur umfassenden Beurteilung eines Kunstwerks die Einordnung in einen größeren Kontext unerläßlich; Ausgangspunkt der Betrachtung muß aber doch immer das Werk selbst sein. Wir müssen uns vergegenwärtigen, daß jedes Kunstwerk zunächst als ein mehr oder weniger gelungener Ausdrucksversuch anzusehen ist, dessen Qualität sich daran bemißt, ob der Versuch erfolgreich war. Um dies zu beurteilen, muß das Einzelwerk betrachtet werden, denn der Versuch wird immer neu unternommen – mit wechselndem Erfolg. Es ist also völlig unsinnig, einen Picasso zu bewundern nur aufgrund der Tatsache, daß dem Betrachter der Name des Produzenten geläufig und mit einem bestimmten kunsthistorischen Rang versehen ist; dies vernebelt nur die Erkenntnis, daß es eine ganze Reihe hoffnungslos vermurkster Picassos gibt. Im Umkehrschluß muß man akzeptieren, daß es großartige Kunstwerke von gänzlich unbekannten Künstlern gibt. Merkwürdigerweise gelingt uns und der Kunstkritik dies immer nur dann, wenn der zeitliche Abstand ausreichend groß ist – wie etwa bei den beiden Bronzekriegern von Riace, über deren Schöpfer und Kontext wir überhaupt nichts wissen. Sobald es aber um die Kunst des 19. oder 20. Jahrhunderts geht, überwiegt das vermeintliche Wissen das Betrachten. Selbst Ernst Gombrich, der einige vernichtende Urteile über die sogenannte „Salonkunst" des 19. Jahrhunderts fällte, erschrak vor seinem harten Urteil und fragte sich, warum die Form aktiver Mitwirkung (und Teilnahme) des Betrachters, den diese Kunstwerke verlangten – eine Vorstellung vom Erzählungsablauf – inzwischen auf derartige Negierung stößt – auch bei ihm selbst: „Ich wüßte eigentlich gern, warum dies harmlose Vergnügen uns heutigen Gebildeten ... tabu geworden ist; warum unser ästhetisches Über-Ich uns anhält, nicht so kindisch zu sein, sondern unser Augenmerk ausschließlich auf formale Kriterien zu richten – also gleichsam einen thematischen Apperzeptionstest wie einen Rorschach zu behandeln."[15]

Wenn er wie hier das Recht auf unvoreingenommenes Vergnügen am Bildinhalt einfordert, muß er auch das Recht auf unvoreingenommenes Vergnügen an der Bildform einräumen – und mit der Kombination von beidem den sinnlichen Spaß am „Bild an sich".

---
[15] Ernst Gombrich „Meditationen über ein Steckenpferd – Von den Wurzeln und Grenzen der Kunst". Berlin 1978, S. 82f.

7.

Das Publikum, „das wir Kunsthistoriker erzogen haben" (Gombrich), traut sich schon lange nicht mehr – zumindest nicht öffentlich – unvoreingenommen an ein Kunstwerk heranzugehen. Es hat in der Vergangenheit gelernt, wie man niedergemacht wird, wenn man dem bedeutungsschwangeren Geschwafel der Kunstkritik keine Bedeutung beimißt. Das eigene Urteil wurde nirgendwo sachlich geschult, also vertraute man den vermeintlichen „Experten" – und mußte erfahren, daß man als Banause gilt, wenn man Beuys'sche Fettecken eben nicht für große Kunstwerke hält. Diese völlige Verunsicherung (nach außen – was jeweils zuhause an der Wand hängt, ist ein anderes Thema) hat der Verfasser selten so deutlich demonstriert bekommen wie bei jener Gruppe junger Galeriebesucher, die leicht verschämt bemerkten, sie hätten jenen Pappkarton mit einem alten Abflußrohr, der für den Müll vorgesehen war, für Kunst gehalten – nur weil er im Eingang einer Galerie stand. Selbst solche ansonsten sehr selbstbewußten und kunstinteressierten Besucher verlassen sich also bereits völlig auf die Vordefinition der angeblichen Experten: was ein Galerist in seine Galerie stellt, muß Kunst sein.

8.

Wenn aber in der allgemeinen Verunsicherung den „Experten", also denen, die beruflich mit Kunst befaßt sind, gänzlich das Urteil überlassen wird, bedeutet dies auch Verantwortung in hohem Maße bei der Kunstvermittlung und -beschreibung, von der Definition ganz zu schweigen. Diese Verantwortung sollte zu erhöhter Vorsicht beim Fällen dogmatischer Urteile mahnen: es kann nicht angehen, daß eine vergleichsweise kleine Gruppe befindet, was Kunst ist und was nicht – in einem schon nahezu diktatorischen Habitus. Man beobachte nur einmal, was beispielsweise gegenwärtig über zweifellos große Künstler wie Dali, Fuchs, Wunderlich geschrieben wird – Schmähschriften, die mit der wirklichen Leistung nichts zu tun haben und denen ein Horst Janssen inzwischen nur entgeht, weil er verblichen ist. Es hat – und dies sei deutlichst betont – jeder Kritiker das Recht, seine Meinung zu formulieren. Unabdingbare Voraussetzung dafür aber ist, daß er dies als seine persönliche Meinung kennzeichnet und nicht zum Dogma erhebt – und er sollte eine gescheite Begründung jenseits jener seifigen Umschreibungen dafür liefern, die inzwischen Kennzeichen der Kunstkritik geworden sind. Vor allem aber sollte er Respekt haben vor dem Publikum, dessen Einbezug er (und die Künstler) ständig fordert, und das sehr häufig einen viel spontaneren und damit ehrlicheren und sinnlicheren Zugang zum Kunstwerk findet als der „Kenner". „Gefällt mir" oder „gefällt mir nicht" ist immer noch – und wird es bleiben – der beste und legitimste Zugang zur Kunst. Kunst ist – und das ist wohl in Vergessenheit geraten – ein sinnliches Ereignis, über das in zweiter Linie dann wohl nachgedacht werden kann.

9.

Nachdem die Abwesenheit von Kriterien zur Beurteilung des einzelnen Kunstwerks nun in ausreichendem Maß beschrieben und beklagt worden ist, stellt sich natürlich die Frage, wie denn nun zwischen qualitativ „guter" und „schlechter" Kunst unterschieden werden kann? Wie vermittle ich als Pädagoge, Galerist. Museumsmitarbeiter, Journalist dem interessierten Laien ein nachvollziehbares Instrumentarium zur Beurteilung von Kunst?

Dazu müssen wir festhalten, was ein Künstler eigentlich tut: er setzt eine *Vorstellung*, die er für mitteilenswert hält, mit *Materialien*, die er für geeignet hält, um. Damit seine Vorstellung sichtbar wird, muß er sie visualisieren, damit sie gezeigt werden kann, muß sie materialisiert werden.

Seneca nennt im 65. Brief die vier „Ursachen" des Kunstwerks: Die Materie, *aus der* es entsteht, den Künstler, *durch den* es entsteht, die Form, *in der es entsteht und den Zweck, um dessentwillen* es entsteht. Diesen Ursachen fügt Plato eine fünfte hinzu: das *Vorbild* oder die Idee.[16] Wir haben es also mit eigentlich nur zwei Schaffenskriterien zu tun: Vorstellung und Umsetzung. Die Vorstellung eines Künstlers unterliegt nicht unserer Beurteilung, wohl aber deren Sichtbarmachung, denn diese muß gewährleisten, daß seine Imagination nachvollzogen werden kann – wozu sonst zeigt er sie vor?

Unsere erste Forderung dürfen wir an die Visualisierung stellen: die Idee muß verstanden werden können, und zwar ohne dazugehörigen lexikalischen Anhang. Ein Bild, das nicht für sich selbst spricht, sondern umfangreicher Erläuterungen bedarf, ist nichts weiter als eine unzulängliche Umsetzungsform – an seiner Stelle wäre besser ein Essay geschrieben oder ein Film gedreht worden. Natürlich dürfen Bilder im nachhinein erläutert und erklärt werden – ihre primäre Wirkung aber müssen sie als *Bild* entfalten. Ein Renaissancegemälde beispielsweise bedarf natürlich der nachträglichen Analyse und Erklärung zum besseren Verständnis – als Bild aber spricht es uns sofort an, wir erkennen eine Szene, eine Erzählung, ein Porträt.

Die zweite Forderung ist an die Umsetzung zu stellen: sie muß adäquat sein, d. h. geeignet, die Idee zu transponieren. Da (bildende) Kunst nach wie vor in erster Linie ein *visuelles* Ereignis ist, muß die Umsetzung einer künstlerischen Idee mit visuell geeigneten Materialien erfolgen. Dies setzt, um erfolgreich zu sein, zum einen Kenntnisse über optische Wahrnehmung, zum anderen Kenntnisse über die Verhaltensweisen des ausgewählten Materials voraus. Um den gewünschten Nutzen aus dem gewählten Material zu ziehen, muß der Künstler mit dessen *Eigenschaften* vertraut sein und sich diese dienstbar machen. Diese Umschreibung bedeutet nichts anderes als *handwerkliche Fähigkeiten* – die selbst bei der Installierung von Fettecken bedeutsam sind (und über die Beuys durchaus verfügte). Nur durch die Übereinstimmung von – erkennbarer – Idee und Form entsteht also das Kunstwerk. Ob es

---

[16] nach: Enwin Panofsky „IDEA – Ein Beitrag zur Begriftsgeschichte der älteren Kunsttheorie". 1924/1959, Berlin 1975, S. 10f.

sich dabei um ein beachtenswertes Werk handelt, vermag allerdings nur die Überprüfung von Idee und Form im historischen Vergleich zu beantworten: Ist die Idee neu oder beinhaltet sie neue Aspekte? Ist die formale Umsetzung, der Umgang mit Material neu, werden neue Sichtweisen möglich? Im weitesten Sinne: erweitert das Kunstwerk unser Wahrnehmungsspektrum?

10.

Und siehe da: Selbst bei flüchtiger Anwendung der genannten Kriterien auf die Kunst der Gegenwart (womit die der letzten 30 Jahre gemeint ist) reduziert sich die Zahl der beachtenswerten und damit wichtigen – „guten" – Kunstwerke drastisch, stellt sich doch – neben den offensichtlichen handwerklichen Unzulänglichkeiten – sehr schnell heraus, daß die meisten Ideen allenfalls epigonalen Wert haben – dünne Neuaufgüsse der Erkenntnisse von – beispielsweise – Dada- und Surrealismus, den beiden letzten wirklich wichtigen „Ismen": „Der Gegner, das Publikum, wird an seiner schwächsten Stelle, dort, wo Gutgläubigkeit und Snobismus zusammentreffen, gefaßt und überrumpelt. Ist nicht die beste Art, den 'ästhetischen Rummel' bloßzustellen, seine Ermutigung bis zum Paroxysmus? Man sollte nämlich nicht übersehen, daß der kommerzielle und museale Erfolg, der heute den Dada-Epigonen beschieden ist, im Grunde genommen genau in der Linie der von Duchamp angestrebten Selbstentlarvung unserer Zivilisation liegt. Dieselbe blasierte Welt, die vor fünfzig Jahren vom Flaschentrockner und vom Urinair horrifiziert war, kauft diese Gegenstände heute für teures Geld."[17]

Sie tut dies, weil sie nicht erkannt hat – und es ihr auch verschwiegen wurde – daß heutige „Kunstwerke" überwiegend „nicht Gestaltungs-, sondern Demonstrationsakte" sind. ‚Die marktschreierische Lautstärke und die geheuchelte Bekundung künstlerischer Absichten – das sind Symptome unserer zweiten Jahrhunderthälfte, die sich offenbar nicht vermeiden lassen, wenn man sich rasch Gehör verschaffen will."[18]

11.

Das ausschlaggebende Verhängnis in der Kunstbeurteilung war der Trugschluß, alleine mit der Idee, ungeachtet ihrer *Umsetzung* dem Anspruch „Kunst" Genüge getan zu haben. Dies mag Resultat des Akademismus im 19. Jahrhundert gewesen sein, in dem die Wertigkeiten nahezu umgedreht waren – die perfekte Oberfläche also gelegentlich den Mangel an innerem Gehalt kaschierte. Doch wie dort das Pendel zur einen Seite zu weit ausschlug, schwang es anschließend zur anderen weit über das Ziel hinaus und blieb dort als Folge eines arroganten Mangels an Bereitschaft zur

---

[17] Werner Hofmann „Grundlagen der modernen Kunst". Stuttgart 1978, S. 441
[18] W. Hofmann, a.a.O., S. 440f.

Selbstkorrektur kleben. Denn würde die Kunstkritik – die „Kenner" – zugeben, daß nur die Kombination von Idee und Umsetzung letztlich das Kunstwerk ausmacht, müßte sie gleichzeitig die Ungültigkeit ihrer in der Vergangenheit abgegebenen Urteile eingestehen. Wer aber revidiert sich gerne, vor allem dann, wenn die Überzeugungen im Brustton ewiger Wahrheiten vorgetragen wurden? Die Gleichsetzung Idee = Kunst hat der Kunst mehr geschadet als je etwas zuvor. Unsere Museen moderner Kunst horten Unmengen an „Ideen" – aber nicht allzuviel Kunst, denn an der Umsetzung spielte sich das große Scheitern ab. Kunst bedeutet beides: die künstlerische Idee und die adäquate Umsetzung – nur die Übereinstimmung zwischen beidem, der Zusammenklang von Inhalt und Form, macht das Kunstwerk aus – der „Einklang des Wollens und Könnens im Geistigen und im Handwerklichen".[19]

Wie also beurteile ich Kunst? Indem ich Inhalt und Form auf deren Übereinstimmung prüfe und die sinnlichen Qualitäten für mich persönlich wirken lasse. Stellt sich Zustimmung ein, spricht mich also das Ergebnis persönlich an, ist das Werk *für mich* Kunst. Wie beurteile ich „gute", jenseits meiner persönlichen Auffassung gültige Kunst? Indem ich zusätzlich den Kontext untersuche und die Frage nach der – zeitbezogenen – Innovation an Form und Inhalt stelle. Nicht die dogmatische Wertung, sondern die Vermittlung des zur Beurteilung notwendigen Instrumentariums ist die Aufgabe von Kritik, Pädagogik, Kunstvermittlern und Museen. Nicht mehr – aber eben auch nicht weniger.

---

[19] Max Doerner „Malmaterial und seine Verwendung im Bilde". Stuttgart 1976, S. 159

II.
KÜNSTLERISCHE KREATIVITÄT UND RUHM

MARTIN SCHUSTER

Künstlerische Kreativität
Der Versuch einer kreativen Auseinandersetzung

Malen („Kunst") und „Kreativität" werden umgangssprachlich fast synonym gebraucht. Dies kommt wahrscheinlich daher, daß ein besonders gut bekannter Teil gesellschaftlicher Kreativität im Bereich der bildenden Kunst lag und immer noch liegt. Vom Künstler wird gesellschaftliche Innovation gefordert.

Man spricht aber auch beim Sonntagsmaler vom „kreativen Hobby". Tatsächlich folgt das Malen im Hobbybereich aber den von Künstlern vorgeformten Wegen. Wenn dort ein abstraktes Bild entsteht, so rezipiert dies ja nicht in kreativer, sondern in reproduktiver Weise die Vorbilder aus der jüngeren Geschichte der Malerei.

Natürlich: es entsteht ein Produkt, wie ja unter der Hand des Bäckers ein Brötchen entsteht. Dies ist eine Art des „Erschaffens", eine Schöpfung, die aber nicht kreativ im Sinne von innovativ sein muß, wenngleich das Produkt genau in derselben Art vorher noch niemals da war.

Eine Tätigkeit kann zwar im individuellen Kontext, in der individuellen Lebensführung etwas Neues sein, aber eben nur relativ zur individuellen Lebensführung: auch das kann man kreativ nennen (vgl. Schuster & Woschek 1985 und Winnicott 1987). Man sollte also (a) das Entstehen von Produkten (Generativität) und (b) den Prozeß der gesellschaftlichen Innovation und (c) der individuellen Innovation und schließlich auch noch (d) die Spontaneität unterscheiden, wenn man verstehen will, wie Kreativität entsteht.

I. Ein Definitionsversuch

Zu Beginn folgt also ein Versuch, die relevanten Begriffe voneinander abzuheben:

a) Generativität

Es ensteht ein Produkt, das erzeugt, erschaffen wird. Wie sich beim Backen von Brötchen jedes Brötchen in der Form unterscheidet, kann auch beim Malen ein einzigartiges Bild entstehen, das aber dennoch nicht innovativ ist. Es folgt im allgemeinen, nicht in der konkreten Einzelentscheidung den vorgegebenen Bahnen.

b) Gesellschaftliche Kreativität

Es entsteht ein Produkt oder Werk, das neu ist und zum Bestand der Kultur hinzugefügt wird.

Kreativität – im diesem Sinne gesellschaftlicher Kreativität – ist nicht allein eine Eigenschaft oder Fähigkeit des Individuums. Solche Kreativität ist eine Systemeigenschaft: Die jeweilige Gesellschaft ermöglicht ja der innovativen Idee erst die Anerkennung (vgl. Csikszentmihalyi 1996). Die Gesellschaft der Renaissance in Florenz forderte von ihren Künstlern Höchstleistungen und ermöglichte einen Schub von Kreativität.

Auf der Seite des Individumms ist die Fähigkeit erforderlich, etwas Neues schaffen zu können, das für die Menschen wertvoll ist. Diese Fähigkeit setzt sich aus verschiedenen Komponenten zusammen und basiert auf einer Zahl von Bedingungen.

> Komponeten sind z. B.: Unabhängigkeit, Mut, Ideenflüssigkeit, eine Mindestintelligenz, Gute Lösungen erkennen können, Spontaneität, Ausdauer, Gesundheit und Energie, einsam arbeitsfähig sein, ja zeitweise Einsamkeit zu bevorzugen
> Bedingungen sind z. B.: sehr gute Kenntnisse eines Sachgebietes, kreative Vorbilder in der Umgebung, materielle Unabhängigkeit, verfügbare Zeit Beziehungen, am richtigen Ort zu sein.

Bedingungen und Komponenten können sich im Einzelfall des kreativen Werkes ganz unterschiedlich individuell kombinieren. In diesem Sinne der „Kreativität" gibt es einige wenige Menschen, die durch ihr Werk als Kreative ausgewiesen sind, viele andere sind es nicht.

Von einer erbrachten Leistung ist nicht eindeutig auf eine Fähigkeit zu schließen, also von einer vollbrachten Erfindung ist nicht unbedingt auch auf individuelle „Kreativität" zu schließen. Das Märchen von Hase und Igel illustriert das. Obwohl der Igel Sieger im Wettlauf bleibt, kann er nicht schneller laufen. Natürlich, in einem regulären Sportwettbewerb wären solche Tricks wie im Märchen ausgeschlossen. Aber im wirklichen Leben trifft man auf Menschen, die eine Leistung vollbracht haben, ohne daß man weiß, wie sie zustande kam. Im Leben ist es wie im Märchen: alle Tricks sind recht, Hauptsache man hat Erfolg.

Kreative Erfindungen z. B. können immer auch von einem anderen stammen: aus einem Hinweis der Literatur (das wird z. B. von Darwin behauptet), aus einem Gespräch, oder auch die Sache ist ganz schlicht abgeschaut. Die Geschichte der Erfindungen überliefert solche Fälle massenhaft (vgl. Schneider 1995). Oder man hat sich ein Prinzip abgeguckt, wie man in einem bestimmten Sachgebiet auf Erfindungen kommt (z. B. arbeiten 50 % aller späteren Nobelpreisträger im Umfeld von amtierenden Nobelpreisträgern). In all diesen Fällen könnte der „Kreative" ein staubtrockener Bürokrat sein, der es haßt, etwas anders als bisher zu machen.

Jemand kann auch zufällig auf einen möglichen Weg geraten. Oder aber der Weg, den jemand sowieso und immer nur geht, ist in einer bestimmten Situation der richtige. Ein Beispiel: Wenn in der Kunst heute immer noch eine Art Primitivismus möglich ist, sind natürlich die Kinder und die Geisteskranken potentielle Künstler.

Wenn Van Gogh wesentliche Elemente der japanischen Malweise übernimmt, ist dies bedeckt genug passiert, um die Erfindung der neuen Malweise dennoch ihm zuzuschreiben. Er gilt als Musterfall des „kreativen" Künstlers.

c) Individuelle Kreativität

Individuelle Kreativität als generelles Merkmal, in dem sich Menschen unterscheiden, als Eigenschaft, in der Menschen ein Mehr oder Weniger haben können, bezieht sich auf das **relativ** neue Verhalten und Denken: Es ist die Verhaltens-Tendenz, etwas in bezug auf vorherige eigene Verhaltensweisen auf andere Art zu machen. Das Ergebnis ist auf jeden Fall für die Person neu, es kann aber auch für alle Menschen neu sein. Diese Art Kreativität ist z. T. Fähigkeit, aber z. T. auch Vorliebe. Einem Menschen, bzw. auch den Menschen von verschiedenen Kulturkreisen, kann es – bei gegebener Fähigkeit – mehr oder weniger gefallen, in seinem Leben auf diese Art kreativ zu sein.

d) Spontaneität

Beim Malen ist, mehr als beim Backen von Brötchen, eine Entscheidungsfreiheit beim Handeln gegeben. Man ist frei in der Wahl, welche Farbe an welche Stelle kommt, welche Form eine Linie nimmt. Diese Entscheidungen können geplant und überlegt oder nach Gutdünken getroffen werden. Als spontan bezeichnet man dabei ein Vorgehen, das sich ohne weiteres Nachdenken (aus dem Unbewußten) ergibt.

II. Die künstlerische Kreativität

Die künstlerische Kreativität ist nun also weniger seelisches Merkmal von Künstlern, als vielmehr **eine nachgewiesene Innovation im künstlerisch-bildnerischen Bereich**. Wie eine Erfindung zustandekam (und ob der Künstler in seinem Leben generell innovatives Verhalten zeigte), interessiert die Biografen oft weniger als der Erfolg, den die Erfindung hatte. Es gab „kreative" Künstler, die nicht sehr kreativ lebten oder spontan waren. Von Leonarda da Vinci wird sogar eine gewisse Zwanghaftigkeit berichtet.

Viele Künstler sind auch in Autobiografien entsprechend nicht erpicht darauf, ihre kreativen Prozesse zu enthüllen: Sie legen lieber „einen geheimnisvollen Schleier der Inspiration" über ihr Werk (vgl. Preiser 1976).

Den Komponenten und Bedingungen dieser Kreativität versucht der folgende Beitrag nachzuspüren. Bevor man sich an eine Psychologie künstlerischer Kreativität machen kann, sollte man aber zunächst einige Gedanken darauf verwenden, ob Künstler überhaupt kreativ sind und was in ihrem Beruf Kreativität bedeutet.

Der Alltag des bildenden Künstlers ist es, ein Bild (oder eine Statue etc.) zu erschaffen, das es vorher nicht gegeben hat. Das Bild ist noch nicht dagewesen: es ist eine „Erfindung" aus der Phantasie. Andererseits ist es eben in vielem auch Handwerk: es ist gemalt, wie viele Bilder vorher gemalt wurden, wie andere Künstler vorher gemalt haben. Oft hat es Dinge zum Thema, die schon oft abgebildet wurden. In bezug auf die Malprozeduren ist es also nicht neu; in Thema und Malweise variiert es oft nur das bisher Dagewesene.

Auch Handwerker stellen in ihrem Beruf Gegenstände her, die noch nie so verwirklicht wurden. Deshalb alleine aber lobt man noch nicht ihre Kreativität.

Die Geschichte der Erfindungen und die Geschichte der kreativen Höchstleistungen ist vor allem auch eine Geschichte der für die Menschen nützlichen Erfindungen, wie die des Penicillins oder der Glühbirne.

Können aber auch Künstler nützliche Erfindungen machen? Den Künstlern der verschiedenen Zeitepochen wurden in dieser Hinsicht unterschiedliche Aufgaben gestellt. Je nachdem waren Erfindungen ‚nützlich,‘ oder unerwünscht. Der Auftraggeber des ägyptischen Künstlers erwartete eine „richtige" Ausführung des Themas. Eigene Einfälle sollte der Künstler nicht haben.

In der europäischen Kunstgeschichte erwartete man die illusionistische, naturalistische Darstellung (z. B. von Himmel und Hölle). Errungenschaften auf diesem Weg, z. B. die Wiederentdeckung der Perspektive, wurden gefeiert. Ob diese (wie bei Vermeer) der Camera obscura entrissen wurden oder ob sie (wie bei den Malern der Renaissance) der Betrachtung antiker Fresken entstammte, war dem Auftraggeber egal. Hauptsache, das Bild war naturalistischer als alles bisherige.

Man konnte in bezug auf das Ziel der naturalistischen Abbildung über eine lange Zeit der Kunstgeschichte Erfindungen machen, und es gab viele Künstler, die Erfindungen machten, wie diese oder jene Sache noch naturalistischer darzustellen sei. Daumier erfand Möglichkeiten, die Mimik darzustellen (bis dahin kannte man auf Bildern fast nur das ernste, unbewegte Gesicht). Er wurde dafür gefeiert. Allerdings nicht so sehr allein deswegen, weil er Erfinder war, sondern weil er, warum auch immer, zur Erreichung des Zieles der naturalistischen Darstellung eines Gesichtes beigetragen hat.

Die Impressionisten erfanden – möglicherweise unterstützt von der damals aufkommenden Fotografie – die „plein-air"-Malerei mit natürlichen Farben, also auch mit farbigen Schatten. Der so erreichte Fortschritt begründete ihren Ruhm. Sie waren, nachdem dieses erreicht war, aber nun nicht verzweifelt nach Neuerungen aus, sondern malten eben nun die Welt so, wie sie es nach ihrer Erfindung konnten. Sie malten die Kirchen und die Landschaften, die man auch vor ihrer Zeit gemalt hatte. Sie strebten nicht nach weiteren „Erfindungen".

Breton und die Surrealisten versprachen den Menschen sogar eine Verwandlung zu einer Art Übermenschentum. In jedem Menschen sollte die Kraft des Unbewußten befreit werden. „Ihr" Projekt war es, an der Erforschung des Unbewußten teilzunehmen.

Letzlich wird die Kreativität nicht für sich bewertet. Es gibt heute noch keine Geschichte der Erfindungen und der Kreativität, die die Erfinder danach beurteilt, wie sehr sie sich mit ihrer Idee von allem absetzten, was in ihrer Zeit gedacht wurde. Dies wäre vielleicht auch gar nicht sinnvoll, weil ein zu starker Kontrast zum Denken der Zeit, wie z.B. in Leonardos Flugmaschinen, schlicht zur Ablehnung der Idee führt, so daß sie nur im Ausnahmefall überliefert ist.

Nicht Kreativität an sich ist heute Ziel der Kunst, sondern die Idee zu finden, die den Menschen dient und mit dieser (evtl. „einen Idee") Ruhm zu ernten. Man verlangt zwar jetzt Innovation und das Entstehen der ungewohnten Wahrnehmung, aber eben nicht Innovation um der Innovation willen. Viele Künstler blieben ihr ganzes Leben auf eine Erfindung oder eine spezifische Forschungsrichtung festgelegt. Z. B. Albers reihte ein farbiges Quadrat an das andere, in dem Bestreben, das Zusammenwirken von Farben zu erforschen. Ücker blieb sein ganzes Leben eher auf einen witzigen Einfall festgelegt, nämlich das Benageln von Gegenständen, und auch Beuys blieb seiner „schamanistischen" Einfallswelt treu (und diente seinem Publikum durch Heilung psychischer Bruchstellen der Gesellschaft).

Das Ziel realistischer Malerei gibt es nun – nach der Etablierung der Fotografie – nicht mehr. Man verlangt vom Künstler daher heute auch Einfälle zu dem Thema, was die Kunst unserer Zeit für die Menschen leisten kann.

In der Praxis ist es oft nur ein Einfall, der den Künstler erkennbar macht, der seinen Ruhm begründet, bei dem sollte er besser bleiben, um sein Markenzeichen, seine Erkennbarkeit, die ja Grundlage des Ruhmes ist, nicht zu verwischen. Denken Sie an den Bananen-Sprayer von Köln, Thomas Baumgärtel, der nun durch die Welt reist, um seine erfolgreiche Idee, z. B. in Moskau, zu verwirklichen.

Als z. B. Max Ernst in der Wüste Arizonas ein wenig den Stil seiner Bilder änderte, wendeten sich einige Anhänger enttäuscht ab. Sie wollten eben nicht „Erfindung", Innovation an sich, sondern eine Beibehaltung der einmal erfundenen, erfolgreichen Richtung.

Die Frage, ob an den heutigen Künstler die Forderung herangetragen wird, kreativ zu sein, ist also nicht so eindeutig zu beantworten, wie man erwartet hätte. Vielleicht ist die Antwort, was die heutige Lage anlangt, durch einen Vergleich zu geben. Die Künstler sollen so kreativ sein wie ein Fabrikant eines Produktes. Er muß es so gestalten, daß sich wegen seiner innovativen Technik und wegen seines neuen Aussehens von anderen Produkten abhebt und deshalb gebraucht und gekauft wird. Solange es sich dann verkauft, sollte er seine Energie nicht in weiteren Einfällen verzetteln.

Der Künstler muß also – möglicherweise ganz zu Beginn seiner Laufbahn – etwas „Neues", „Nützliches" entwickeln, das er dann – in kleineren Innovationsschritten – ausarbeiten und vorantreiben kann.

Allzuviel „Kreativität" kann sogar eine Gefahr für den künstlerischen Ruhm sein. Ein äußerst talentierter Maler (Derain), der seinerzeit seinen Stil von einer Art Impressionismus zu einer altmeisterlichen Malweise hin veränderte, sich also nicht auf den ‚aktuellen,' Stil festlegen ließ, wurde von den Zeitgenossen als „Verräter" beschimpft und hat trotz seines großen Talentes keinen besonderen Ruhm erreicht.

III. Was erfinden Künstler?

Natürlich erfinden die „innovativen" Künstler nicht die ganze Kunst neu, sie verändern Aspekte. Das kann die Themenwahl sein, die erweitert wird, der Blickwinkel auf die Dinge, die Farbpalette oder die „Transformationsregel", wie ein Gegenstand in eine gemalte Form umgesetzt wird. Es ist nun (wie gesagt) auch nicht so, daß einfach eine Lücke gesucht wird, eine Möglichkeit, die noch nicht verwirklicht ist. Tatsächlich ist es recht leicht, etwas zu finden, was noch nicht getan ist, aber das wird dann eben auch belanglos: z. B. könnte ein Maler die gesehene Welt in Buchstaben malen (s. o. Transformationsregel), das würde niemand besonders feiern wollen. (Man würde sich aber auch bald erinnern, daß es etwas ähnliches schon im 15. Jahrhundert bei Arcimboldo gab.) Manch einer, der glaubt, es gehe einfach um das Neue, das Verrückte an sich, findet zwar kurzfristig Presse-Aufmerksamkeit, bleibt aber in der Kunstszene Randfigur (wie Unterwassermaler oder Anmaler von Eiern).

Es geht also darum, an einem Projekt zu arbeiten, dessen Ergebnisse wichtig sind, erst dann interessieren sich die Menschen für die Ergebnisse der Arbeit. Mit „Projekt" ist gemeint, daß der Künstler sich ein Problem stellt und daran kreativ arbeiten will. Tatsächlich kann man den Erfolg oder Mißerfolg eines Künstlers nur dann angemessen beurteilen, wenn man sein „Projekt" kennt.

Bevor es also sozusagen mit dem Erfinden losgeht, muß man sich um ein Projekt kümmern:

Es muß ein Problem gesucht werden, daß a) irgendwie ungelöst ist, b) daß aber dem Künstler, der sich jetzt an die Arbeit macht, lösbar erscheint.

Oft geht es in der künstlerischen Arbeit dabei nicht so formal zu wie in der wissenschaftlichen Arbeit. Vielleicht ist es eher so, daß dem Künstler durch den Kopf schießt, daß man doch dies oder jenes einfach einmal probieren sollte und daß man damit dann eine ganz neue Wirkung erzielt. In der nachträglichen Analyse kann man jedoch dann meist sein Projekt benennen und auch feststellen, warum sich gerade dieser Künstler auf den Weg machte, dieses spezifische Projekt zu beginnen. Den expressionistischen Malern wie Kirchner, Nolde und anderen wurde plötzlich deutlich, daß die Schönheit eines Bildes gar nicht des Inhaltes bedarf: die eigene Farbwillkür legte eine solche Beobachtung nahe. Nun wurde ein neues Projekt möglich: nämlich schöne abstrakte Bilder zu malen. Paul Klee zog noch die musikalische Harmonie hinzu und setzte in seinen Bilder Farbklänge ein.

Das Projekt der Surrealisten wurde ja schon erwähnt, sie wollten aus dem Unbewußten malen und damit zu einem neuen Menschen führen, der seine unbewußten Bildwelten für sein Leben nutzbar machen kann.

Wenn man ein Projekt eröffnen will, kann man sich über die wichtigen Probleme der Gesellschaft informieren und versuchen, an deren Lösung als Künstler mitzuarbeiten.

Man kann die gegenwärtigen Fragestellungen der Wissenschaften (die Surrealisten seinerzeit z. B. Freuds Thesen) zur Kenntnis nehmen. Von Dali wird berichtet, seine

Lieblingszeitung sei der ‚Scientific American„ gewesen (Lear 1985). Das ist auch heute noch eine gute Empfehlung, wenn es darum geht zu wissen, welche Fragen die Welt gerade diskutiert. Für politische Fragestellungen ist vielleicht die Zeitung „Foreign Affairs" interessant.

Wenn neue Denk- und Sichtweisen entstehen, dann gibt es bald Künstler, die dies irgendwie zu ihren Projekt machen, so geschehen mit dem Kommunismus: die futuristisch-geometrische Malweise der Futuristen sollte dem Geschmack des Arbeiters entgegenkommen. Mit der Einsteinschen Relativitätstheorie und jüngst mit der Chaostheorie wurde dies ebenfalls versucht. Gombrich schreibt, daß viele dieser Bemühungen gescheitert sind. Das mag daran liegen, daß der Künstler zwar ein interessantes Projekt aufgetan hat, das gerade auch wichtig ist, daß aber daran mit künstlerischen Mitteln nichts weiterzuentwickeln war. Die Surrealisten hatten bei ihrem Projekt in dieser Hinsicht Glück. Es ging ja um Träume, die eben bildhaft präsent sind, hier gab es die Möglichkeit innovativer Bildwelten.

Solche Projekte stehen einer künstlerischen Ausarbeitung natürlich näher, die sich mit neuen Ergebnissen in bezug auf Visualisierungen befassen. Die Arbeiten von Tom Wesselmann und Allen Jones sind eben Umsetzungen der in der Verhaltensforschung erarbeiteten visuellen Reizverarbeitungsmechanismen des Menschen. So konnten interessante „Superauslöser" sexueller Animation gestaltet werden. Allen Jones hat sich darüber hinaus auch noch etwas in die Theorie des (sexuellen) Fetischismus eingearbeitet. Eventuell lag ihm das Thema persönlich.

Blickt man von hier auf die künstlerische Erfindung, ist die Entwicklung eines Projektes eher eine „Anwendung", eine Einpassung von bereits bestehenden Erfindungen in das künstlerische Medium und: es gibt Hilfsmittel, wie man über wichtige Entwicklungen informiert wird.

Ein anderer Weg, ein künstlerisches Projekt zu finden, ist weitaus sicherer: man sucht Bildwelten, deren Wirkung bereits bewährt ist, und verwendet sie für das eigene Bildschaffen. Hier wäre mit der Renaissance (und den vielen folgenden Renaissancen) anzufangen. Die von den Goten befreiten Römer feierten die Bilder ihrer antiken Kultur: und diese Bilder entfalteten auch wieder die Wirkung, die ihre Urheber entwickelt hatten. Michelangelo etwa brachte den Stil der Renaissance zu einer Meisterschaft, die auch deshalb so beeindruckend war, weil schon seine Vorlagen meisterhaft waren.

Hier nenne ich jeweils einzelne Protagonisten für bestimmte Bild-Übernahmen: Picasso verwendete die afrikanische Kunst (Primitivismus), die ja als Magie erprobt war. So konnte er eben jene magische Kraft nutzen. Beuys bezog sich in einer Weiterentwicklung des Primitivismus von Picasso auf die Bildwelten schamanistisch-religiöser Rituale.

Dubuffet suchte Vorbilder in der Kinderzeichnung und in der Kunst der Geisteskranken (es liege ein ursprüngliches Genie darin). Warhol und viele Pop-Artisten nutzten und nutzen die Werbebilder mit ihrer suggestiven Kraft, und später auch noch das bekannte und emotionsgeladene Pressefoto (man bemerkt an diesem letzten Beipiel, daß Warhol das Prinzip, sich Vorbildwelten zu suchen, bei einer Veränderung seines Schaffens beibehielt).

Die Op-Artisten nahmen sich der Bilder von optischen Täuschungen in den psychologischen Lehrbüchern an und entwickelten sie weiter: so entstand z. B. die berühmte Frazer Spirale.

Jeff Koons hat sich Kitsch-Bilder nutzbar gemacht. Man wird andere neue Vor-Bildwelten finden: z. B. könnte es die Welt der Pictogramme sein, die uns zu wichtigen Orten führt, die Bildwelt der Verkehrszeichen, die uns emotionsgeladene Vorschriften macht, Toilettenkritzeleien, die Welt der gestrickten Ornamente (halt, das letztere wurde schon verwertet: die feministische Patchwork-art).

Eine andere – mir noch raubritterartiger erscheinende – Variante dieses Vorgehens besteht darin, sich der berühmten Bildwerke der Vergangenheit anzunehmen und diese zu verfremden, zu überlagern oder in Elementen zu übermalen. Man sagt vornehm: zu zitieren.

Nach diesem kurzen Blick darauf, was Künstler erfinden, verschwimmt das Phänomen ein wenig vor dem Auge. Ja, da gibt es Erfindungen, da gibt es aber auch Richtungen und Regeln der Erfindung. Der junge Künstler muß halt ein- oder zweimal eine gute Idee (der beschriebenen Art) haben und dann geht's los. (Die Vorbilder der kreativen Idee werden in diesem Band in einem eigenen Artikel noch einmal ausführlicher behandelt.)

Das „Erfinden" ist aber vielleicht auch gar nicht das Hauptproblem, sondern das Präsentieren und Durchsetzen der neuen Richtung.

IV. Die Präsentation und Durchsetzung der neuen Idee

Anscheinend wird die kreative Leistung des Künstlers also eher überschätzt. Er soll etwas gutes Neues machen; wie er auf sein Projekt kommt, ist gleichgültig. Es kann ihm auch ein älterer Kollege einen guten Rat gegeben haben. Was zählt, ist hinterher der Erfolg des Projektes und nicht das „Ausmaß" an Kreativität auf dem Weg dorthin.

Jetzt kommt aber eine Leistung in den Blickpunkt, die nur wenige vollbringen können und die dazu noch gar nicht einmal mit allzu positiv eingeschätzten Eigenschaften verbunden ist. Der Künstler muß seine Idee ausarbeiten, vorstellen und durchsetzen. Das fordert Zeit und Energie, die er von anderen Anforderungen (z. B. der Pflege von Beziehungen) abziehen muß. So kann es sein, daß er „egoistisch" wirkt. Darüber hinaus braucht er auch Dickfelligkeit gegenüber der Meinung seiner Umgebung, die bis zum Starrsinn reicht. Man könnte andere Eigenschaftsnamen finden, die diese notwendigen Fähigkeiten beschreiben, z. B. Selbstherrlichkeit oder etwas milder: absoluter Nonkonformismus.

Es ist nämlich so, daß die soziale Umwelt auf Erwartungswidrigkeiten und neue Vorschläge nicht gerade positiv reagiert. Speziell im Bereich der Kunst ist das Publikum schnell abweisend. Es soll den Künstler ja verehren. Das will es auch tun, und es weiß bisher ja auch, warum. Die neue Idee, die neue Richtung scheint aber zunächst nichts Verehrenswertes zu haben. Man hat das Gefühl, einem „Gernegroß" gegenüberzustehen, der mit aberwitzigen Ideen Anerkennung verlangt. Den wird man mit Spott bestrafen.

Solche Kunstrichtungen, die uns heute ganz unbestritten als „schöne Künste" imponieren, trafen auf scharfe Ablehnung. Die Impressionisten wurden von den Kunstexperten beschimpft, die Expressionisten mußten sich als entartet klassifizieren lassen. Dali wurde wegen der Malerei von seiner Familie verstoßen, und z. B. die Ablehnung Beuys ist ja nahezu sprichwörtlich geworden.

Der angehende Künstler muß also damit fertigwerden, daß seine Arbeit auf jeden Fall von den meisten seiner Bekannten abgelehnt wird. Zuspruch und Ermutigung kann es nur von einer kleinen Gruppe Gleichgesinnter geben, aber auch innerhalb dieser (Künstler-) Gruppe gibt es Eifersucht und Konkurrenz im Übermaß. Gerade weil vom großen Künstler heute Innovation verlangt wird, muß er durch eine Phase der Anfeindung und Ablehnung gehen.

Der Aktions-Künstler Schult vgl. seinen Beitrag in diesem Band), der als Kunstwerk z. B. den Markusplatz in Venedig mit Abfall füllte, muß auch viel Ablehnung ertragen und schließt sich demonstrativ mit seiner Muse Koska, zusammen.

Auch von van Gogh weiß man, daß er kein einfacher Mensch war. Innerlich getrieben und egozentrisch verfolgte er, ganz ohne auf die Rückmeldung zu achten (kein Mensch wollte ein Bild von ihm kaufen), seine „neue" Malweise.

Man kann sich vorstellen, daß „so einer" nichts mit Menschen zu tun haben will: die verstehen ihn ja sowieso nicht, auf deren Meinung will er ja auch keine Rücksicht nehmen. Tatsächlich entdecken wir, daß Menschen, die wichtige kreative Leistungen vorgetragen haben, andere Menschen ihrer Umgebung gnadenlos ausnutzen (hier wird z. B. gern auf Picasso verwiesen, Gardner 1995) und sich außer vor einer „in-group" von Sozialkontakten scheu zurückziehen. Max Ernst baute sich mit seiner Maler-Frau Dorothea Tannings sogar eine Hütte in den abgelegenen Bergen Arizonas.

Sicher, es gibt auch anderes und Gegenbeispiele. Je nach den Ausgangsbedingungen kann eine neue Idee auch gleich auf Zustimmung treffen oder sie muß nicht durchgesetzt werden, weil die Künstlerperson reich und mächtig ist.

Ein finanzieller Hintergrund schadet ohnehin nicht. Wie ja schon gesagt, verkauft sich die neue Idee zunächst nicht. Wie finanzieren also die später Berühmten ihr Leben? Nehmen wir wieder das Beispiel der Surrealisten.

Paul Eluard und seine Frau, die spätere Gala Dali, lebten von einer Erbschaft. Sie luden Max Ernst dazu ein, mit ihnen zu leben. Dali kam aus einem wohlhabenden Notarshaushalt. Als Dali und Gala dann – nachdem er von seiner Familie verstoßen war – zusammenlebten, erfuhren sie viele Jahre bitterer Armut.

Aus dieser Sicht wird das, was wir eben noch als Dickfelligkeit zu bezeichnen gewillt waren, nun doch noch zu etwas anderem. Diese Künstler haben alles in eine Waagschale geworfen, ihr Vermögen (manchmal noch das Vermögen der Ehegattinnen, wie z. B. Breton). Sie bringen auch viel Idealismus mit und großen Mut, ihr Leben auf dieses unsichere, schwankende Schiff der neuen Idee zu setzen, das ja nach Meinung der sozialen Umgebung dem baldigen Untergang geweiht ist.

Für die erfolgreiche Präsentation der kreativen Idee braucht der Künstler also ein Bündel von Eigenschaften zwischen sozialer Unempfindlichkeit, Dickfelligkeit, Selbstherrlichkeit und Mut und die Bereitschaft, sich und sein Leben für die Sache der Kunst einzusetzen: daß nämlich einmal ein Gewinn abfällt, konnten viele zu Beginn kaum ahnen.

Wie kommt es zu dem erforderlichen Paket von Erfindungsgabe und Mut bzw. Dickfelligkeit?

IV a Widmen wir uns zunächst der Ausdauer, dem Mut und der Dickfelligkeit

Noch einmal will ich darauf hinweisen, was gemeint ist. Bei vielen bedeutenden Schriftstellern ging die Karriere gar nicht so besonders ruhmreich los. Sie schickten ein Manuskript zu einem Verlag, und es wurde abgelehnt. Es wurde nicht nur einmal abgelehnt, es wurde zwanzigmal abgelehnt. Bis schließlich ein mutiger Verleger die Sache in die Hand nahm, und ein Bestseller entstand.

Der Schriftsteller war geboren. Wie hätte jeder von uns reagiert? Hätten wir uns nach der zehnten Ablehnung gefragt, ob wir vielleicht kein Talent haben, ob das Werk nicht gut ist? Hätten wir vielleicht bald ein anderes Hobby als die Schriftstellerei gewählt? Wahrscheinlich schon. Sicher hätten sich unsere Freunde schon langsam über uns lustig gemacht.

Wie kann man also die Ablehnungen ertragen? Woher weiß man, daß man hinterher doch Erfolg haben wird? Eins ist sicher: man weiß das nicht vorher. Die nicht Erfolgreichen hofften, und die Erfolgreichen hatten immer wieder Momente des Zweifels.

Wenn man die Lebensläufe der Maler, der Künstler, der Erfinder studiert hat, kann man jedoch lernen, daß Zutrauen zu sich selbst eine notwendige Bedingung ist. Man hält dann länger aus, man weiß auch, daß Mißerfolg wirklich noch nichts über die Qualität der eigenen Leistung sagen muß.

Es kann aber auch anders zu dieser Ausdauer kommen. Es gibt unterschiedliche Grade sozialer Anpassung. Im – fast schon pathologischen – Extremfall ist einem Menschen ganz gleichgültig, was die Mitmenschen denken oder sagen. Tatsächlich gibt es solche abnormen Persönlichkeiten unter den Kreativen (gemeint sind hier, die mit ihrer Kreativität Erfolg haben). Sie bringen sozusagen von Natur aus eine wichtige Grundbedingung mit. Götz (1979) hat erfolgreiche und weniger erfolgreiche Absolventen der Kunsthochschule mit einem Persönlichkeitsfragebogen untersucht. Es stellte sich heraus, daß die erfolgreichen Studenten stärker psychotische Tendenzen aufweisen. Damit ist gerade in dem verwendeten Fragebogen eine gewisse asoziale Einstellung gemeint.

Eine dritte Möglichkeit mögen prägende Erfahrungen der Kindheit sein. Allerdings werden Ereignisse nicht von allen Individuen gleich verarbeitet. Kinder, die häufig gekränkt werden, können verzweifeln oder aber jenen Trotz entwickeln, der die Ausdauer später motiviert.

Kinder, die stark unterstützt und gelobt werden, können faul und zufrieden werden oder aber jenes starke Selbstbewußtsein entwickeln, das jeden Selbstzweifel ausschließt. Hier gibt es kaum einen Ratschlag für die Erziehung. In Wirklichkeit ist im Leben beides wichtig, man muß durchhalten können, man muß hoffnungslose Unternehmen aufgeben können; wer weiß vorher, für welchen Fall man ein Kind erziehen soll?

IV b Erfindungsreich sein wollen

Psychische Eigenschaften entwickeln sich. Damit meint man, daß sie in der Kindheit vage und möglich sind, später aber zum verfestigten und berechenbaren Anteil der Psyche werden. Dabei ist wichtig, ob ein Mensch eine bestimmte Eigenschaft erwerben will, wie z. B. viele Jungen mutig sein „wollen". Ist dieser Wille vorhanden, wird man Gelegenheiten suchen, sich selbst in einer bestimmten Richtung zu erziehen, z. B. indem man sich zwingt, nach Möglichkeit mutig zu sein und Situationen aufsucht, in denen man Mut beweisen kann.

Bei der Bereitschaft von Menschen, erfinderisch zu sein, kann die Erziehung schon etwas beitragen. Sie kann dazu ermutigen, auch Lösungen abseits der ausgetretenen Bahnen zu suchen und zu verwirklichen. Allerdings braucht es dazu einen speziell ausgebildeten Erzieher. Im Alltagsleben wird nämlich eine abweichende, kreative Lösung durchaus auch schon mal als Frechheit betrachtet. Psychologische Tests ergaben, daß kreative Schüler von ihren Lehrern als Störer eingeschätzt wurden.

Die Welt der Menschen ist mit Denkverboten und Vorurteilen gepflastert, wer die nicht mitmacht, fällt auf und wird abgelehnt. Die aus der mittelalterlichen Literatur bekannten Eulenspiegeleien mögen dabei noch eine harmlose Art der sozialen Frechheit sein. Stellen Sie sich den Lehrer vor, der das Universum mit dem Urknall beginnen läßt und sich mit dem Schülerkommentar konfrontiert sieht, das sei ja eine gute Theorie, die aber nicht erkläre, was davor gewesen sei (vgl. eine witzige Kritik von Stanislav Lem). Dieser Lehrer wird gerade deswegen, weil der Schüler sein Denkverbot nicht beachtet hat und ihn hilflos vorfindet, wütend sein.

Von dem berühmten Mathematiker Gauß wird erzählt, er habe einmal, als die Klasse zur Ruhigstellung die Zahlen von 1 bis 100 zusammenzählen sollte, einen sehr schnellen Lösungsweg gefunden: (nämlich $1 + 49 = 50$, $2 + 48 = 50$ … bis $25 + 25 = 50$, also insgesamt 25 mal 50, und dann fehlt noch die 50 und die 100, also 29 mal 50). In zwei Minuten war er mit der Aufgabe fertig. Der Lehrer, der jetzt die Erfindungsgabe seines Schülers lobte, brauchte schon eine ungewöhnliche Toleranz, denn seine Absicht, die Klasse zumindest zwanzig Minuten zu beschäftigen, war ja gestört worden. Man könnte sich auch vorstellen, daß sich ein solch vorwitziger Schüler eine Strafe einhandelt.

Also: Ermutigung von Kreativität ist gut, sie wird aber nicht allzu häufig sein. Menschen, die selber kreativ sind, werden leichter erkennen, wie Kreativität auftritt, so ist ja wahrscheinlich auch die große Toleranz der Kunsthochschulen für Disziplinlosigkeit und Marotten von Studenten, z. B. im Auftreten, zu erklären. Man kann ja nicht Erfindungsreichtum fordern und dann alle in eine Schuluniform stecken.

Hier ist der Ausgangspunkt für eine weitere Überlegung: Wie hängen in einer Person die Lust, kreativ zu sein, und die Lust, frech und abweichend zu sein, zusammen? Jugendliche wollen sich unterscheiden, wollen anders sein (um eben eine eigene Berechtigung ihrer Existenz aufzubauen) und erfinden ihre Moden, ihre Musik und entwickeln ja so unsere Kultur weiter. Ohne dieses Bestreben würden wir wahrscheinlich immer noch auf dem berühmten Bärenfell liegen. Die Person, die als Motiv in sich zunächst eine Lust erlebt, frech, anders und ungut zu sein, kann das natürlich z. B. durch Kreativität so verwirklichen, daß man sie noch nicht einmal berechtigt zu kritisieren vermag. Wenn Kreativität vom sozialen Umfeld als Frechheit verstanden wird, kann natürlich auch Frechheit in Form von Kreativität auftreten.

Wer von seinen Lieben, seinen Eltern, seinen Geschwistern zu sehr mißhandelt wurde, wer in sich den Wunsch zur Obstruktion trägt, kann also – im günstigen Fall – einer der Kreativen werden, derer unsere Gesellschaft so bedarf. Wir erinnern uns an den „Geist, der stets das Böse will und doch das Gute schafft".

Noch eine andere Situation kann Kreativität einüben: der Mangel.

Der Krieg ist der Vater aller Erfindungen, sagt man, und „Not macht erfinderisch". Auch das gilt sicher für das individuelle Leben. Nichtkönnen und Mängel können die Suche nach anderen, neuen Wegen und Lösungen motivieren. Wer nicht reich geboren ist, muß sich was einfallen lassen; wer nicht so schön ist, muß seine Möglichkeiten, einen Partner zu überzeugen, entwickeln; wer nicht sofort die richtige, gelernte Antwort weiß, tut gut daran, sich etwas einfallen zu lassen. Auch der Mangel kann eine Bevorzugung von Kreativität motivieren.

IV c Erfindungsreichtum, Denkfähigkeit und Rationalität

Eine Eigenschaft zu wollen, wird einiges zu ihrer Entwicklung beitragen. Allerdings kann alles „Wollen", z. B. von Schnelligkeit beim Hundertmeterlauf, die Grenzen des Körperbaus nicht überwinden. Bei gleichem Körperbau natürlich wird der, der sich intensiv wünscht, schnell zu sein, den nötigen Trainingsaufwand betreiben und tatsächlich ein schnellerer Läufer sein.

Die Ausprägung einer Eigenschaft hängt also – wie man hier am Denk-Modell des Hundertmeterlaufes erkennt – nicht nur von der Erziehung und Selbsterziehung, sondern auch von den mitgebrachten Kapazitäten und von nicht beeinflußbaren äußeren Umständen ab.

In der empirisch-experimentellen Literatur wird die Frage behandelt, ob Intelligenz und Kreativität zusammenhängen. Die Aufgaben, die gestellt werden, sind allerdings wenig mit dem innovativen Erfolg zu vergleichen, der vom Künstler verlangt wird. Wenn also Kreativität und Intelligenz in solchen Untersuchungen als relativ unabhängige Fähigkeiten behandelt werden, muß das für den Gegenstand dieser Abhandlung, die künstlerische Kreativität, nicht unbedingt gelten.

Um die Probleme seiner Gesellschaft zu verstehen und in innovativer Art visuell umzusetzen, bedarf es sicher einer gewissen Intelligenz. Betrachten wir wieder die Gruppe der Surrealisten: hier waren Breton, Dali, Ernst, Eluard, Aragon und Man Ray sicher als Intellektuelle und scharfe Denker zu bezeichnen. Diese Intelligenz setzten sie in ihrem künstlerischen Projekt ein.

Gerade aber die visuelle Erfindung, die bildnerische Kreativität, hat vielleicht noch ihre eigene und spezifische Beziehung zur bewußten intelligenten Rationalität. Bildhaftes „Denken" findet in der rechten „nicht-bewußten" Gehirnhälfte statt. Tatsächlich unterscheidet man umgangssprachlich schon einmal zwischen „Kopf"- und „Bauch"-Künstlern. Letztere malen eben aus dem Bauch heraus, ohne bewußte Planung. Auch Menschen mit ganz offensichtlichen Mängeln der Intellektualität, wie Down-Syndrom-Patienten, können erstaunliche künstlerische Leistungen vollbringen (vgl. die Arbeit von Kläger in diesem Band). Es kann sein, daß ein Ausschalten des bewußten Denkens durch Drogen, Alkohol, Meditation oder auch nur durch ein spontanes ungeplantes Leben die bildnerische Kreativität, die ja auch im Traum ganz erstaunliche visuelle Umsetzungen schafft, befreit.

Der Einfall selbst stellt sich ja oft – nach langer bewußter Vorbereitung – von selbst ein und ist dann nicht das Ergebnis bewußten Denkens. Zumindest sollte also ein Künstler für Impulse, für spontane Einfälle, offen sein und diese auch nicht durch eine allzustarke Rationalität unterdrücken.

Insgesamt ist das Gehirn ein Instrument der Vergleiche, z. B. wer wem ähnlich sieht, wer wer ist, daß (z. B.) in der Bildmetapher die Straße mit einem silbernen Band verglichen werden kann, fällt uns ein. All das wirft das Gehirn ganz ohne Nachdenken aus. Dabei mag es individuelle Unterschiede in der Ideenflüssigkeit geben, die sich speziell im Zustand der Depression und der manischen Erregung extrem zeigen. Dem Depressiven fällt gar nichts ein, sein Denken ist gelähmt, wobei der Patient im manischen Zustand sich vor Ideen gar nicht retten kann, von einem Vergleich auf den anderen kommt. Es ist also denkbar, daß auch im Normalbereich der menschlichen Psyche die Ideenflüssigkeit von Person zu Person unterschiedlich ist. Wem viel einfällt, der hat eben auch die Möglichkeit, auf den – einen – guten Einfall zu warten, den er brauchen kann.

Die Geisteskrankheit kann aber auch die Art der Vergleichung verändern, die im Denken vorherrscht. Bei Schizophrenen ist der Assoziationsverlauf anders. Er wird z. B. stärker von Klangähnlichkeiten zwischen Worten mitgerissen und verläßt dabei den üblichen Bedeutungszusammenhang der Ideen. So etwas kann sich in einer Kunst mit fremdem, innovativem Charakter niederschlagen, speziell wenn, wie bei vielen geisteskranken Künstlern, ein ausgesprochener Schaffensbedarf besteht und die Thematik zudem von dunklen und heißen Schichten der Psyche getragen wird.

Es gibt eine Reihe von „geisteskranken" Künstlern in den Ruhmeshallen der Kunstgeschichte (z. B. Wöllfli, Schröder-Sonnenstern). Ihr Fall wirft wiederum Licht auf die geforderte „Kreativität". Der abweichende innovative Charakter ihres Schaffens, wie ja auch der Charakter der Kunst der Kinder, ist nicht Folge eines „Einfalls", sondern Notwendigkeit nervöser Prozesse. Es geht bei der geforderten Kreativität des Künstlers nicht so stark um den Prozeß des kreativen Denkens, sondern darum, irgendwie die interessante Innovation zu schaffen.

Die Beziehung der Intelligenz zur künstlerischen Schaffenskraft ist also nicht eindeutig. In bestimmten Kunstrichtungen ist eine wache Intelligenz erforderlich, manchmal scheint die kreative Idee aber auch eine Schwester des Schlafes und des Traumes zu sein.

Künstlerische Kreativität kann einerseits mehr im Strategischen, Intellektuellen liegen, wenn es darum geht, ganz neue Bildwelten zu erfinden oder neue gestalterische Möglichkeiten zu entdecken. Dann sind Ratio und Intellekt stärker gefragt.

In der täglichen Arbeit, in der es um einzelne Bildentscheidungen, um Formen und Farben geht, ist stärker jenes bildhafte Denken gefragt, das sich der rationalen Kontrolle entzieht. So ist es wahrscheinlich, daß die Krone des Ruhmes von Doppelbegabungen erreicht wird, die eine Balance von Kopf und Intuition, einen wechselseitigen Austausch dieser Möglichkeiten schaffen.

IV d Kreativität und kulturelle oder individuelle Andersartigkeit

In einem Forschungsprogramm, das sich der kreativen Höchstleistung in ihrem historischen Kontext widmet, zeigt Simonton (1984), daß kulturelle Vielfalt Kreativität begünstigt. Man kann das verstehen. Man sieht dann nämlich nicht nur eine – gewisse – Lösung für die Fragen menschlicher Existenz in seinem Umfeld, sondern viele Möglichkeiten. So wird das Denken für die Existenz mehrerer Lösungen für ein Problem frei.

Das gleiche gibt es im individuellen Kontrast. Jemand, der grundsätzlich „anders" veranlagt ist als die Mehrheit, ist natürlich oft gezwungen, andere Gedanken, andere Möglichkeiten zu probieren. So sammeln sich in kreativen (oft auch expressiven) Berufen Homosexuelle (die ja noch vor kurzem stärker ausgegrenzt wurden) und verschiedene Minderheiten, die eben nicht von vorneherein auf ein „richtiges" Denken festgelegt sind.

Ein einzelner Mensch kann sich aber auf vielfältige Art andersartig bzw. als Außenseiter fühlen, durch Krankheit (z. B. Tuberkulose), durch Geburt (z. B. früher häufig durch uneheliche Geburt), durch sein Schicksal. Auch der Mangel motiviert dann die Ausdauer für die Höchstleistung (s.o.). Das Gefühl der Andersartigkeit ermöglicht den anderen, abweichenden Gedanken.

V. Schluß

Einen Einfall kann man nicht aus dem Boden stampfen, nicht systematisch erzeugen. Oft entsteht er auch nicht allein als Frucht der Gedanken, sondern infolge einer zufälligen, aber hilfreichen Anregung aus der Umgebung. Täglich kommt man mit vielen Anregungen, Ideen, neuen Wahrnehmungen zusammen, und irgendwann einmal ergibt sich aus einer solchen Wahrnehmung eine neue Sicht eines bekannten Problems. Das funktioniert natürlich nur, wenn ein Mensch ein Problem, eine Frage, die er lösen will, immer mit sich herumträgt und automatisch mit allen Anregungen, allen Wahrnehmungen, die er macht, vergleicht. Ohne eine Fragestellung kann man gar nicht kreativ sein, und mit einer Fragestellung, einer Aufgabe, die man lösen will, muß man die Idee manchmal geradezu nur noch pflücken, wenn sie durch Zufall in die Nähe kommt (vgl. etwa Man-Rays Technik der Solarisation). Es kann auch sein, daß in einem Gespräch etwas erwähnt wird, was den Kreativen auf die „gute Idee" bringt; natürlich wird dann fraglich, wessen Idee es wirklich war. (Oft ergeben sich aus solchen Ideen, die in Menschengruppen aufkamen, Urheberstreitigkeiten.)

Ein so flüchtiges Gut wie ein Einfall oder eine Idee gehört hinterher oft nicht dem ersten Entdecker, sondern dem, der Kraft entfalten kann, die Idee in ein Projekt umzusetzen. Die Entdeckung der Fotografie durch Dagurerre, Nippice und Talbot ist ein Beispiel.

Daher ist bei einer Konzentration auf die Lebensläufe der Entdecker vielleicht noch gar keine richtige Konzentration auf den kreativen Vorgang geschafft. Man feiert dabei den Erfolgreichen und lernt den Charakter des Erfolgreichen kennen.

Wie genau der einzelne Einfall entstand und wie Einfälle überhaupt zustandekommen, ist noch ein offener Gegenstand psychologischer Forschung. Der berühmte Begriff „Aha"-Erlebnis konstatiert den Einfall, erklärt ihn aber nicht.

Sicher würde es den kommenden Generationen helfen, wenn die Wissensgebiete nicht nur als die Flickenteppiche der Ergebnisse dargestellt würden, die sie in den heutigen Lehrbüchern sind, sondern wenn es neben dem Lehrbuch des Wissens ein Lehrbuch der offenen Fragen und Probleme gäbe, die dann für den Studenten zu dem Anlaß werden, an dem er seine Kreativität probieren kann.

Literatur

Csikszentmihalyi, M. (1996). Creativity. Flow and the psychology of Invention. NY: Harper & Collins.
Gardner, H. (1995). So genial wie Einstein. Schlüssel zum kreativen Denken. Stuttgart: Klett-Cotta.
Götz, K. O. & Götz, K. (1979). Personality characteristics of successfull artists. Perceptual and Motor Skills, 49, 919–924.
Gombrich, E. H. (199616). Die Geschichte der Kunst. Stuttgart: Fischer.
Lear, A. (1985). 15 Jahre mit Salvador Dali. München: Goldmann.
Preiser, S. (1976). Kreativitätsforschung. Darmstadt: Wissenschaftliche Buchgesellschaft.
Schneider, K. (1995). Die Sieger. Hamburg: Sternbuch.
Schuster, M. & Woschek, B.-P. (1986). Kreativität und Generativität in Kunst und Wissenschaft. Liberal.
Simonton, D. K. (1984). Genius, creativity and leadership. Cambrige: Harvard University Press.
Winnicott, D. W. (1985). Vom Spiel zur Kreativität. Stuttgart: Klett-Cotta.

PETER RECH

Das Geheimnis der Berühmtheit

Das kulturkritische Vokabular, wonach der Künstler von den Medien der „Bewußtseinsindustrie" (Adorno) aufgebaut wird, so als sei er ein Stück Ware, reicht nicht aus. Es stimmt, und es stimmt auch nicht. Wer künstlerisch tätig ist, weiß mit sicherer Wehmut, daß die tausend Antworten, die aus soziologischer, sozialkritischer und sozialistischer Sicht zu hören sind, in Wirklichkeit Absicherungen der Sprachlosigkeit sind, mit der nach metatheoretischen Argumenten des Sozialen die durch und durch unpädagogische wie handwerklich belanglose Kunst von heute zu beargwohnen ist. (Man sollte als Künstler am besten die Hände davon lassen, auch noch soziologisch zu denken ...)

Dennoch: Der Soziologe Niklas Luhmann geht in seinem neuen Standard-Werk „Die Kunst der Gesellschaft" noch von der Autonomie der Kunst aus, obwohl er als Mensch des Alltags weiß, daß die Kunst von den Institutionen des Kunstmarkts nicht unabhängig ist, von den Galerien, den Kunstszenen, den Kunstzeitschriften und vor allem den Kunstkritikern und Kunstkritikerinnen.

Die Kommunikationsmedien, die er in seinen früheren Werken thematisiert und mit denen er Funktionsmerkmale der hochkomplexen spätkapitalistischen Gesellschaft beschreibt, beinhalten jeweils den größten Nenner noch möglicher Kommunikation, wie sie nur noch zwischen ihnen (den Systemen) abläuft. Diese (die Kommunikation) geht kaum mehr im Sinne eines kleinsten Nenners zwischen den Menschen auf. Statt dessen verteidigen diese das Wissen des jeweiligen Systems mehr oder weniger affirmativ, dem sie sich am meisten zugehörig fühlen. In diesem Sinne sind die Kommunikationsmedien miteinander verbunden. So kommuniziert z.B. der der Kirche angehörige (möglicherweise gar nicht mehr religiöse) Mensch mit dem Medium des Marktes über die Kirchensteuer; jeder Mensch aber kommuniziert über den Markt, ob er nun kauft oder stiehlt, sonst könnte er nicht leben. Der Künstler, die Künstlerin kommuniziert über die Institutionen des Kunstmarkts. Insofern kann von der Unabhängigkeit der Kunst nicht die Rede sein, wenn sie kausal gemeint ist.

Des Künstlers, der Künstlerin Ziel ist, bei vielen Menschen einen nachhaltigen Eindruck seiner Werke (traditionell gesehen: als verehrungswürdige Taten) zu hinterlassen, wie seit altersher auf eine Gefolgschaft rechnen zu können. Diese ist der Konstituierung eines Kunstwerkes Thema, oder wie eine Schülerin sagt: „Kunst kommt mit dem Betrachten."[20]

Gibt es Berühmtheiten in der Kunst, die nicht intendiert sind? So heißt es von Leonor Fini, daß sie nie an eine Karriere gedacht hat. Sie hätte einfach ihr Wesen kultiviert. Wie ist sie berühmt geworden? Sie war überaus eigenständig für sich selbst, und Breton hat sich deshalb über sie geärgert. Sie war immer sie. Aber er war eben Breton.

---
[20] Zitiert nach einer Anzeige der Artothek im Bonner Kunstverein, in: Belser Kunst Quartal, 1/1996, S. 85

Der künstlerische Ruhm ist eine Form des Nachruhms, der in den idealen Lebenszusammenhängen des Altertums, der Renaissance und der Klassik das höchste sittliche Lebensziel bedeutete. Ein Rest davon ist geblieben, wovon die modernen Versionen des archaischen Berührungszaubers Zeugnis ablegen. Der Künstler, die Künstlerin will von den Rezipienten 'berührt' sein; letztere gehen in die Galerien, in die Museen, und sie sind 'gerührt'. Kunst bleibt ein gesellschaftlicher Brauch – unter dem Stichwort der Kommunikation. So sagt die Deutsche Telekom, die seit Jahren große internationale Ausstellungsprojekte finanziell fördert, in einer Eigenwerbung: „Ein Bild sagt mehr als tausend Worte, heißt es. So gesehen ist auch bildende Kunst Kommunikation. Wir nehmen auf, was uns der Künstler mitteilen will. Weil der Dialog zwischen Menschen – ob über Sprache, Bilder oder Daten – auch unser Metier ist, weil auch wir nur mit Kreativität und einer unverwechselbaren Handschrift erfolgreich sein können, fördern wir die bildende Kunst."[21] Diese optimistische Beschreibung des Kommunikationsaspekts täuscht nicht darüber hinweg, daß sich der Berührungszauber der Kunst, was seine rituelle und animistische Herkunft betrifft, stark gewandelt hat, und zwar im Sinne seiner Entleerung vom Magischen zum Mentalen hin (Jean Gebser). Den Künstlern und Künstlerinnen geht es kaum noch um die an die Naturvölker erinnernde „Wiedervereinigung von Kunst und Mensch"[22], um die Widerspiegelung der Weltordnung (wie in der Spätantike und im Mittelalter), worauf die Philosophen beharren, sondern um die narzißtische Herausstellung ihrer Persönlichkeit, egal ob sie „in einer falschen Welt mit falschem Bewußtsein leben"[23].

Weil die Kunst ihre religiösen, kultischen und ideologischen Aufgaben verloren hat, ist sie 'rein' geworden, weshalb sich ihre programmatischen, emotionalen und romantischen Ansprüche, wenn sie nicht nur dem Genuß, der Unterhaltung und der Stimulation entgegengestellt werden, am treffsichersten auf psychologische Kategorien der Verhaltensauffälligkeit zurückführen lassen. Die aber werden öffentlich, im Sinne des Urheberrechts reklamiert, einfach deshalb, weil die Geschichte der Kunst die Institutionalität[24] der Kunst zurückgelassen hat. Will sagen: Die Kunst – als soziales System – hat ein derartig großes Vakuum hinterlassen, daß dieses nicht einfach mit anderen sozialen Systemen zu 'stopfen' ist. In der modernen Gesellschaft gibt es von einem Tage X an keine grundsätzlichen Veränderungsmerkmale mehr, sondern nur noch – gewissermaßen – Verfeinerungen, d. h. die gesellschaftlichen Strukturen strukturieren sich zunehmend nach funktionalistischen bzw. 'autopoetischen' Gesichtspunkten, zumal die gesellschaftlichen Verkehrsformen – bei Fehlen einer entgegengesetzten Gesellschaftsmoral (dies war bis vor fünf bis zehn Jahren die sozialistische) – sich mehr und mehr globalisieren. Am dem Fortschreiten der Kunst können diese Entwicklungen treffend abgelesen werden, weshalb alleine es die Soziolo-

---

[21] Das Kultursponsoring der Deutschen Telekom betraf bisher solche Höhepunkte wie die POP-ART-Show, die Picasso-Retrospektive, die Feininger-Ausstellung, die Ausstellung der Sammlung Kahnweiler aus dem Pariser Centre Pompidou und die Egon-Schiele-Ausstellung aus der Wiener Sammlung Leopold.
[22] Vgl. dagegen Siegfried P. Neumann: „Hunger und Liebe. Der Mensch: das poetische Wesen", Frankfurt/M. u. a. O. (Peter Lang) 1995
[23] Vgl. Siegfried P. Neumann, a. a. O.
[24] Vgl. Peter Rech: „Einige Bemerkungen zur Voraussetzung der Kunst als Institution", in: Kölner Zeitschrift für Soziologie und Sozialpsychologie, 27 (1975) 1, S. 155–159

gie der Kunst gibt, die an der Entwicklung der Kunst gesellschaftspolitische Fortgänge abliest.

Die Kunst wird noch internationalistischer, als sie es schon ist, sie wird aggressiver und noch sexistischer, sie überschreitet grenzenlos ihre Gattungen, zu Teilen wird sie auch instrumentell (i. S. von Kreativitätsförderungen, Gestaltungstherapien und psychotherapeutischen Ersatzbildungen), sie gebärdet sich intellektualistisch und sozialwissenschaftlich (i. S. ihrer Selbst-Legitimierung in Konkurrenz zu wissenschaftlichen Theorien). Wie aber wird darob jemand berühmt. *Wie gefragt, ein Geheimnis?*

Wenn ein Künstler, eine Künstlerin berühmt ist, dann ist es leicht, über ihn, über sie Worte zu verlieren. Es läßt sich wie von selbst euphorisch raisonnieren, so wie z. B. Roland Barthes über Cy Twombly (= TW) schreibt:

„Das Werk von TW... ist ein Werk der Schrift."[25] „... die Schriftzüge von TW... sind die Brocken einer Trägheit – daher ihre extreme Eleganz." „Von der Schrift bewahrt TW die Geste, nicht das Resultat." „Auf mancher Oberfläche von TW ist nichts Geschriebenes – und doch erscheint auch eine solche Fläche als Fruchtboden alles Geschriebenen."

„...es ist die Idee einer graphischen Textur." „Das Buch schlechthin ist es, das im Werk von TW angelegt ist." „TW, das ist wie mit der linken Hand gezeichnet." „Im Gegensatz zu so vielen zeitgenössischen Malern zeigt TW die Geste." „...die Hand hat so was wie eine Blume gezeichnet und ist dann über diese Spur drübergefahren; die Blume ist hingeschrieben worden, dann weggeschrieben; *geschrieben, entschrieben...*" „Was (der Strich) sagt, ist der Körper, sofern er kratzt, streift oder gar kitzelt; durch den Strich deplaziert sich die Kunst; ihr Brennpunkt ist nicht mehr das Objekt des Begehrens (der schöne in Marmor erstarrte Körper), sondern das Subjekt dieses Begehrens."

Wir sehen, je mehr sich Roland Barthes auf Cy Twombly einläßt, um so mehr schwelgt er in Bildern und verliert sich zum Schluß ganz. Die persönlichste Aussage gerät noch am unverbindlichsten, endet im literarischen wie wortwörtlichen *Nichts*: „Der Strich von TW ist unnachahmlich (versuchen Sie, ihn nachzuahmen: was sie machen, wird weder von ihm noch von Ihnen sein; es wird *nichts* sein)." Am Ende ist die Person des Malers ausgeklammert, es geht um die Malerei selbst: „Welches auch die Schicksale der Malerei sein mögen, welches ihr Träger und ihr Rahmen – die Frage ist immer: *Was passiert da?* Ob Leinwand, Papier oder Mauer: es handelt sich um einen Schauplatz, wo etwas daherkommt (wenn in bestimmten Kunstformen der Künstler will, daß nichts passiert, dann ist auch das noch ein Abenteuer). So muß man das Bild als eine Art Theater nehmen: der Vorhang öffnet sich, wir schauen, wir warten, wir vernehmen, wir verstehen; und ist die Szene vorbei, das Bild verschwunden, dann erinnern wir uns: wir sind nicht mehr dieselben wie vorher: wie im antiken Theater sind wir initiiert worden."

---
[25] Roland Barthes: „Cy Twombly", Berlin (Merve Verlag. 113) 1983, hier und im folgenden S. 8 ff. – 65

Über einen berühmten Künstler zu schreiben, artet also in Poesie aus: Der Künstler malt, es entstehen Bilder, und dies ist zum Schluß Theater ...[26]. *Das ist augenfällig zu ungenau.*

Ist zu Vorurteilen zu greifen, die belegen, wie Künstler berühmt werden? Ein solches Muster erachte ich ob David Salle, geboren 1952 in Norman in den USA. In der Einöde der weiten Ebenen Oklahomas groß werdend, entschließt er sich früh, bildender Künstler zu sein und folgt großen Künstlern und Künstlerinnen in New York, wo er nur kann. Er bemalt riesige Leinwände, über fünf Meter breit, auf denen Teile oder Ganzheiten des weiblichen Geschlechtes gemalt sind. Er malt pornographische 'Interieurs' auf riesigen Flächen. Diese Bilder müssen einfach auffallen (vgl. Abb. 2). Und Amerikas berühmtester Kunstkritiker, Peter Schjeldahl, fördert und empfiehlt ihn so, als sei er in ihn verliebt. Mit welcher 'Offenbarung'? Peter Schjeldahl schreibt:

„Zug um Zug wurde ich eingefangen. Es waren gewissermaßen zwingende sentimentale Gefühle ohne jeden Gegenstand, die mich beeinflußten. Die Gefühle, wie man sie vielleicht vor Bildern von depressiv aussehenden Mädchen hat, die rauchend auf einem Bett sitzen, und das unspezifisch tragische Gefühl, was man manchmal auf einer Straße voller Menschen hat, wenn man auf eine Erlösung hofft und sie doch nicht stattfindet. Es war ein ganz abstraktes Gefühl der Fehlplazierung des Verlorenseins, das plötzlich begann, mit meiner Weise, die Kunst der Gegenwart und das Leben der Gegenwart hier zu erleben, übereinzustimmen. Plötzlich hatte Salle für mich etwas Heroisches, einen Ernst und eine Authentizität, die auffallend waren, wenn sie auch in einem gewissen Sinn pervers erschienen. Aus Gesprächen mit Salle schließe ich, daß dieses Gefühl des Perversen aus der Tatsache kommt, daß er sich um seinen Gegenstand wirklich bemüht, daß er den verführerischen Zug in den von ihm geweckten Assoziationen genau kennt, in dieser unnachgiebigen Objektivation, die er praktiziert, liegt ein gewisser Masochismus. Gottseidank verlangen wir von unseren Künstlern nicht, daß sie Vorbilder von Ordnung und Klarheit sein sollen. Sie sollen uns nur helfen, Zugang zu ansonsten unzugänglichen Realitäten zu gewinnen. Und dies tut Salle, und zwar im großen Maße."[27]

Mit knapp 30 Jahren ist David Salle 1982 auf der documenta Sieben vertreten. Neben Julian Schnabel wird er zum teuersten Künstler der U.S.A.

Wenn ich wüßte, warum Künstler, Künstlerinnen berühmt werden, hätte ich mit einem Über-Klischee zu handeln.

Bei allem Vorherigen kommt die unverblümte Sicht auf eine selbstkritisch künstlerische Begabung und Intuition zu kurz, und dies ist die beklemmende Wahrheit, daß sie nicht (mehr?) der Grund der künstlerischen Berühmtheit ist. Kunst zu machen ist der Kunst fragwürdigstes Thema. Der Kunst geht es insgesamt um eine Kontraindi-

---

[26] Es werden natürlich Tausende von Texten über Künstler und Künstlerinnen geschrieben, die nicht (so ...) berühmt sind. Das sind dann oft sogar belanglose Texte ...
[27] Peter Schjeldal: „David Salle", in ... „Back to the U.S.A. Amerikanische Kunst der Siebziger und Achtziger", Katalog zur gleichnamigen Ausstellung in Luzern (1983), Bonn (1984) und Stuttgart (1984), Köln (Rheinland Verlag) 1983, S. 180

Das Geheimnis der Berühmtheit 85

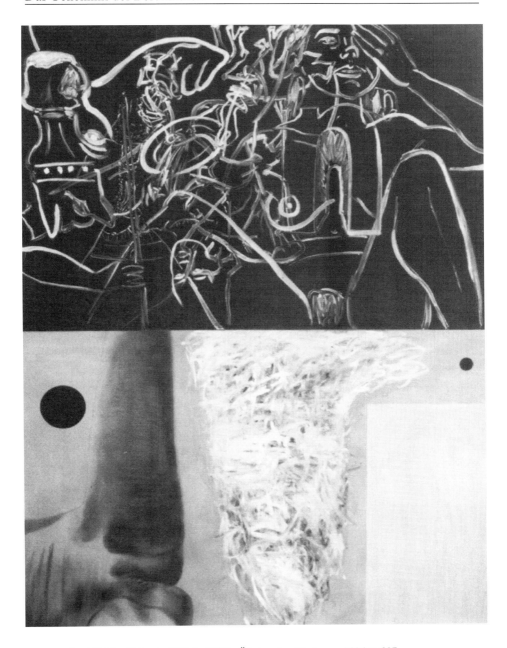

Abb. 2: David Salle, Zeitgeist Bild 3, (1982), Öl, Acryl auf Leinwand 396 × 297

kation, die aus dem Vergleich mit der Religion hervorgeht: Religion umfaßt ein entsprechendes Über-Klischee, über dessen Stellenwert im Hinblick auf die soziale Kontrollfunktion wir uns hier einige Gedanken machen sollten. Es besagt, daß der Mensch da, wo er zu stolpern Gefahr läuft, er auf Gottes Hilfe vertrauen darf. Ist er an Tiefpunkten seines Lebens angelangt, schaut er auf zu Gott, nicht nur im metaphorischen Sinne. Das katholische Denken 'trickst' sich dadurch 'aus', daß die Rettung durch Gott durchaus nicht 'einleuchtet', weil von Gottes Gnaden eh keine Diskriminierungen zu erwarten sind. Das protestantische Prinzip kommt im Gegenteil ohne jede Profanität aus Barth, Paul Tillich).

Das protestantische Denken füllt die Funktion der Religion im weitesten und in der jüdischen Tradition aus. Deshalb ist evangelisch sein mehr als vorgeschriebene, dogmatisierte Konfessionalität: Ich muß mich darauf einlassen, irgendwann von Gott zu reden. Als Katholik muß ich das noch lange nicht, denn alles ist funktional wie ästhetisch; der Besuch des morgendlichen Gottesdienstes berauscht wie der Besuch eines abendlichen Schauspiels. Religion ist, wenn sie zu keinem universalen (= katholischen) Glauben verpflichtet, ein Positivismus des Scheiterns. Deshalb sprach ich von einem Über-Klischee, denn gegenüber einem Positivismus der Negativität bin ich wehrlos. Der Kunst geht es vice versa um die Negativität des Positiven.

Kunst zeigt etwas. Sie zeigt es so, daß es auffällt, daß es stört, daß es Entsetzen hervorruft. Was gezeigt wird, ist egal, denn es geht ja um das Berühmtsein der Person, die sich selbst nicht zeigt. Die Religion weist auf etwas hin, auf das *Andere* des Bösen. So gesehen ist in der Kunst nur *alles gut*. Daß es nicht auch noch langweilig ist, ist das Verdienst der Künstler und Künstlerinnen, insofern sie berühmt sind. Und kein Künstler, keine Künstlerin läßt sich davon ablenken, nicht herausragen zu wollen, koste es, was es wolle, nur wenige werden berührt. Wer an einer Kunstakademie lehren will, dessen Bilder müssen auf dem Kunstmarkt viel kosten. Das ist kapitalistische Anbiederung, aber vielleicht die ehrlichste.

Es ist ein Geheimnis: ein soziales, ein quasi-religiöses und jedenfalls ein kapitalistisches, ganz einfach ... Ganz einfach?

Ich komme auf David Salle zurück. Es gibt kaum einen Künstler, dessen Erfolg in Beziehung zum Kapitalismus sich klischeehafter darstellen läßt. Aber ist es das wirklich? Salle hat wesentliche Züge unserer Zeit eingefangen! Sonst könnte er nicht so begehrt sein, bis dahin sogar, daß er kürzlich in der Kunststation St. Peter in Köln ausgestellt worden ist ('Gottseidank' nicht im modernistischen Sinne mit einem pornographischen Bild, sondern mit einem, das Bildmotive der Moderne willkürlich ausbeutet). Obwohl in der Kunst das Thema der Sexualität nicht neu ist, sondern – frei nach Peter Gorsen – 80000 Jahre alt, vermag es David Salle, mit seinen Bildern die Welt zu schockieren. Sabine Schütz schreibt, und das ist es wohl, was seine Bilder letztlich existentiell bedeutsam macht: „Jenseits von sexuellen Verboten wären seine Bilder einfach langweilig."[28] Was verallgemeinernd danach fragen würde: Wer sind

---
[28] Sabine Schütz: „Kunst mit Pornographie? Anmerkungen zum Thema, am Beispiel eines Bildes von David Salle ('Fooling with Your Hair')", in: Kunst & Therapie, (1990) 16, S. 92

die Menschen, wenn sie berühmt werden, wenn nicht die, die Werke herstellen, die Tabus unterschreiten, weshalb diese Werke im Gedächtnis bleiben. Womit nicht das künstlerische Genie neu gefeiert sein soll. In der Kunst kommt es vielmehr darauf an, das Genie hinter sich zu lassen, wie uns besonders Robert Rauschenberg gelehrt hat.

Endlich darf das kulturkritische Vokabular doch nicht vergessen werden, wie ich dies zu Anfang suggeriert habe. Oft ist es eben noch viel 'einfacher', nämlich knallhart politisch (wie wir wissen, wenn wir ehrlich sind und die Kunst nicht zu hoch halten, was wir so gerne tun, weil 'unsere' Ontologien zerbrechen): So wurde nach dem II. Weltkrieg der Realist Edward Hopper nicht nur im Museum of Modern Art nicht ausgestellt, sondern er durfte dieses Museum nicht einmal mehr als Besucher betreten, weil *nur* die abstrakte Kunst angesagt war, um nicht zu sagen: in dem Trend lag, der dem politischen System gerade zunutze kommen sollte ...

CHRISTA SÜTTERLIN

Vorurteile der künstlerischen Wahrnehmung
Ein Beitrag der Humanethologie

Kunst gehört in die Welt der geschaffenen Dinge, ohne daß sie jedoch zum Gebrauch – zur Bekleidung, zum Essen oder Sich-Fortbewegen – bestimmt wäre; wir geben Unsummen für Bilder oder Skulpturen aus, nur um sie in unsere Räume zu hängen und uns an ihnen zu erfreuen. Kunst hat keinen unmittelbaren Zweck und ist doch ungeheuer wertvoll. Wie bringen wir das zusammen? Die Frage schafft auch in den Diskussionen um die neueste Kunst ein schier unauflösbares Dilemma.

Daß Gestalten – wenn auch vielleicht noch nicht mit künstlerischer Absicht – zu den ganz elementaren Bedürfnissen des Menschen gehört, wissen wir von Kindern. Zeichnungen entstehen spontan aus dem Drang, etwas auf dem Papier entstehen zu lassen, ohne Auftrag und ohne Belohnung. Der Umgang mit selbsterzeugten Gebilden, die in unnachahmlicher Weise auf die Realität Bezug nehmen, in der wir leben, gehört zu den ältesten und von daher sicher basalsten Aktivitäten des Menschen. Neben den Knochenfunden in altsteinzeitlichen Höhlen gab es, wie wir inzwischen wissen, behauene Steine und Felsvorsprünge, in welche lineare Muster und menschliche Gesichter eingeritzt sind, Tierdarstellungen auf Horn und Knochen, sowie mächtige Wandmalereien von ausgesuchter Schönheit und Ausdruckskraft. Was diese Menschen, die ja mit der Bewältigung der unmittelbaren Lebenswirklichkeit – von Witterungseinflüssen, Krankheiten und Feinddruck bis hin zur Nahrungsbeschaffung – weit mehr beschäftigt waren als wir heutigen, bewogen hat, soviel Zeit und Sorgfalt in nicht unmittelbar nützliche Tätigkeiten zu investieren, kann man natürlich nur vermuten. Zumindest muß es für die Menschen selbst ungeheuer wichtig gewesen sein, von sich aus erkennbare Gebilde und Figuren zu schaffen.

Die anhaltende Wirkung dieser Gebilde sowie der große Konsens über ihren Gegenstand und ihre künstlerische Bedeutung geben Anlaß, darüber nachzudenken, warum Kulturleistungen dieser Art offenbar auf eine kulturabhängige Hochschätzung nicht beschränkt sind.

Gibt es objektive Kriterien der Beurteilung? Gehört nicht der Umgang mit Kunst und die Geschmacksbildung zu den inneren Angelegenheiten einer Kultur bzw. eines Individuums, zu den letzten Bastionen nicht verordneter subjektiver Freiheit?

Das Ziel dieses Beitrages ist es, das Recht oder das Ausweichen auf Begriffe wie „Subjektivität" oder „Kultur" in der Beurteilung der Kunst sowie der ästhetischen Frage als nur teilweise begründet darzulegen bzw. den Begriff der Subjektivität selbst neu zu überdenken. Daß mit dem menschlichen Subjekt nicht nur eine biographische, zufällige Anhäufung von Prägungen gemeint ist, sondern auch der Gegenstand einer sehr langen Geschichte, die zum Beobachten, Überprüfen und Vergleichen anregt, ist das Thema dieses Beitrages. Ähnliches gilt für den Begriff der Kultur.

Schon Kant fragte in seiner Kritik der Urteilskraft (1790), ob es vorgegebene (verbindliche) Formen des Empfindens, Erkennens und Urteilens im Menschen gibt. Diese Frage läutete den Abschied vom rationalistischen Glauben ein, daß der Mensch die Wirklichkeit, „wie sie ist", erkennen könne, und implizierte bereits Überlegungen zu den „ästhetischen Urteilen". 1750–58 war eine erste „Ästhetik" mit ähnlichen Fragestellungen von A. G. Baumgarten erschienen. In welcher Form und in welchem Ausmaß stellen Sinnesempfindungen einen Beitrag zur Erkenntnis dar? Ihnen kam bisher nur eine verdunkelnde Funktion zu.

Daß das Sinnessystem nicht willkürlich und chaotisch organisiert ist, sondern seine eigenen festen Strukturen und Gesetze aufweist, die sich auf den Gegenstand des Wahrgenommenen auswirken, wurde durch die natur-wissenschaftlich orientierte Psychologie, namentlich die Neurophysiologie und Neurobiologie der vergangenen hundert Jahre bestätigt. Vor allem wurde erkennbar, daß es angeborene Strukturen im Gehirn gibt, die auch für die Verarbeitung und Bewertung von Umweltreizen zuständig sind; in einem weiteren Schritt wurde deutlicher, welcher Art diese Verarbeitung ist und wie sie sich auf die Beurteilung der Reize auswirkt. Was wir als „schön" oder „unschön", aber auch, was wir als „aufregend", „harmonisch", „bedeutsam" oder „abstoßend" empfinden, ist weder eine Sache nur des „ästhetischen", noch eine des persönlichen oder kulturell erworbenen Geschmacksurteils, sondern zu einem nicht unbeträchtlichen Teil von Anlagen mitbestimmt, die viel älter und allgemeiner als unsere Individual- und Kulturgeschichte sind, ja zum Teil älter als die Geschichte der Menschheit selbst. Wie soll man sich das vorstellen?

Die Ergebnisse der Gestaltpsychologie in den dreißiger und vierziger Jahren dieses Jahrhunderts haben viele Erkenntnisse darüber gebracht, wie wir formale Strukturen der Umwelt in unserem Gesichtsfeld organisieren. Bestimmte Elemente werden verstärkt, andere unterdrückt, zum Beispiel bei der *Kontrastwahrnehmung*. Die Tendenz zur *Prägnanz* arbeitet bestimmte Aspekte heraus, die in dieser Deutlichkeit physikalisch nicht gegeben sind. Regelmäßige Strukturen werden z. B. leichter als „Figur" herausgelöst und vom Rest abgehoben als unregelmäßige, ebenso benachbarte Punkte oder ähnliche Farb- und Formelemente in einem Angebot von verschiedenartigen Elementen. Der Wahrnehmungsprozeß beruht nicht auf einer gleichmäßigen Punkt für Punkt-Abbildung der Umwelt, einer passiven „Spiegelung" also, sondern auf einer aktiven Gliederung, Auswahl und Entscheidung – eher wie in einem Gemälde.

Dies hängt unter anderem mit der begrenzten Kapazität unseres Kurzzeit-Gedächtnisses zusammen. Das Zusammenfassen regelmäßiger und „redundanter" Informationen zu größeren Ordnungen (sog. „Superzeichen") entspringt einem Gebot der Sparsamkeit und Effizienz, es entlastet unser System. Dabei wird zunächst Information in großem Umfang reduziert: gegenüber einem Input von ca.10 Millionen bit pro Sekunde im visuellen System auf etwa 160 bit, die der Kapazität unseres Bewußtseinsspeichers für neue Information entsprechen. Dies ist ein gigantischer Verarbeitungsvorgang. Die Reduktion von Reizen geschieht jedoch, und das ist das

Entscheidende, nicht wert-neutral. Die Auswahl erfolgt merkmalsspezifisch, d. h. nach Kriterien, die für eine statistische Wichtigkeit unseres Daseins relevant, also von Bedeutung sind.

Es gibt Strukturen in unserem Hirn, die an nichts anderem interessiert sind als an Linien und Kanten einer bestimmten Orientierung, andere an bestimmten Farben, z. B. rot, unabhängig davon, an welchem Objekt und Farbträger sie gerade erscheint, wieder andere Neuronengruppen an Bewegung etc. Unsere Eindrücke von Wirklichkeit werden zunächst einmal zerlegt in einzelne Kategorien oder „features". Diese Ergebnisse neuro-physiologischer Forschung in den fünfziger Jahren bestätigte die frühen Hypothesen der Gestaltpsychologie vor allem durch den Nachweis entsprechender neuronaler Substrate in unserem Hirn.

An vielen dieser Wahrnehmungsgesetze wird deutlich, daß sie bestimmten Zwängen und Hypothesen unterliegen. Dies gilt auch für jene, die als optische Täuschungen bekannt geworden sind (Größen- und Längentäuschungen etc.). Die verschiedenen *Konstanzleistungen* etwa unterziehen die physikalische Wirklichkeit des Seheindrucks einer gezielten Deutung, indem sie es erlauben, eine Figur, ein Objekt auch unter veränderten Bedingungen der Größe, der Farbe und des Lichteinfalls wiederzuerkennen. Dies im Dienste der Wahrnehmung von Objekt-Identität, des Bleibenden im Wechsel der Erscheinungen, und damit unserer Orientierung in dieser Welt. Es wäre viel zu zeitraubend und gefährlich, wenn wir jedesmal neu entscheiden müßten, ob das, was wir das eine mal groß und rot in der Abendsonne vor unserem Fenster sehen, dasselbe ist wie das, was das andere Mal klein und grau am Horizont erscheint, z. B. ein Baum. Die visuelle Prototypen-Bildung stellt eine Vorform des Begrifflichen dar.

Das heißt, über die Reduktion und Bündelung der Wahrnehmungsereignisse hinaus wird immer auch größtmögliche Eindeutigkeit im Sinne einer inhaltlichen Bestimmung hergestellt. Dies ist durchaus als aktives Vorgehen vorstellbar. Was als prägnante Ordnung oder eindeutiges Objekt erkannt wird, wird zur „Figur", der Rest zum Hintergrund. Das Thema „Figur und Grund" zieht sich durch unsere gesamte Wahrnehmung. So unterscheidet sie unablässig zwischen „wesentlicher" und „unwesentlicher" Information. Und dies sind basale Bewertungen im Dienste des Überlebens. Die Wahrnehmung hat damit grundsätzlich verhaltens- und erlebnissteuernde Funktion.

Man könnte also sagen, daß der Mensch zu keinem Augenblick seiner Umwelt wertfrei gegenübertritt, sondern immer mit bestimmten Erwartungen, Vorurteilen und Präferenzen, und dies schon kraft seiner Wahrnehmung, d. h. aufgrund der ihr eingebauten Konzepte. Er weist der sichtbaren Welt aktiv Bedeutung zu, und dies vor aller Erfahrung. Dazu stehen ihm bestimmte „Deutungsschemata" zur Verfügung, die in unserem Hirn als neuronale Soll- bzw. Referenzmuster vorliegen und prägungsartig festschreiben, wie ein bestimmter Reiz auszusehen hat. Mit diesen Leitbildern wird die einkommende Information verglichen. Dazu gehören die erwähnten Gestaltgesetze (Form-, Farb- und Größenkonstanz usf., Symmetrie und Regelmäßigkeit) ebenso wie die diversen semantischen oder *artspezifischen* Prototypen. Vom Prototyp „Baum" war bereits die Rede.

Die Ethologie hat auf der Ebene der Tierbeobachtung zum Problem der *artspezifischen* Merkmalserkennung das Schlüsselreiz-Konzept eingeführt, welches besagt, daß Tiere auf bestimmte optische Zeichen mit einer angeborenen Verhaltensantwort reagieren. Solche Zeichen signalisieren z. B. die Existenz von Beute, Feind oder Partner etc. und lösen verläßlich Jagd, Flucht- oder Balzverhalten aus. Beteiligt sind hier angeborene Auslösemechanismen (Tinbergen 1951), Schlüsselreize und Auslöser. Ihre Stereotypie resultiert aus ihrer kommunikativen Funktion. (In jeder Form von Verständigung muß ja Übereinkunft darüber vorliegen, was die einzelnen Zeichen bedeuten. Zur Vermeidung von Mißverständnissen herrscht hohe Konformität der Signale.) Beim Menschen scheinen ähnliche Anpassungen auf artspezifischer Ebene vorzuliegen, wenngleich nicht mehr notwendigerweise an Verhalten gebunden. Die betreffenden Merkmale lösen in einzelnen Fällen nur noch spezifische Handlungbereitschaften, Stimmungen und Emotionen aus (Eibl-Eibesfeldt 1984). Ihre hohe Gleichförmigkeit steht aber immer noch im Dienste rascher Erkennung und verläßlicher Kommunikation.

Es gibt in diesem Zusammenhang weitere Leitbilder, die für das menschliche Dasein eine entscheidende Bedeutung haben, wie etwa das Partnerbild, das Feindbild, Natur, verschiedene Deutungsschemata des mimischen und gestischen Ausdrucks usf. Schon Säuglinge sind imstande, zwischen dem freundlichen und ärgerlichen Gesichtsausdruck ihrer Bezugsperson zu unterscheiden, genauso wie sie schon im Alter von 14 Tagen eine Projektion sich ausdehnender symmetrischer Schatten als ein sich näherndes Objekt, also eine Gefahr einschätzen können (im letzteren Fall erfolgen Meidereaktionen). Der Mensch verfügt über ein angeborenes Ausdrucksverstehen, wie der Kulturenvergleich zeigt; es herrscht über Kulturen hinweg großer Konsens darüber, was einzelne Gesichtsausdrücke bedeuten. Dies bedingt wiederum eine größtmögliche Ähnlichkeit in der Ausführung: wie im Tierreich entstanden Signalentwicklung und Signalverständnis in Koevolution. Eine besondere Funktion als Ausdrucksträger kommt dabei dem *Auge* zu, das in der zwischenmenschlichen Kommunikation eine wichtige Rolle spielt. Augenkontakt wird ambivalent wahrgenommen. Kriterien wie persönliche Distanz oder Bekanntheit sowie signalspezifische Parameter wie Pupillengröße bestimmen die Reaktion. So wird Angestarrtwerden durch Fremde als sehr unangenehm und aggressiv empfunden, während ein tiefer Blick aus Augen mit großen Pupillen mit freundlichen Gefühlen bzw. Annäherung beantwortet wird. Otto Koenig sprach vom „Urmotiv Auge".

Für das *Partnerleitbild* spielen offenbar bestimmte Proportionen eine Rolle. Wie Versuche von Skrzipek zeigen, können bereits Kinder Körperumrisse ohne die Einzeichnung sekundärer Geschlechtsmerkmale klar und übereinstimmend Männern und Frauen zuordnen. Die Bevorzugung richtet sich dabei zunächst auf die Umrisse des eigenen Geschlechts. Während der Pubertät schlägt die Präferenz bei gleichbleibender Zuordnung dramatisch um in Richtung Gegengeschlecht. Dieselben Versuche wurden auch für Gesichtskonturen gemacht. Für das weibliche Körperschema gelten offenbar bestimmte Relationen zwischen Hüft- und Taillenumfang, während beim männlichen Schema die Schulterbetonung eine Rolle spielt.

Positiv spricht der Mensch in allen Kulturen auf das sog. *„Kindchenschema"* (Lorenz) an. Hier sind sowohl das Kopf-Rumpf-Verhältnis (gegenüber dem Körper übergroßer Kopf) sowie das Verhältnis von Hirnschädel zu Gesichtsschädel (große Stirn, kleines Untergesicht, Pausbacken) ausschlaggebend. Man erkennt das Schema vor allem im Bereich der Comics und der Werbung.

Für die angst- und aggressionsauslösenden Merkmale spielen Ausdruckselemente des Feindverhaltens eine Rolle: Drohmimik (z. B. starre Augen, entblößte Zähne) sowie Imponiergebärden (Zurschaustellung der Breitseite, also Spreizstellung, Präsentieren der männlichen Sexualorgane, übertriebene Schulterbetonung etc.).

Auch für die *Landschaft* liegt offenbar ein Idealtyp vor, der auf Anpassungen an ursprüngliche Biotopformen beruht (Habitatprägung). Am ehesten entspricht ihm die Savannenlandschaft mit ihrem Wechsel von Deckungsräumen (Büsche und Bäume) und offenen Ausblicken.

Das Wesentliche an diesen Anpassungsformen der Wahrnehmung ist, daß sie (aufgrund der verallgemeinernden Abstraktion des Leitbildes) bereits auf rudimentäre Ausprägungen des „Schemas" ansprechen und auf Optimierung angelegt sind. Otto Koenig sprach von „Attrappensichtigkeit". Der Mensch ist gleichsam aktiv auf der Suche nach entsprechenden Reizen, die sein Bedürfnis nach prägnanten Formereignissen sowie nach emotionellen Auslösern zufriedenstellen, und die ihm die Wirklichkeit nur in seltenen Fällen in der richtigen Ausprägung anbietet. Die spezifische Empfindlichkeit seiner Sinne stellt ja gleichsam die Anpassung an ein standardisiertes Vorkommen, d. h. ein *potentielles* Optimum dar. Die Tatsache, daß unsere Wahrnehmung dynamisch nach Präferenzen organisiert ist, macht sie für die ästhetische Frage ergiebig. Mit der Fähigkeit, sich selbst Reize zu schaffen, welche das Zufallsangebot der Wirklichkeit übertreffen, ist die Brücke zur Kunst und ästhetischen Wahrnehmung geschlagen.

Man könnte die Beziehung so fassen: die menschliche Wahrnehmung trifft eine sehr spezifische Auswahl aus dem tatsächlichen Reizangebot, indem sie einzelnes weitgehend vernachlässigt, anderes verstärkt. Die Kunst verfährt ebenso. Auch sie gibt ein höchst selektives Bild der Wirklichkeit wieder. (Dies wird nie deutlicher als im Vergleich zur Fotografie). Es könnte daher sein, daß die Kunst als Medium den Eigentümlichkeiten der Wahrnehmung besser entspricht als das Wirklichkeitsangebot, indem sie gezielt auf die besonderen Bedürfnisse und „Vorurteile" des Sinnesapparates eingeht. Schließlich ist es der Mensch, der die Kunst erzeugt, und es ist anzunehmen, daß die Auswahlkriterien seiner künstlerischen Wirklichkeitsverarbeitung nicht völlig andere sind als die seiner Sinne, er also nicht völlig vorbei an den Vorgaben seiner Wahrnehmung arbeitet.

Über die Fähigkeit zur eigenen Wirklichkeitsgestaltung kann die Realität den Standards der inneren Repräsentation (Prototypen, Leitbilder) angenähert werden. Es ist zu erwarten, daß ein Reiz, der den inneren Vorgaben entspricht, nicht nur besser wahrgenommen (und identifiziert) wird, sondern auch als eine Art Wiedererleben auf höherer Ebene zu größerer emotionaler Befriedigung führt. Den semantischen Leitbildern wohnt darüberhinaus eine eigene stimmungsinduzierende Wirkung inne (s.oben). Umgekehrt lautet das Argument, daß man über die Kunst am ehesten Auskunft über die menschlichen Leitbilder (das Wünschbare, Ideale) erhält.

Es dürfte nicht schwer fallen, viele der oben erwähnten Tendenzen unserer Wahrnehmung in der Kunst verwirklicht zu finden, und zwar nicht in der Kunst Europas allein. Gerade die Freude an klaren geometrischen Mustern finden wir in der Ornamentik vieler Regionalstile auch außerhalb der europäischen Tradition. Sippenteppiche der Mbole in Afrika beruhen geradezu darauf, ebenso die Flechtarbeiten nomadisierender Indianer Südamerikas usf. Das Partnerbild arbeitet in allen Kulturen mit besonderer Betonung der sekundären Geschlechtsmerkmale wie mit den diskreteren Merkmalen der Hüftbetonung bei der weiblichen bzw. Schulterbetonung im Falle der männlichen Darstellung. Darüberhinaus hat eine kulturenvergleichende Untersuchung der Schutz- und Abwehrfiguren große Übereinstimmung in der Wahl von Merkmalen des Droh- und Imponierverhaltens gezeigt (Eibl-Eibesfeldt und Sütterlin 1992). Und Ideallandschaften zeigen nicht nur in europäischen Kunststilen den Typus der Savannen-Landschaft. Wir finden Ähnliches in der japanischen Malerei.

Über solche elementaren Ausprägungen lagern sich natürlich auch Leitbilder kultur- und regionalspezifischer Art. Gerade im Bereich der Landschaft liegt für die meisten Kulturen so etwas wie eine „Heimatprägung" vor. Sie wird das Bild der Ideallandschaft dann modifizieren, wenn es um Darstellung von geschichtsträchtigen Motiven geht. Auch das Partnerleitbild erfährt oft ergänzende Abwandlungen durch kulturspezifische ‚Marker' im Sinne einer Identifikation mit der eigenen Gruppe oder Kultur.

Solche „Vorurteile" werden in der frühen Kindheit erlernt und dienen als Erkennungszeichen der Bindung innerhalb dieser engeren Gruppe. Sie treten bezeichnenderweise auch dann stärker hervor, wenn eine Kultur oder Gruppe in ihrer Eigenständigkeit bedroht oder in ihrer örtlichen Residenz verdrängt wird. Der besondere Stil der Ndebele (Südafrika), ihre Häuser zu bemalen, erfuhr vor allem nach ihrer Vertreibung seine Ausprägung und verstärkte den Zusammenhalt unter den verstreuten Mitgliedern.

„Stil" in dieser Bedeutung dient der Bindung bzw. Abgrenzung der Gruppe sowie der Durchsetzung und Stabilisierung von sozialen Werten und Normen. Über die Verwendung kulturspezifischer Codes werden Nachrichten vermittelt, die in dieser Form nur Mitgliedern derselben Kultur in vollem Umfang zugänglich sind (z.B. Industrie-Embleme in der Pop Art; Clan-Embleme in Neu Guinea und vielen Indianer-Kulturen). Auf ähnliche Weise werden in Ritualen und Symbolhandlungen Werte abgehandelt, die für die Kultur oder Gruppe Bedeutung haben.

Es gibt auch Formen der kulturellen Wertevermittlung, die sich basaler und artspezifischer ästhetischer Auslöser mehr oder weniger gezielt bedienen, um kulturspezifische Anliegen im engeren und politischen Sinne zu transportieren – man spricht hier von Indoktrination. So die pseudo-ästhetischen Botschaften der Architektur im Faschismus.

Die Basis dieser Indoktrinierbarkeit liegt aber in der Disposition des Menschen, elementare Gefühle der Zugehörigkeit und Bindung an Symbole zu entwickeln, die Gemeinsamkeit betonen.

Auf einer letzten und dünnsten Schicht werden zuletzt – und dies vor allem in den modernsten Kunstströmungen – Bedeutungen eingebracht, die nur noch dem Individuum selbst und allenfalls einem kleinsten Kreis zugänglich sind, da sie oft nur durch genaue Kenntnis der Biographie oder eines bestimmten sozialen Zusammenhangs innerhalb einer Kultur aufgeschlüsselt werden können. Es ist dies die Dimension, wo das Individuum als jüngster Träger der Evolution seine Form von Innovation ins Geschehen einbringt und die Möglichkeiten der Wahrnehmung um eine winzige Spur vorantreibt. An dieser äußersten Spitze der Form- und Bedeutungsgebung wird experimentiert und Neues erprobt. Ob es Bestand hat und einem größeren Kreis zugänglich wird, zeigt oft erst die Zeit. Auf dem kulturellen und persönlichen Sektor setzt die Selektion rascher an, werden Instrumente geschaffen, die beweglicher auf Veränderungen reagieren. Sie sind von daher auch stärker von Verfall bedroht, da Bedeutungen sich mit dem Kontext ändern können. So reguliert sich die Wahrnehmung über kulturelle und künstlerische Prozesse auf verschiedenstern Ebenen der Stabilität und hält sich das Recht auf Anpassung offen.

III.
QUELLEN DER KUNST

Abb. 3: Salvador Dali, Illustration von Dante Alighieri „Inferno", Canto XVII

Vorbilder für die künstlerische Idee

Abb. 4: Gustave Dorè, Illustration von Dante Alighieri „Inferno", Canto XVII (ca. 1860)

MARTIN SCHUSTER

Vorbilder für die künstlerische Idee

Worin liegt eigentlich künstlerische Kreativität? Was ist genau die Erfindung, die Künstler machten und die so, in dieser Art, wieder von Künstlern erwartet wird? Darüber kann ja sicher die Kunstgeschichte Auskunft geben, die aufzeichnet, was bereits war und was die Nachfolger anders, neu machten.

Studiert man Werke der Kunstgeschichte – ich z. B. lese immer wieder gern Gombrichs Geschichte der Kunst -, wird eines überdeutlich: Alle Künstler interessierten sich für die Werke ihrer Vorgänger und ihrer Zeitgenossen und erhielten aus dem sie umgebenden Kunstkörper Anregungen. Manet z. B. gewinnt Ideen und Anregungen aus dem Werk Goyas; Beckmann macht Anleihen bei der mittelalterlichen Malerei. Ohne das bedeutende Vorbild kann auch keine neue Kunstszene entstehen.

Die Malerausbildung bestand über lange Zeit im wesentlichen aus dem Kopieren der Werke der berühmten Vorgänger, um so deren Darstellungskniffe zu lernen. Also malte man im Stil der Vorgänger. Daher überhaupt nur kommt ein Stil der jeweiligen Zeit zustande.

Allerdings gibt es auch Innovationen. Nehmen wir etwa den Kubismus, den Braque und Picasso entwickelten. Es handelt sich aber auch dabei nicht um eine völlige Neuerfindung. Tatsächlich wird nur etwas fortgeführt bzw. extremisiert, was die beiden Künstler bei ihrem bewunderten Vorbild Cezanne sahen, eine Geometrisierung der Szene. Vielleicht war der Erfolg des Kubismus auch nur mit Cezannes Vorbereitung möglich. Eine „Neuerfindung" wäre für das Publikum und die Kritiker vielleicht sogar zu ungewohnt gewesen.

Dali gilt sicher zu Recht als einer der besonders kreativen Künstler. Aber auch er hat natürlich seine Vorbilder. Aus den vielen Autobiographien um Dali herum erfährt man, welche Künstler er verehrte, von welchen er Reproduktionen besaß. Z. B. bewunderte er den Zeichner Gustave Dore. Und – man staunt – betrachtet man einen Drachen bei Dore und den Drachen in Dalis Dante-Illustrationen, so denkt man, es handelt sich um eine direkte Kopie (vgl. Abb. 3 und 4). So etwas muß nicht bewußt passieren: schon Freud beschreibt die Kryptomnesie, bei der man Texte aus dem Gedächtnis abruft, aber denkt, man erfände sie gerade selbst.

Der bewunderte van Gogh sah bei seinem Bruder Theo eine Sammlung japanischer Farbholzschnitte, und drei seiner Ölbilder sind – was das bewundernde Publikum nicht immer weiß – schlicht Kopien von Farbholzschnitten des japanischen Meisters Hiroshige (Abb. 5). Er selbst sagte: „Mein ganzes Werk ist auf der japanischen Kunst aufgebaut." Möglicherweise sollte sich die Bewunderung für van Gogh, den Jugendstil Hortas und für den gesamten Expressionismus mehr auf die japanische und chinesische Kunst richten. Die dort in Jahrtausenden gesammelten bildnerischen Erfindungen wurden von den europäischen Künstlern in wenigen Jahrzehnten rezipiert. So wirkten sie natürlich sehr innovativ und erfinderisch.

Vorbilder für die künstlerische Idee

Abb. 5: Vincent van Gogh, Die Brücke im Regen (nach Hisroshige) 1887, Van Gogh-Museum Amsterdam

Allerdings hatten die Impressionisten und Expressionisten auch noch ein ganz anderes – oft verheimlichtes – Vorbild: die Fotografie. Viele von ihnen waren selbst Fotografen. Kirchners Bild „Die drei Alten Frauen" etwa ist fast in der Art einer Kopie nach einer Fotografie gezeichnet. (Hier kommen auch andere Namen ins Spiel: nämlich Zille, Degas, Franz v. Stuck, Lenbach und viele andere.)

Auch andere ganz bedeutende Erfindungen der europäischen Kunstgeschichte sind vielleicht doch eher abgeschaut: z. B. die Perspektive. Zum einen hatte die antike Malerei, wie man an Wandfresken in Pompeji erkennen kann, eine ausgearbeitete perspektivische Darstellung, zum anderen ist das Prinzip der Lochkamera bzw. Camera Obscura möglicherweise auch seit der Antike bekannt. In der „Camera" sieht man eine seitenverkehrte, auf dem Kopf, aber in perfekter Perspektive stehende Abbildung der Szene vor der Camera. Man braucht die Konturen nur nachzuzeichnen. Das Wissen, wie man „perspektivisch richtig" darstellt, existierte also, es mußte nur (wieder-)gefunden werden. Daß es nun in der Renaissance von Alberti und Giotto gefunden wird, in der Zeit der Wiederentdeckung der antiken Kunst und Kultur, ist ja nur logisch. Brunelleschi konnte 1401 eine Kuppel für die florentiner Kirche „Santa Maria Novella" konstruieren, nachdem er die Bauweise des römischen Pantheons untersucht hatte. Auf den gleichen antiken Baukenntnissen basiert dann auch etwas später Michelangelos Kuppel für den Petersdom in Rom.

Wie in anderen Kulturbereichen gibt es in der Kunst Erfindung und Innovation, wie in anderen Bereichen baut die Innovation auf Bestehendem auf. Kann man nun Rezepte, typische Vorgehensweisen für die künstlerische Kreativität das Malers und des bildenden Künstlers finden?

Wenn man, so wie hier einleitend geschehen, künstlerische Erfindungen analysiert, lassen sich zumindest vier grundsätzliche Quellen der Anregung für Innovation finden. Die Mehrzahl dieser Innovationswege scheint mir auch heute noch beschreitbar.

I. Neue Entdeckungen außerhalb der Kunst

Der Künstler Vermeer erlebt gerade heute eine neue Welle von Bewunderung für seine Bilder von Landschaften und Innenräumen, die geradezu fotografisch naturalistisch gemalt sind. Es scheint allerdings so, als habe er sich seinerzeit insgeheim der Camera Obscura bedient, einer Art fotografischem Apparat, der aber (noch) keine Fixierung des Bildes ermöglichte. Der Maler mußte das projizierte Bild auf einer Fläche in der „dunklen Kammer" nachzeichnen (Steadman 1995). Sicher beruht die dem Maler zugeschriebene Genialität zu einem guten Teil auf der den Zeitgenossen wunderbar erscheinenden Fähigkeit zur naturalistischen Wiedergabe der Welt auf einer zweidimensionalen Leinwand. Zur Erringung dieser Genieverehrung wird dabei schon sehr früh eine Methode verwandt, die sich immer wieder bewähren sollte. Der Maler kann Erfindungen nutzen, die außerhalb der Welt der Kunst entstanden sind. Um so mehr gilt dieses Prinzip in der an Erfindungen reicheren Neuzeit.

Einige Jahre, nachdem ein neuer Stoff entdeckt wurde, der visuelle Halluzinationen erzeugt, nämlich LSD, experimentieren einige etablierte Künstler unter ärztlicher Kontrolle mit dieser Möglichkeit und versuchen aus diesen Bildwelten Anregungen zu gewinnen (Hartmann 1974). Sie kamen allerdings schon zu spät. Im Untergrund, in der Jugendkultur, hatte sich bereits die „psychedelische Kunst" etabliert, die die neuen Erlebnisse ausbeutete. Die Künstler mußten nämlich entdecken, daß auch sie unter der Einwirkung der Droge eben jene psychedelischen Bildwelten erlebten, die es als „Stil" schon gab.

Man kann daraus durchaus etwas lernen. Die neue Entdeckung gab jenen die Chance, die sie früh erfaßten und ausnutzen konnten. Das waren eigentlich gar keine „Künstler". Von der überwältigenden Erfahrung angeregt, nahmen einige „Hippies" Pinsel und Farbe und brachten erstaunliche Bilder auf die Leinwand. Die Künstler, die sich der Sache verspätet annahmen, kamen für die Entdeckung zu spät. Andererseits: In die Hallen des Ruhmes sind die Hobby-Künstler psychedelischer Richtung auch nicht aufgestiegen. Dazu braucht man anscheinend eben doch den Kontakt zum Kunstbetrieb, den diese nicht hatten und nicht suchten. Vielleicht – und hier vergleichen sie bitte Abschnitt b. dieses Beitrags – werden diese Bildwelten von der Kunstszene einmal wiederentdeckt und neu bearbeitet.

Je mehr die neuen Entdeckungen außerhalb der Kunst mit Bildern und Bildnern zu tun haben, um so eher sind sie innerhalb der Kunst zu verwerten. Die Fotografie z. B. sollte so dramatische Auswirkungen auf die Kunst haben, daß alles, was einmal als Kunst galt, nun nicht mehr machbar ist. Dies wird ebenfalls in Abschnitt b. noch einmal thematisiert.

Aber auch einfache Malgeräte wie die Sprühdose schaffen sich einen eigenen Kunstraum. Den Protest auf den Beton zu pinseln, dauert zu lange; man würde erwischt. Aber nun, schnell gesprüht und davongerannt, ergibt sich eine ganz neue Fläche für öffentliche Kunst, die – wie man in New Yorker U-Bahnen bewundern kann – einen eigenen, ein wenig psychedelischen Stil entwickelt hat (auch der entstammt ja einem zunächst etwas illegalen Grund: s. o.). Diese Dinge sind, völlig berechtigt, in den etabliertesten Kunstmuseen ausgestellt worden, allerdings gab es keine Lobreden zu Ehren der Sprühdose.

Warhols riesige Bearbeitungen von Fotografien waren auch nur durch eine neue Siebdrucktechnik möglich geworden. Der Künstler stieß in den freigewordenen Raum vor.

Das Fernsehen erweist sich dagegen als eine etwas sperrige Erfindung. Es hat seine Künstler (z. B. Paik); aber die Bilder, die in den Installationen in den Fernsehern laufen, sind eben keine Neuerfindungen, sondern bekannte Bildwelten: z. B. in Guckkästen erzeugte psychedelische Bilder.

Betrachtet man die Entwicklung einmal unter dem hier entwickelten Gesichtspunkt, dann ist zu entdecken, daß alle technischen Innovationen auch schnell einige Künstler im Schlepptau haben: der Fotokopierer (copy-art), der Laser, die digitalen Bilder: Computerkunst. Die bildgebenden Verfahren der Medizin wie Computertomographie und Röntgen sind etwas vernachlässigt: dort haben „nur"-Künstler nicht so leicht Zugang.

Der Aspirant der Innovation sollte also an der Front der gesellschaftlichen Entwicklung leben. Das ist allerdings leichter gesagt als getan; die Neuerungen zeigen sich zuerst dem Fachmann. Ein Künstler kann Glück haben, in der Nähe einer Neuerung zu leben und sie als erster auszunutzen. Vielleicht sollte der Rat einfach sein, bei den Erfindungen, die man im eigenen Umfeld mitbekommt, zu prüfen, ob sie neue Darstellungsmöglichkeiten erschließen.

II. Entdeckungen in der Ferne

Eine sehr allgemeine Art und Weise, zu ungewöhnlichen Assoziationen, neuen Wahrnehmungen und auch zu fremden Bildwelten zu gelangen, ist es, eine Reise zu tun. Von der Italien-Reise Goethes bis zu den Tunis-Reisen von Delacroix, Macke und neuerdings Buthe zieht ein Künstlerstrom durch die Welt, auf der Suche nach der neuen Landschaft, nach dem fremden Licht, aber eben auch nach den Kunstwerken der fremden Kultur oder nach den Kunstwerken, die in der Vergangenheit der fremden Kultur entstanden. Schon zum Ausgang des Mittelalters interessierten sich die Künstler für die Überreste der antiken Kultur und brachten in ihren Musterbüchern von der griechischen und römischen Antike inspirierte Formen mit. Dies wurde später zu einem allgemeineren Prinzip des Erfindens: Man sucht in der Kunst fremder Kulturen die Anregung für eigene Innovationen.

III. Neue Bildwelten

Allgemeiner gesagt, kann sich der Künstler Bildwelten zum Vorbild nehmen, die gerade bekannt werden oder neu in das Bewußtsein treten.

Als japanische und chinesische Kunst in Europa bekannter wurde, konnte sie die europäische Kunst völlig umkrempeln (von Jugendstil bis Expressionismus). Die hochentwickelte ägyptische Kunst konnte, als Carter gerade das Grab Tutenchamuns ausgrub, den europäischen Stil des Art Deco bewirken. Die „primitive" Kunst Afrikas hat für viele Künstler, unter anderem für Picasso, das Vorbild abgegeben (Fachwort: Primitivismus). Beuys kann als ein später Vertreter des Primitivismus angesehen werden, weil er die Übernahme aus primitiven Kulturen auf die Bildwelten des Schamanismus ausweitete. Er verwendete Vorbilder aus dem Schamanismus, aber auch bildhafte Eindrücke aus der heutigen Medizin und begründete die große Welle der „schamanistisch-therapeutischen" Kunst. Bildeindrücke aus dem Material des Medizinwesens schlagen die Brücke zur heutigen therapeutischen Profession.

Nun sind die Regionen der Erde heute erforscht. Ganz neu entdeckte Bild-Kulturen dürfen wir nicht mehr erwarten. Manche Ethno-Kunst hat sich bis heute im Kunstgewerbe eines Landes gehalten, daher eignet sie sich nicht so zur Übernahme in die

Hochkunst, wie die Kunst der Aborigines oder die indianische Kunst (bei einer mir bekannten Künstlerin und Studentin einer Beuys-Malklasse sah ich aber gleichwohl den Versuch, mit der Übernahme mexikanischer Bildwelten aufzufallen). Auf jeden Fall werden von der Neuentdeckung von ganzen Kulturräumen kaum mehr Impulse ausgehen. Dennoch ist diese Quelle nicht ganz versiegt. Die in Frankreich neu entdeckte Höhle von Cosquer z. B. bietet wieder (wie auch die Höhle von Lascaux) einen Blick auf eine schon vor 20000 Jahren hoch entwickelte Kunst. Gerade die frühesten Bilder, Umsprühungen von menschlichen Händen, haben wieder einen so modernen Appeal, daß sie sich zur Bearbeitung in einem zeitgenössischen Kunstprojekt eignen. Dem damaligen Menschen ging es darum, seine Existenz in einer überwiegend nicht-menschlichen Welt zu dokumentieren. Uns heute muß es darum gehen, unsere individuelle Existenz in einem Meer von anderen Individuen zu demonstrieren. Sicher wird es neue Ausgrabungen und neue Entdeckungen von Zeugnissen vergangener Kulturen geben, die uns tief beeindrucken werden und die – eben auch wegen der emotionalen Beindruckung der Massen – geeignete Bildvorlagen für künstlerische Projekte abgeben können.

Ein anderer Weg, neue Bildwelten zu erschließen, ist es, solche Bilder, die bislang nicht zur Kunst gehören, in den Bereich der Kunst zu integrieren. Ein gutes Beispiel ist die Kinderzeichnung. Als sich die Hochkunst durch Anlehnungen an die afrikanische Kunst so entwickelt hatte, daß naive Formen akzeptabel waren, konnte auch die Kinderzeichnung zum Vorbild werden (Dubuffet, wieder Picasso und viele andere). Das gleiche gilt für die Kunst der Geisteskranken und die Kunst der geistig Behinderten. Diese letzten Gruppen profitierten auch von der Aufnahme einer neuen Bildwelt, weil sich einige von ihnen als Künstler einen Namen machen konnten.

Ganz besonders geeignet sind die Bildwelten der Werbung und der Waren-Ästhetik, die ja so konstriert sind, daß sie beeinflussen. Eine ganze Kunstrichtung der Moderne nennt sich nach diesem Projekt, die Pop-Art (z. B. Warhol, Mel Ramos).

Einzelne Künstler suchen ihre Bildwelten, die sie ausbeuten. Max Ernst machte kein Geheimnis daraus, daß er bei einigen seiner Collagen einen Lehrmittelkatalog verwendete. Der „naive" Maler Rousseau dagegen verwendete heimlich die Bilder eines Pariser Warenhauskatalogs als Vorbild und kann so ungewollt als Urahn der Pop-Art gelten. Lichtenstein hatte erst Erfolg, als auch er Bilder der populären Kultur zum Vorbild nahm, nämlich die Bilder der Comic-Zeichner.

Es wurde bereits erwähnt, daß viele Künstler dazu übergehen, die Bildwelten der Kunstgeschichte zu plündern und zu bearbeiten. Dort liegt so viel Material vor, daß es immer auch Vergessenes gibt, das wieder Neuigkeitswert hat. Andererseits gibt es Bilder, wie z. B. die Mona Lisa, die sich jedermann eingeprägt hat, so daß man mit einer bestehenden Bekanntheit und Emotionalisierung arbeiten kann. Picasso verwendete in einigen Bildern die ausgewogenen Konstruktionen der klassischen Malerei, um dahinein seine kubistischen Figuren einzusetzen. So blieb die ausgeklügelte Harmonie und Proportion des verwendeten Renaissance-Gemäldes erhalten. Es ist auch möglich, nur Elemente ins eigene Werk zu übernehmen. So kann man an Beckmanns Bildern Elemente einer mittelalterlichen Ikonographie entdecken, die aber in der Weise des Expressionismus überarbeitet sind.

Andere wenden sich der Trivialkultur zu. Schon Gauguin hatte die bretonische Volkskunst studiert, um dann mit „primitivistischen" Bildern aus der Südsee zu beeindrucken. Jeff Koons nutzt die Ästhetik des Kitsches.

Diese „Methode", ein künstlerisches Projekt zu beginnen, funktioniert auch heute noch (wie man an den Bespielen sieht). Die Strickmuster sind zum Vorbild geworden, die Büro-Ästhetik, die Pressebilder (Warhol), eine Tarot- Karte (nämlich „der Gehenkte"; ein Künstler malt alles auf dem Kopf). Militärische Tarnbemalungen können zum Vorbild werden, wie Warnfarben von Käfern oder die Karten des Skatspiels. Alles geht.

Auch in Lehrbüchern, speziell in solchen, die sich mit den Problemen der Wahrnehmung und der visuellen Präsentation befassen, findet man Bilder, z.B. von optischen Täuschungen. Dies wurde von der Kunstrichtung der op-Art zum Ausgangspunkt gemacht, und die Täuschungen wurden verfeinert, weiterentwickelt, so daß heute in den Lehrbüchern der Psychologie die Arbeiten dieser Künstler abgedruckt sind.

Escher (1993) sieht auch gar kein Problem darin, auf einen Aufsatz hinzuweisen, in dem eine „unmögliche" Figur veröffentlicht ist, die er dann in seinen unendlichen Treppen mit Bedeutung füllt. Es handelt sich um eine Arbeit von Penrose und Penrose (1958, Abb. 6, 7), die im „British Journal of Psychology" veröffentlicht wurde. Daß das Kunstwerk also mehrere Urheber hat, wird von dem Künstler nicht weiter thematisiert. Ich glaube, Escher empfindet es als so natürlich, daß die Kreativität im Künstler liegt, daß er den Hinweis auf seine Quellen als unproblematisch wahrnimmt.

Was ist noch nicht ausgebeutet? Die Frage gilt es zu beantworten. Mir fällt im Moment nicht viel ein. Vielleicht Pictogramme oder Verkehrszeichen oder Hoheitszeichen und Rangabzeichen von Beamten. Auch dies ist ein Bereich, der emotional beeindruckt. Der Innovator muß es eben schaffen, einen Bildbereich, den man gar nicht mit Kunst in Zusammenhang gebracht hätte, mit einem neuen Blick zu betrachten.

IV. Fortschritte in Theorien und gesellschaftlichen Entwicklungen aufgreifen

Auch neue Theorien und neue Erkenntnisse eröffnen dem bildenden Künstler Möglichkeiten. Er kann sie (a) auf sein Feld anwenden, (b) mit seinen Mitteln an diesen neuen Theorien mitarbeiten oder (c) neue gesellschaftliche Strömungen unterstützen.

Solche Strömungen können auch in anderen Kunstformen entstehen, zum Beispiel in der Literatur, und dann in die Malerei wirken. Kaspar David Friedrich z. B. suchte

Vorbilder für die künstlerische Idee 105

in seinen Bildern die Stimmung der romantischen Naturbeschreibung zu vermitteln. Früher schon nahm die Salon-Malerei griechische Fabeln und Geschichten zum Sujet. Seitdem gilt die Feststellung, nur der „Gebildete" könne die Kunst verstehen; so ist Kunstverständnis zum Zeichen für Bildung geworden.

(a) So versuchte Seurat mit seinen nebeneinandergesetzten Farbpunkten (Pointillismus) eine additive Farbmischung zu erreichen. Diese Möglichkeit ergab sich aus den Farblehren der Physik (z. B. Helmholtz). Seurat wollte diese neue Möglichkeit in der Malerei einsetzen. Das gelang ihm zwar nicht, dennoch schuf er eine ganz neue Art der Malerei.

In der Verhaltensbiologie wurden visuelle „Reizmerkmale" entdeckt, die auch beim Menschen instinktive Verhaltensweisen ablaufen lassen. Man spricht auch von angeborenen auslösenden Mechanismen (vgl. Schuster 1990). Diesen Reizmerkmalen ist

Abb. 6: Escher, Relativität, Lithographie, 1953, 28 ×29

die emotionale Reaktion gewiß. Also eignen sie sich hervorragend für eine „Anwendung" in der Kunst. Namen wie Allen Jones oder Tom Wesselmann stehen für diesen Versuch.

Heute sind neue Ergebnisse zur Gesichtsschönheit formuliert. Endlich kann die Anweisung der Zeuxis an den Maler, um Gesichtsschönheit zu verwirklichen aus verschiedenen Gesichtern das schönste Element zu wählen, überflügelt werden. Ich bin gespannt, wann hier Anwendungen entstehen werden (vgl. Schuster 1996, Grammer 1993).

(b) Die Surrealisten wollten mit ihren malerischen Möglichkeiten an der Hebung des bildhaften Primärprozesses aus dem Unbewußten mitarbeiten. Einige Mitglieder der Gruppe der Surrealisten besuchten Freud (Breton und Dali), andere hatten Kontakt zu Jung (Max Ernst).

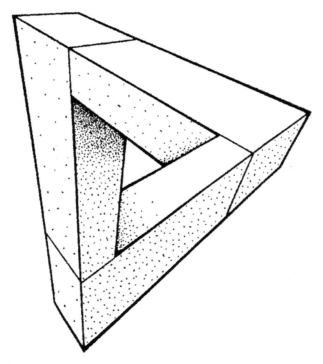

Abb. 7: Unmögliche Figur, die von Roger Penrose veröffentlicht wurde. In dieser Form aus: Escher, M.C. (1986) Art and Science. Amsterdam, Elsevier

Die Idee des Künstlers muß aber nicht – im wissenschaftlichen Sinne – richtig sein. Sie muß nur darin Erfolg haben, die Menschen zu beeindrucken. So war die Idee, der Künstler könne durch originelles Handeln dem Entropie-Tod der Erde entgegenwirken, aus wissenschaftlicher Sicht ja geradezu absurd. Auch die Surrealisten hatten nicht allzuviel mit der Psychoanalytischen Theorie vor; Breton war eher „Spiritist" als Psycho-Analytiker.

Zumindest der Erfolg dieser beiden Kunstströmungen lebte von den riesigen Versprechungen an die Menschen (die Erde zu retten bzw. einen neuen Übermenschen mit befreitem Unbewußten zu schaffen), deren Einlösung dann natürlich nicht gelingen kann. Auch z. B. Beuys therapeutische Kunst kann ja ihren Anspruch, eine neue Symbolik zwischenmenschlicher Wärme zu erreichen, kaum einlösen, weil sie höchstens von einem Prozent der Bevölkerung zur Kenntnis genommen wird (vgl. das Interview mit Schneckenburger in diesem Band). Das Versprechen bzw. die Beobachtung eines solchen Versuches tut dennoch gut.

Seurats Versuch, mit den Malfarben eine additive Lichtmischung zu erreichen, scheiterte, dennoch erreichten seine Werke durch ihre ästhetische Klasse Weltruhm.

(c) Sicher ist es auch eine Möglichkeit, (neue) gesellschaftliche Strömungen zu unterstützen, propagandistisch an ihnen mitzuwirken. So ist z. B. die Strömung des Feminismus relativ neu, und es gibt Künstlerinnen, die mit feministischer Kunst den Prozeß der Befreiung der Frauen fördern wollen. Allein indem sie sich als Künstlerinnen verstehen und profilieren, demonstrieren sie ja die Fähigkeit der Frau, auch in dieser Domäne Excellenz zu erreichen.

Bei der Umsetzung von neuen Theorien gab es auch „Fehlversuche". Eine Anwendung der Einstein'schen Relativitätstheorie scheiterte; aber gerade die Fehlversuche demonstrieren in besonders reiner Weise das Prinzip der Erfindung. Am Anfang des künstlerischen Projekts steht die neue Theorie, die die Gesellschaft bewegt, und nun versucht der Künstler, etwas daraus zu machen.

V. Die weitere Erforschung der erfolgreichen Idee

Es gibt allgemeine Wege künstlerischer Kreativität, die nun aber nicht allzu sehr als Rezept aufgefaßt werden sollten. Eine neue Bildwelt allein, eine Applikation neuer Ergebnisse, wird wahrscheinlich beachtet, garantiert aber nicht den Platz in den Ruhmeshallen der Kunst. Dazu muß noch anderes kommen. Die neue Idee muß irgendwie in Zusammenhang mit den Werten und Ideen der Zeit stehen, muß ihnen sozusagen ein wenig vorherlaufen. Auch ein gewisses Talent in visueller Kommunikation und handwerkliche Geschicklichkeit können nicht schaden. Natürlich, ein unbedingter Wille zur Selbstdarstellung und die Fähigkeit zur Selbstdarstellung sind gefordert.

Will man die Entstehung der künstlerischen Idee besser verstehen, so ist es sicher nützlich, den Anregungen nachzuspüren, die ein Künstler aus der Literatur, aus der Anschauung von Bildern in Museen, auf Ausstellungen und aus Gesprächen mit Kollegen erhielt. Es wäre interessant, z. B. bei Dali einmal eine Literaturliste aller Bücher, die er las, speziell natürlich solcher Bücher, die er schätzte, zu sichten und festzustellen, in welchem Zusammenhang sein Werk zu diesem literarischen Körper steht. Welche Ausstellungen hat ein Künstler besichtigt, welche Kunstzeitschriften abonniert? Eine solche Dokumentation der geistigen Umwelt des Kreativen mit einem Vergleich zu seinen zeitlich jeweils kurz später entstehenden Werken verschafft vermutlich mehr Einblick in den Prozeß der Kreativität als eine traditionelle Biographie, die Reisen und Bekanntschaften und Liebschaften erwähnt. Dali z. B. hat vielen seiner Freunde gegenüber, die später Autobiografien verfaßt haben, über andere Autoren und Künstler gesprochen. Es wäre eine lohnende Aufgabe, aus den vielen Hinweisen auf geistige Anregungen seine eigene geistige Umwelt zu rekonstruieren.

Welche Menschengruppe von Künstlern beeinflußt werden muß, ist von Zeit zu Zeit unterschiedlich. Heute sind es die Kulturexperten, die Hochschulprofessoren, die Museumsdirektoren, die Galeristen und Ausstellungsmacher. Indem sie ein Werk erwählen, adeln sie es zur Kunst. Weil es diese – speziell – gebildete Untergruppe ist, deren Eindruck zählt, kann sich die Kunst heute so weit vom Common sense und der Zustimmung der breiten Masse entfernen. Die Erfindung des Künstlers wird nur für die Experten-Gruppe vorgetragen. Private Sammler gibt es wenige. Käufer, die ein „schönes" Kunstwerk übers Sofa hängen, kann man zwar erreichen, dann ist aber die Möglichkeit zum Kunstruhm aufgegeben.

Tatsächlich leben viele heutige Künstler von Brotberufen wie Lehrer oder Hausmeister, weil sie ihre Kunst nicht mehr so vermarkten können, daß ein Lebensunterhalt gewährleistet würde. Das liegt nicht daran, daß sie solche Kunst nicht prinzipiell machen könnten oder eben nicht wüßten, wie man solche Kunst macht. Es gilt aber nicht als „ehrenhaft", solche Kunst zu fabrizieren, die „nur" gefällt. Also wollen die Adepten Kunst für den Museumsdirektor machen, die sich aber nur im Ausnahmefall auch verkauft. Die Grenzen der Innovation liegen nun auch darin: Der freie Künstler muß seine Erfindung auf den Kunstbegriff der Auguren hin aussuchen. In den Interviews mit Barzon Brock und Schneckenburger, aber auch im Beitrag von Brög und Gombrich wird der Kunstbegriff der „Experten" sichtbar und auch thematisiert.

Literatur

Escher, M. C. Graphik und Zeichnungen. Köln: Taschen.
Grammer, K. (1993). Signale der Liebe. Hamburg: Hoffmann und Campe.
Hartmann, R. P. (1974). Malerei aus Bereichen des Unbewußten. Künstler experimentieren unter LSD. Köln: DuMont.
Penrose, L. S. & Penrose, R. (1958). Impossible objects: a special type of visual illusion. British Journal of Psychology, 49, 31.
Schuster, M. (1990). Psychologie der bildenden Kunst. Heidelberg: Asanger.
Schuster, M. (1996). Fotopsychologie. Heidelberg: Springer.
Steadman, Ph. (1995). In the Studio of Vermeer. In: Gregory, R. & Harris, J. & Heard, P. & Rose, D. (Eds.). The Artful eye. NY.

MAX KLÄGER

Begegnung mit der Bilderwelt intellektuell behinderter Menschen

Lange Zeit stand das bildnerische Tun der geistig, oder besser gesagt intellektuell behinderten Menschen im Schatten der sogenannten psychopathologischen, der zustandsgebundenen Kunst. Psychologen und Kunstwissenschaftler beschäftigen sich seit dem Ende des vorigen Jahrhunderts fast ausschließlich mit den „Bildnereien der Geisteskranken" wie Prinzhorn (1922) es ausdrückte. Erst seit der Nachkriegszeit hat man zunehmend das Eigenständige der künstlerischen Äußerungen intellektuell Behinderter zur Kenntnis genommen. Die starke ästhetische Ausstrahlung, die Frische und Unbekümmertheit und nicht zuletzt die erstaunliche Vielfalt, die in diesen Werken zum Ausdruck kommt, hat diesen Künstlern kulturelle und kunstwissenschaftliche Aufmerksamkeit eingebracht.

Ist es sinnvoll, überhaupt von einer Kunst der intellektuell behinderten Menschen zu sprechen? Denn im Grunde gibt es ja, wenn man so will, nur gute oder schlechte Kunst, ist der Kunstbegriff ja unteilbar.

Trotzdem scheint es legitim, die besonderen Eigenarten der künstlerischen Äußerungen bestimmter Menschengruppen, wie die der Kinder oder der Ethnien, zu beschreiben und wertend zur Kenntnis zu nehmen. Die besondere Ausdruckskraft, ja die Schönheit, die in der Kunst der intellektuell Behinderten sichtbar wird, erfreut seit einigen Jahren ein breites Publikum. Diese Kunstwerke, da nicht therapiegebunden, können auch gekauft werden. Dies ist möglich geworden durch die umfangreiche Ausstellungstätigkeit der beschützenden Werkstätten und durch die zunehmende Zahl der Veröffentlichungen in Zeitschriften, Katalogen und Büchern.

Von den einflußreichen Wanderausstellungen seien in diesem Zusammenhang nur die „Künstler aus Stetten" und die „Vielfalt der Bilder" erwähnt. Auch in anderen Ländern Europas und Nordamerikas tritt die Kunst der intellektuell Behinderten ins Licht der kulturellen Öffentlichkeit, so z. B. im Museum für Außenseiter in Zwolle/Holland oder in der berühmten Textilwerkstatt Le Fil d'Ariane in Montréal, Kanada.

In ihren künstlerischen Äußerungen bedienen sich diese behinderten Menschen insbesondere des Malens, Zeichnens, Plastizierens, Montierens, Collagierens und, im Textilbereich, des Stilstichverfahrens mit Wolle auf Rupfen in Form von Wandbehängen.

Worin bestehen die besonderen Qualitäten dieser bis vor kurzem noch kaum bekannten Kunst? Das wohl hervorstechendste Merkmal ist die Bevorzugung einer flächenhaften, a-spektivischen Darstellungsweise. Dieses und weitere Manifestationen bildnerischen Denkens signalisieren eine Nähe zur freien Kinderzeichnung oder

Kinderkunst. Im Rahmen dieses Hanges zur Flächenhaftigkeit kommen bei beiden Gruppen spezifische Darstellungsprinzipien zum Vorschein:
a) Ein fast völliger Verzicht auf räumliche Darstellung, auf Licht und Schattengebung und auf Zentralperspektive.
b) Die Bevorzugung der kanonischen Form als Formulierung exemplarischer Gestaltinformation.
c) Eine emotionale Gestaltung der Größenverhältnisse, also die sogenannte Affekt- oder Bedeutungsperspektive.
d) Der Hang zu symmetrischem Bildaufbau, in Form von dualen und quarternitären Markierungen.
e) Ein ausgeprägter Hang zur Physiognomisierung.
f) Die Tendenz, bildräumliche Beziehungen durch eine topologische Ortsdarstellung („Umklappung") zu bewältigen.

Anhand der folgenden Illustrationen soll das Qualitätsniveau, das sich in Prägnanz und Aussagekraft, in der Logik der relationalen Struktur und in der kompositionellen Fülle sowie in den z. T. stark ausdrucksgeladenen Farbklängen kundtut, erläutert werden.

Begegnung mit der Bilderwelt intellektuell behinderter Menschen 111

Abb. 8: Jane Francis Cameron, 1979: 'Mister James'. Wandbehang, Wolle auf Rupfen, Stilstich

112   Begegnung mit der Bilderwelt intellektuell behinderter Menschen

'Mister James' ist Jane Camerons Vater. Der Teppich ist als Geburtstagsgeschenk gedacht. Formen und Farben fügen sich zu einer Komposition, die vom Hang zur Symmetrie beherrscht wird. Ein drastisches Beispiel für die eminent additive bildnerische Denkweise der Künstlerin liefert dieses Bild im Bereich der bunten Beine, des grünen Zwischenraumes und des hellroten Mantels. Die beiden Mantelteile berühren die Beine, wie in der konkreten Wirklichkeit auch. Dies geschieht an den Außenseiten der Hosen und nicht in den Innenseiten. So bleibt hier der grüne 'Hintergrund' erhalten. Der rote Rock wird sozusagen *neben* das Grün gestellt, er fungiert also nicht als Hintergrund für die Hosenbeine. Im übrigen handelt es sich hier um eine androgyne Figur. Der Augenschein der Androgynie, Hosenbeine für Mann – Rock für Frau, wurde durch eine mündliche Äußerung der Künstlerin bestätigt.

Abb. 9: Willibald Lassenberger, 1992: 'Enten am See'. Ölkreiden auf Papier

Die erforderliche Umsetzung von Beobachtungen, Vorstellungen und Erinnerungen hinsichtlich einer dreidimensionalen Welt in die formale und farbliche Flächigkeit einer eigenständigen, zweidimensionalen Bilderwelt scheint hier auf besondere, eindringliche Weise gelungen zu sein. Der formale Einfallsreichtum – hier wäre der Begriff 'bildnerische Kreativität' durchaus angemessen – hat ein außergewöhnliches Niveau erreicht. Das Bild im Bilde, d. h. die Landschaft mit den beiden Sonnen, befindet sich in einer flächig gefügten, rechteckig gegliederten Landschaft und

Begegnung mit der Bilderwelt intellektuell behinderter Menschen 113

ist in diese auf überzeugende Weise eingebunden. Gestalt- und Farbähnlichkeiten (Isomorphien) stellen eine Verdichtung der relationalen Struktur dar, die den Eindruck einer lebendigen Fülle ('repleteness') entstehen läßt.

Abb. 10: Peter Smolley, 1995: 'Tischlampe mit Kabel und Obst'. Ölkreiden auf Papier

Hier zeigt sich in extremer Form eine totale, a-spektivische Flächigkeit der Darstellung: links das Kabel, mittig Tischlampe und rechts, variabel aufgereiht, die Früchte. Es entstand eine spannungsreiche und doch harmonische Farbstruktur.

Abb. 11: Wolfgang Mang, 1993: 'Ein Sonnenbild' – Kreidestifte auf Papier

Dieses 5-Sonnen-Bild bietet, abgesehen von seiner expressionistischen Qualität, dem Betrachter eine besondere Überraschung: durch die äußerst sensibel und differenziert durchstrukturierten Farbflächen, durch das Wechselspiel von Figur und Grund entsteht eine vom Hell-Dunkel-Wert der Farben verursachte lebendige Tiefenwirkung.

Literatur

Kläger, M. (Hg.): Die Vielfalt der Bilder. Stuttgart: Wittwer 1993.
Kläger, M.: Krampus. Die Bilderwelt des Willibald Lassenberger. Baltmannsweiler: Schneider 1992.
Kläger, M.: Jane C. Symbolisches Denken in Bildern und Sprache. München: Reinhardt 1978.

HARTMUT KRAFT

Hirschvogel
Hirschvogel oder: Die erste Begegnung mit einem, der stets abwesend ist

Auf dem Weg zu den Galerien in Halle 5, wo die jüngere, oft noch nicht etablierte Kunstszene sich präsentiert, werde ich bereits in Halle 3 aufgehalten. Langgestreckte Figuren, entfernt an Lebewesen erinnernd, meist mit Stacheln bewehrt (oder ist es nur ein Flaum?), nehmen vorsichtig Kontakt auf, neigen sich zueinander hin, berühren sich am Rande des Blattes (vgl. Abb. 12). Vergleichbare Zeichnungen kenne ich nicht! Im Überangebot des 28. Internationalen Kunstmarktes in Köln 1994 stechen diese vier Zeichnungen an der Außenwand der Galerie Gebr. Lehmann aus dem längst Bekannten, Wiederholten und Variierten hervor. Selbst quer über den Gang, durch ein Gewühl von Menschen hindurch, künden diese relativ kleinen Blätter von einer eigenen neuen Welt. Aus der Nähe betrachtet ist dann erkennbar, wie der Künstler sich an seine Bildfindungen herangetastet hat. Einzelne Partien sind ausradiert, an anderen Stellen des Blattes schwache skizzierende Striche stehengeblieben. Von einer in der Mitte verlaufenden Kette kleiner Kreise abgesehen, sind die Figuren von einer dichten schwarzen, an den Rändern manchmal auch roten Schraffur zugedeckt. Die Figuren und die Geschichten, die sie erzählen, verbleiben ganz in der Fläche – und vermitteln doch eine eigenartige, urtümliche Körperlichkeit.

Hirschvogel – in Druckbuchstaben folgt dieses Wort und eine Jahreszahl der Kurvatur einer der Figuren, wie eine Bezeichnung der Figur selbst. Offensichtlich ist es aber der Name des Künstlers, der auf allen Blättern sich an jeweils eine der gezeichneten Wesen anschmiegt. Indirekte Selbstportraits? Diese vollkommen neuen, keinen Vorbildern verpflichteten Formen, der Stachelkranz einer jeden Figur, die randständigen Berührungen und Übergänge, die Haken und Ösen mit ihren Verbindungslinien, die zu schweben scheinen, nirgendwo eng anliegen – all dies läßt mich, mehr intuitiv als zunächst begründbar, an die Selbstbildnisse eines äußerst empfindsamen, verletzlichen Zeichners denken. Da zeichnet einer, wie er die Kontakte zu seinen Mitmenschen erlebt. Ich bin ebenso fasziniert von dieser Bilderwelt wie auch betroffen, muß genauer hinschauen und spüre zugleich einen Abscheu angesichts dieser wurmartigen Gebilde. Andererseits weisen sie, aus einer Distanz betrachtet, auch eine Eleganz auf, eine spannungsvolle Schönheit. Jedenfalls ist meine Reaktion auf diese Bilder von großer Ambivalenz geprägt.

Eine „Galerie Geb. Lehmann" kann nur aus der ehemaligen DDR kommen. Sie kommt aus Dresden. Der Name klingt wie Rotkäppchen-Sekt oder das erste mit einem Michelin-Stern ausgezeichnete Restaurant „Erholung" in Dresden. In der Galerie hängen noch zwei weitere Zeichnungen. Insgesamt, so erzählen die Galeristen,

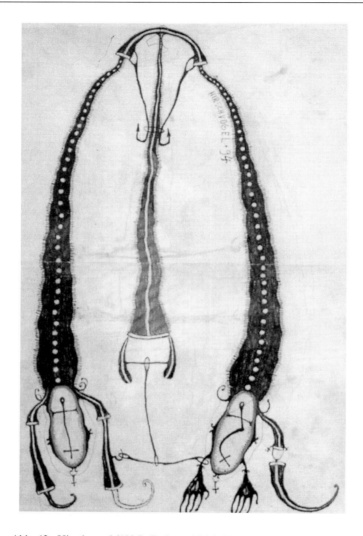

Abb. 12: Hirschvogel (1994), Farb- und Bleistift auf Papier, 55 × 36 cm (ohne Titel), Privatbesitz

hätten sie acht Zeichnungen mitgebracht, zwei davon seien – eine Stunde nach Eröffnung des Kunstmarktes – bereits verkauft und abgeholt. Ja, Hirschvogel sei ein Künstler aus Dresden. Im Eifer meiner Begeisterung nehme ich den Namen Hirschvogel ebenso selbstverständlich hin, wie ich vorher vermutlich seine Signatur „Erdal" (bis 1989) hingenommen hätte. Warum sollte er nicht Hirschvogel heißen? Daß es ein Pseudonym ist, das unter anderem der Vermeidung der Identifizierung der Blätter mit ihrem Urheber, der Erschwerung von Nachforschungen und Kontakten dient, begreife ich erst mit etwas Verzögerung.

Hirschvogel ist nicht anwesend, seine Galeristen geben Auskunft über ihn. Er zeichne nicht viel und wenn, dann sehr unregelmäßig. Es sei schwer, eine größere Anzahl von Blättern für eine Einzelausstellung zusammen zu bekommen. Trotz dieser Schwierigkeiten seien seit 1990 drei Einzelausstellungen zustande gekommen. Hirschvogel selbst sei kaum zu greifen, erzählen sie. Verabredungen halte er oft nicht ein, tauche dann wieder unvermutet auf und sei verschwunden, wenn es um die Wahrnehmung eines Termins gehe. Allerdings bekomme ich den Eindruck, daß diese beiden Galeristen mir exakt dies auch erzählen würden, wenn der Künstler jetzt neben mir stünde. Wenn ich mein spontanes Erleben der Bilder und diese ersten Informationen über Hirschvogel miteinander verbinde, dann kann ich mir vorstellen, daß ein Mensch wie Hirschvogel solche Galeristen braucht. Besser gesagt: Er braucht Menschen, Freunde, Förderer, die seine Außenhaut darstellen, seinen Kontakt zur Kunstwelt regeln, zu einer Sphäre der Verbindlichkeit und Geschäftigkeit, die er flieht, nur von Zeit zu Zeit mit ein paar Bildern bedient – nicht zuletzt deshalb, weil er Geld braucht. Dann verschwindet er auf unbestimmte Zeit, ist nicht aufzufinden.

Ich überlege, ob diese Bilder der Art brut, der Kunst der Outsider zuzurechnen sind. Sind es Darstellungen einer ganz eigenen, inneren Welt, abgekapselt von gesellschaftlichen und künstlerischen Bezügen? Wieviel an diesen eigenständigen neuen Schöpfungen ist reflektiert, nicht nur glücklicher Zufall, sondern in Auseinandersetzungen erarbeitet? In diesem Zusammenhang ist es mir wichtig zu erfahren, daß Hirschvogel aus einer künstlerisch begabten Familie stammt, in der er künstlerische Arbeiten und Fragestellungen von Kindesbeinen an mitbekam.

Als es zur Wiedervereinigung kam, wurde er mit einer Flut neuer Erlebnisse und Bilder konfrontiert. Ein Jahr lang malte und zeichnete er nicht, Ende 1990 tauchte er mit drei neuen Zeichnungen auf; sie waren mit „Hirschvogel" signiert. Über die Herkunft des neuen Namens und die Namensfindung schwieg er sich aus. Ist es nur ein Pseudonym? Ist es vielleicht auch ein poetisches Synonym für das Thema des Jahres 1990, für die Vereinigung zweier höchst unterschiedlicher Lebensbereiche in Deutschland? Jedenfalls ist Hirschvogel als Künstler ein Zeitgenosse, der die Kunstgeschichte ebenso kennt und rezipiert hat wie die gegenwärtige Kunstszene. Er weiß um die Kunst, um seine Kunst Bescheid, er reagiert nicht nur auf seine innere Befindlichkeit, sondern auch auf das, was er als Künstler hier und heute wahrnimmt und erlebt.

Aus den noch vorhandenen sechs Zeichnungen suche ich eine aus und reserviere sie. Ich brauche Zeit, ich möchte meine ambivalente Einstellung diesen Bildern gegenüber besser verstehen. Leider gibt es noch keine Kataloge. Mit der Postkarte einer dem reservierten Bild ähnlichen Zeichnung verlasse ich die Galerie. Nun gilt es zu vergleichen.

Hirschvogel ist auf diesem Kunstmarkt für mich zu einem Fixpunkt geworden, an dem andere Kunstwerke sich in ihrer Originalität und Intensität messen lassen müssen. Seine kleinen Zeichnungen behalten ihre Ausstrahlung und ihr Geheimnis auch im massenhaften Vergleich, dem sie auf diesem Markt ausgesetzt sind.

Zuhause ist die Postkarte eine Hilfe. Sie steht auf dem kleinen Tisch vor der Couch, auf der ich zum Frühstück sitze, später am Abend zum Lesen, Musikhören oder zum Telefonieren. Zwiegespräch mit diesem Bild, das „meinem" so ähnlich ist. Die Ambivalenz bleibt. Mit diesem Bild leben können/wollen?! Es steckt soviel Tragisches darin, soviel leidvolles Erleben. „Es quietscht", fällt mir dazu ein; es ist wie einer dieser hohen, quietschenden Töne einer Straßenbahn in einer Kurve – unüberhörbar, schmerzhaft, sich im Ohr festsetzend. Ich schätze Bilder, die an die Belastungsgrenze meiner Empfindungen heranreichen, Bilder, die ich nur schwer aushalten kann im täglichen Kontakt. Es beeindruckt mich, wenn sich im Laufe von Monaten, eventuell auch erst Jahren, ein Ausgleich, eine Gewöhnung herstellt. Manchmal bin ich dann nach Jahren erstaunt, wenn ich mich zurückerinnere, daß dieses Bild oder jenes Objekt einmal für mich nur mühsam zu integrieren gewesen ist. Ich bekomme dann eine Ahnung von der Macht der Bilder und Objekte, der Masken und Statuen in früheren Kulturen. Dort und damals genügten hölzerne Wächter, um Eindringlinge an der Grenze verbotener, heiliger Bereiche abzuschrecken. Da konnte der Tanz eines maskierten Mannes Angst und Schrecken verbreiten, dadurch zugleich aber auch die Grenzen und Möglichkeiten des Zusammenlebens in der Gemeinschaft klarstellen.

Neben der Fremdheit und dem Gefährlich-Abweisenden, das diese Zeichnungen ausstrahlen, treten bei längerer Betrachtung jedoch ganz andere Qualitäten hervor. Es scheint, als ob wir Momentaufnahmen einer uns unbekannten Choreographie unbekannter Wesen vor uns hätten. Es sind keine Bilder des Beziehungsabbruchs oder gar der Isolation, sondern der vorsichtigen Annäherung und Kontaktaufnahme. Ob sie über das individuell-menschliche Thema der Beziehungsaufnahme, ihrer Gestaltung und ihrer Schwierigkeiten hinausreichen und wie möglicherweise auch das Pseudonym – auf eine gesellschaftliche Situation in Deutschland zu Beginn dieses Jahrzehnts hinweisen, läßt sich nur vermuten. Begegnungen der vorsichtigen Art sind es hier wie dort – sollten es zumindest sein. Die Fäden des Kontakts, in Ösen, Haken und Schlingen miteinander verwoben, könnten sonst schnell zu Umschlingungen und Fesselungen werden. Auf dem von mir reservierten Bild scheint jedenfalls der Kontakt geglückt, vielleicht sogar zur Zeugung von etwas drittem geführt zu haben! Die Enden der wurmartigen Figuren münden im oberen Teil in eine beidseitig offene Röhre, die ihrerseits aus der Mitte eine neue, dritte Figur entstehen läßt. Assoziationen zur Zeugung, Schwangerschaft und Geburt drängen sich auf, vor allem auch deshalb, weil am entgegengesetzten, unteren Bildende die Figuren sich zu ovalen, rot umrandeten Blasen ausformen. In beiden Blasen befinden sich doppelkreuzförmige Gestalten, wie Embryonen mit Kopf, Extremitäten und Schwanz. Zwei „schwangere Wesen", die über eine Röhre kommunizieren und ein drittes Wesen hervorbringen? Einer schlüssigen Deutung verweigert sich dieses wie auch die anderen Bilder von Hirschvogel. „„Von Geheimem sprechen durch Geheimes", dieser schöne Satz von Kandinsky fällt mir dazu ein.

Als ich zwei Tage später wieder den Kunstmarkt besuche, erwerbe ich meinen ersten Hirschvogel. Es ist nicht das Ende meiner ambivalenten Gefühle, sondern der Beginn eines fruchtbaren Dialogs.

IV.
EINFLÜSSE AUF DIE KUNST

ALPHONS SILBERMANN

Künstler und soziale Kontrolle

Im allgemeinen neigt der Künstler dazu, der Zeit zu leben, die ihn hervorgebracht hat. Dennoch stößt er im Verlaufe seiner künstlerischen Tätigkeiten auf ein ihm in vielerlei Weisen entgegenkommendes Faktum. Es ist dies die *Freiheit* – sowohl die seines gegenwärtigen und zukünftigen Schaffens als auch die seiner persönlichen Existenz als Künstler. Begegnen wir doch immer wieder dem Verlangen, daß in einer freien Gesellschaft die Künstler von Anweisungen und Kontrollen frei sein sollen, mögen sie vom Staat oder anderen öffentlichen Stellen herkommen. Solcher Art Aufforderungen gehen weit über Erwägungen über die Freiheit des Künstlers oder über Freiheit schlechthin hinaus. Sie weisen uns einerseits auf die Faktoren der sozialen Kontrolle hin, andererseits auf den Wandel der Rolle des Künstlers. In aller Kürze gesagt, gilt es zu fragen: Wie ist es um die Beziehung der Rolle des Künstlers zur sozialen Kontrolle bestellt, d. h. welches sind die aktuellen Instanzen der sozialen Kontrolle?

Was derzeit die Rolle des Künstlers betrifft, ist sie im Gegensatz zu den vergangenen Zeiten einer hierarchischen Gesellschaft nicht länger streng umrissen. Während der Künstler früher seine Kreationen einem bestimmten Mäzen oder Klienten anzubieten hatte, steht er nunmehr einer anonymen Öffentlichkeit auf einem offenen Markt gegenüber, in den sich gewisse Verteilergruppen, wie Museen, Galerien, Kunsthändler, Manager, Impresarios, Theater- und Medienorganisatoren, eingeschaltet haben. Da der aus einer anonymen Öffentlichkeit bestehende Markt durch ein Kollektivverhalten bzw. Kollektivbewußtsein geleitet ist – wodurch die Launen des Geschmacks eines Kollektivs beherrschend geworden sind – dient der Künstler nunmehr jedem und keinem. Diese relative Befreiung vom Joch despotischer Einzelnen hat zwar zu einer Erhöhung der Ausdrucksfähigkeit des Künstlers geführt, zu gleicher Zeit aber auch zu einem Sich-verlieren in eine esoterische Symbolsprache sowie zu einer wirtschaftlichen Isolation. Verbindet sich diese Esoterik bzw. eine „Originalität um jeden Preis" mit einer radikalen Verleugnung des kulturellen Erbes, richtet sich die Haltung des Künstlers in letzter Instanz stets gegen das Publikum und bedenkt es mit den gleichen Schmähungen, die ihm gegenüber gebraucht werden. Eine Entfremdung des Künstlers von der Gesellschaft hat eingesetzt, die ihren Höhepunkt dort erreicht, wo der Künstler sowohl seine eigene Mittelmäßigkeit, als auch seine gesellschaftliche Ablehnung als sozial und wirtschaftlich bedingt rationalisiert.

Die hier angesprochenen, nur kurz skizzierten Veränderungen werden aus des Soziologen Sicht durch *soziale Kontrolle* bestimmt. Verstehen wir, ohne auf Einzelheiten einzugehen, unter sozialer Kontrolle den Prozeß, durch den eine Gesellschaft oder eine Gruppe sucht, sich den Gehorsam ihrer Mitglieder mittels bestehender Verhaltensmuster zu sichern, dann haben wir uns im vorliegenden Zusammenhang den *Kontrollinstanzen* zuzuwenden, denen der Künstler heutzutage gegenübersteht, insoweit sie seine künstlerische, seine soziale und seine wirtschaftliche Existenz bedingen.

Sprechen wir als erstes von der Kontrollinstanz genannt das *Kunstpublikum*. Weil in einer offenen Gesellschaft das Publikum diffus ist, wird ihm von seiten unwilliger Kunstphilosophen ein sozial und kulturell kontrollierender Einfluß abgesprochen. Überdies, vor allem zur Aufrechterhaltung ihrer althergebrachten Interessen wird von seiten besagter Kunstphilosophen auf die Frage: „Kann das Publikum wollen?" stets deshalb mit einem kategorischen Nein geantwortet, weil sich negative Reaktionen, soziologisch erfaßt negative Verhaltensmuster des Publikums beim Anblick, Lesen oder Hören von Werken der Kunst leicht als Verwirrung, Rationalisierung, Heiterkeit oder Ärger stereotypisieren lassen, während die positiven Verhaltensweisen stärker verinnerlicht sind und weniger stereotypisiert in Erscheinung treten. Doch hiervon abgesehen, kann es sich bei sozialer Kontrolle durch das Publikum als einer *direkten* Aktion tatsächlich nur um barbarische Aktionen wie Bildzerstörung, Verbannung von Künstlern, öffentliche Verspottung oder Anprangerung handeln; weniger barbarisch um den wirtschaftlichen Boykott des Künstlers, indem ihm der Markt verschlossen bleibt. Letzteres jedoch ist eher als eine *indirekte* Aktion anzusehen, und zwar als das Ergebnis der *Funktionen* des Kunstpublikums. Durch sie erreicht das Publikum sozial kontrollierende Wirksamkeit.

Stichwortartig angeführt, erkennen wir als erstes eine erzieherische Funktion, bei der versucht wird, die Kulturelemente der Zeit zu verstehen. Als zweites ist eine pseudokritische Funktion anzuführen, bei der Befriedigung durch Kritik den Selbstzweck darstellt, bestehende Ansichten bestätigt und bestärkt zu sehen. Bei der dritten Funktion, der der Erholung oder Ergötzung, wirkt das Vergnügen als primäre Motivation, wobei Überlegungen eine Rolle spielen, die mit dem Kunstwerk selbst nur noch wenig zu tun haben. Letztlich steht die Funktion der Kunst um der Kunst willen vor uns, bei der Erbauung, Prestige oder Unterhaltung weniger in den Vordergrund treten als die inneren Qualitäten des künstlerischen Objekts. Wenn wir diese hier nur global umrissenen Funktionen in ihrer Wirksamkeit zielend einengen, und zwar nicht direkt auf den Künstler, sondern auf Assoziationen hohen Ansehens, auf Kuratorien, Stiftungen, Berufsverbände, Industriesponsoren, Rundfunk, Fernsehen und andere Organisationen und Institutionen, dann sind es letzten Endes die Funktionen des Kunstpublikums, die mit indirekter Wirksamkeit die Entscheidungen derjenigen Gremien beeinflussen, d. h. ihnen die *aktuelle* Ausübung der sozialen Kontrolle übertragen haben.

Als nächste Kontrollinstanz sind die Künstler selbst, und zwar als *ästhetische Elite* zu nennen. Damit verweise ich auf die zahlreichen künstlerischen Bewegungen, auf freiwillige Assoziationen ohne Satzungen und Funktionäre, wohl aber mit einer fest umrissenen künstlerischen Zielsetzung. Die Einheit von derlei künstlerischen Bewegungen in gleich welchem Kunstgenre besteht vordringlich in der Einheit des Ausdrucks. Werden solche die traditionelle Ordnung störenden Bewegungen von gleich welcher Seite abgelehnt, werden sich die Anhänger solcher informellen Bewegungen ihrer Eigenart und Ziele so stark bewußt, daß sie in ihrer extremsten Form die Ebene der Propaganda erreichen, dann sind betonter Nonkonformismus und pseudobohemisches Verhalten die eine Seite der sozialen Kontrolle durch die ästhetische Elite, während auf der anderen Intoleranz, Traditionsgebundenheit und Verlangen nach Loyalität ihren kontrollierenden Druck ausüben.

Letztlich komme ich bei der Analyse der sozialen Kontrolle zu den *kritischen Eliten*, jenen Gruppen, die zwischen der ästhetischen Elite und dem Kunstpublikum stehen und oft als ‚Geschmacksfabrikanten" bezeichnet werden. Bei ihnen brauchen wir uns nicht lange aufzuhalten. Denn ob Zeitungs- und Zeitschriftenkritiker oder Kulturredakteure bei Rundfunk und Fernsehen, sie sind zu einflußreichen Faktoren im Prozeß der sozialen Kontrolle geworden. Und zwar nicht nur, weil sie ihrer ureigensten Aufgabe, nämlich der der Erziehung und Kritik, Genüge leisten, sondern auch, weil es ihnen gegeben ist, neue Künstler und neue Bewegungen zu unterstützen oder abzulehnen, im schädlichsten Fall zu ignorieren.

Nun darf es nicht verwundern, wenn wir auch den Staat unter die kritische Elite einreihen. Ist er doch als eine Subventionsinstanz zugleich auch eine Kontrollinstanz, wodurch – wie sich unter den totalitären Herrschaften des Nazismus und des Kommunismus gezeigt hat – die gesamte Existenzfrage des Künstlers berührt wird. Zu Recht rüttelt ein Entrüstungsschrei die Künstlerschaft auf, wenn außerkünstlerische Instanzen sich das Recht anmaßen, letzte Entscheidungen über die Ausübung und Verwertung von Kunstwerken fällen. Unüberlegterweise wird in diesem Zusammenhang sofort von Unfreiheit schlechthin gesprochen, wird jedweder Eingriff des Staates – und sei es auch der liberalste – als eine Minderung der künstlerischen Freiheit an den Pranger gestellt.

Damit ist es jedoch nicht getan. Auch lassen sich die diversen Künstlergruppen nicht von ihrer Angst vor Freiheitsbeschränkung befreien, indem man ihnen nachweist, daß sich der Staat bereits seit Beginn des zwanzigsten Jahrhunderts einer Anzahl von sozialen Aktivitäten angenommen hat, und daß die Aufgabe, für die soziale Sicherung seiner Bevölkerung zu sorgen, heute sein primäres Anliegen ist. Noch weniger ist es damit getan, wenn dem Künstler zugerufen wird, er lege jedwede soziale Kontrolle beiseite und wahre seine schöpferische Freiheit im Anderssein, was individuell gesehen, zum asozialen Einzelgängertum führt, kollektiv betrachtet zu dem, was es zu verhüten gilt nämlich zur Designation von Kunstwerken und ihren Schöpfern als „abartig". Vermengen sich schon hier sowohl bei den Künstergruppen wie bei denjenigen, die sich schützend vor diese Gruppen stellen, Ideologie und Wirklichkeit dann noch um so mehr, wenn zur Abwehr von sozialer Kontrolle von der „geistigen Sendung" des Künstlers gesprochen wird, „deren Segen der gesamten Menschheit zuteil wird". Das Denken in vagen Begriffen und Vorstellungen bedeutet nicht mehr und nicht weniger, als den Rückzug von der sozialen Wirklichkeit. Diese aber lautet, den Zusammenhang unserer Darlegungen bestimmend: Freiheit hin oder Freiheit her – wovon wird der Künstler leben, wenn er zur Untätigkeit verdammt wird.

ARIF ER RASCHID

Der Kunstmarkt

Ein Künstler, der heutzutage Karriere machen möchte, hat sich nach den „ungeschriebenen Gesetzen" des Kunstmarktes zu richten. Der Werdegang eines Künstlers, bzw. der Erfolg eines Künstlers hängt vielfach davon ab, wo und wie oft er schon ausgestellt wurde oder ausgestellt hat. Es ist schon ein ein großer Unterschied, ob er in einer Sparkasse oder in einem renomierten Museum ausstellt, denn dies macht genau seine Reputation aus.

Banken allgemein stellen gerne Kunst aus und geben sich dadurch einen guten Ruf gegenüber geschäftlichen Partnern und eventuellen Kunden im angesehenen kulturellen Bereich. Aber für einen Künstler selber ist es wichtiger, von einer Institution protegiert zu werden, die ausschließlich in diesem Bereich zu Hause ist. Zum Beispiel Jeff Koons mietete das Museum of Modern Art für seine erste Ausstellung und gelangte dadurch zu Weltruhm, da nicht nur das Ambiente stimmte, sondern auch seine Gästeliste und die dazu gehörende Publicity.

Eine weitere goldene Regel ist, daß man viele Ausstellungen an wichtigen Orten gemacht haben muß und das, wenn möglich international. In der zeitgenössischen Kunst gibt es gewisse Städte, die einem Künstler sehr behilflich sind. An erster Stelle wären New York und Köln zu nennen. Aber auch London, Tokio, Barcelona und die Städte, die Biennalen veranstalten.

Anhand einer solchen Vita kann man erkennen, ob ein Künstler einen ernstzunehmenden Werdegang hat oder nicht. Weiterhin ist es wichtig, ob ein Künstler protegiert wird, sei es ein Galerist oder ein gutsituierter Kaufmann, der sich durch die damit verbundene kulturelle Gesellschaft einen besonderen Status erwerben möchte, denn eines ist ganz gewiß, die Gesellschaft, die sich der feinen, bildenden Kunst widmet, zählt zu den einflußreichsten. Ein Protegant kann dem Künstler ein großes Potential an Kunden zukommen lassen, das wiederum heißt, daß wenn ein Künstler von bekannten Persönlichkeiten oder Unternehmen gesammelt wird, das schon ein Gütezeichen für sich ist. Nehmen wir als Beispiel die Werbeagentur Saatchi & Saatchi, die eine eigene Sammlung von jungen Künstlern hat.

Jahrelang war es ausschlaggebend, daß, wer von den beiden Brüdern gesammelt wurde, auch internationale Akzeptanz erhielt und den ersten Weg zur Karriere erklommen hatte.

Zunächst einmal muß ein gewisser Bekanntheitsgrad erreicht sein und das idealerweise auf internationalem Markt. Dann müssen die Arbeiten schwer zu erwerben sein, da der Künstler nur von einem einzigen Galeristen vertreten wird.

Am Beispiel einer Auktion alter Kunst versteht man einige Faktoren, die auch die Bewertung zeitgenössischer Kunst beeinflussen:

Häufig werden solche Verkäufe durch einen Todesfall, finanziellen Ruin oder Scheidung herbeigerufen. Nehmen wir an, Herr X stirbt unvorhergesehen und die Erben können sich nicht einig werden, so gibt man ein solches Kunstwerk in die Auktion. Ein Beispiel: als Gloria von Thurn und Taxis 9 Mio DM Steuerschulden hatte und einen kompletten Räumungsverkauf durch das Auktionshaus Sotheby's organisierte, waren drei wichtige Voraussetzungen gegeben. Es war Sotheby's, eines der führenden Auktionshäuser, die Familie Thurn und Taxis dafür bekannt, eine große spektakuläre Sammlung zu haben und außergewöhnlich reich zu sein. Verschiedene Experten taxierten die Sammlung auf ca. ²/₃ des eigentlichen Wertes, um Käufer anzuziehen, bereiteten Hochglanzkataloge vor, die selbst schon Sammlerwert hatten und filterten die Klientel. Man konnte ein Kopf-an-Kopf-Rennen um die Stücke erwarten, denn man könnte hinterher behaupten, daß das ersteigerte Stück ja einst seit 300 Jahren in Fürstenbesitz und somit selten und mit außergewöhnlicher Provenance versehen ist. Tatsache ist, daß alle Faktoren sich zum Vorteil ausgewirkt haben und daß die Auktion über 21 Mio. erwirtschaftete.

Eine weitere Regel ist, daß ein Künstler, der sich selbst auf dem Markt anbieten muß immer schlechtere Chancen hat und oftmals nicht akzeptiert oder ernst genommen wird. Ein Künstler sollte darauf bedacht sein, Eigenes zu kreieren, zu planen, zu bewerkstelligen, denn das gibt seiner Arbeit ein Spektrum der Individualität und der Vielfältigkeit und gibt Richtlinien an.

Wenn ein Künstler von einem Galeristen vertreten wird, dann ist es sehr wichtig, auf welchem Sektor der Galerist arbeitet. Ist er international vertreten mit den entsprechenden Kontakten und genießt er eine gute Reputation, kann er mit Museen und anderen Galeristen zusammenarbeiten. Ausschlaggebend ist auch die Erfahrung, die der Galerist mit sich bringt, denn die Irrfahrt auf dem Wege zum Erfolg kann sehr groß und langwierig sein. Ein Galerist plant die Ausstellungen eines Künstlers, bereitet Kataloge vor, finanziert teilweise das Leben eines Künstlers, motiviert und inspiriert den Künstler. Sein Honorar ist hierbei meistens 50 % der Einnahmen der verkauften Werke. Die Arbeitsmethoden eines Galeristen sind dabei sehr unterschiedlich.

Gerne gibt er Arbeiten in Kommission eines anderen Händlers oder hält gar Werke ein paar Jahre zurück, bis der Markt und dessen Preise wieder in Ordnung gebracht sind. Wichtig ist auch, wen der Galerist kennt und wieviel Einfluß er hat. Sollte ein Künstler, ob noch lebend oder nicht, dann zu Weltruhm gelangen, so können Auktionshäuser und Auktionen ganz neue Marktpreise hervorrufen.

Es ist mittlerweile ein Zeitzeichen geworden, daß die Original-Kunst, wie der Betrachter sie erleben und fühlen kann, eine sekundäre Rolle spielt. Sammler kaufen per Fotografie, Kurse werden anhand von Dias gegeben, das genau dahin führt, daß die Kunst immer konzeptueller wird. Ein schlauer Künstler braucht nur die richtigen Informationen, wie, wo er und wann er was ausstellen muß und wen er dazu noch einladen muß, um auch noch die richtige Presse zu bekommen, damit er möglichst schnell einen Bekanntheitsgrad erreicht, der seine Preise rechtfertigt. Der Markt und dessen Konzeptualität stampfen Möglichkeiten aus dem Nichts, die unter dem Decknamen der Kunst vermarktet werden und das Zeitalter, in dem wir leben, legitimiert es ohne Bedenken.

Unser Index des Realen ist die Ohnmacht der Zeit geworden. Ein absolut überfluteter Markt, der sich bulimiesch verhält, ein Fressen und ein Ausspeien.

Künstler werden nicht mehr an ihrer magischen Aussagekraft gemessen, sondern wo und wann sie ausgestellt haben. Der heute erfolgreiche Künstler legt seine Schwerpunkte auf die Information, an Medien, wie das Fernsehen, das Kino, die Presse und nicht mehr auf die Erfahrung. Der „wahre" Künstler hingegen unterliegt ökonomischen Zwängen und muß immer mehr in Stadtrandgebiete aussiedeln, da die Mieten von ihm nicht mehr zu tragen ist. Das führt dazu, daß sie ausgemeindet werden und die Stadt die wahren Talente immer mehr verliert und als Kunststadt an Bedeutung verliert.

1989 wurde der Kunstmarkt noch spekulativer als selbst die Börse. Banken ermöglichten Händlern, horrende Kredite aufzunehmen, Kunst zu kaufen. Die Preise schnellten hoch bis hin ins Unermeßliche. Konzerne waren bereit, utopische Preise zu zahlen, um ihre Weltreputation aufzubessern, Gelder wurden im Kunsthandel saubergewaschen und der Markt blühte auf wie noch nie. Darum war es auch um so schmerzlicher, als ganze Galerie-Straßen verschwanden, Sammler auf ihren teuer erstandenen Arbeiten sitzenblieben und Museen keine Kunstwerke mehr erstehen konnten, weil die Preise einfach zu hoch waren und damit die eigentliche Kunst der Öffentlichkeit vorenthalten blieb. Dieser Bereich ist uns auch durch Immobilien und Prestigeautos bekannt geworden.

Allgemein ist dazu zu sagen, daß das Vertrauen in die Kunst einfach stark nachließ, und die Verlierer waren dabei die seriösen Händler, die einen sauberen Kunsthandel betrieben und dem Trend trotzten.

Die Zeiten, wo man noch die Romantik im Kunstmarkt finden konnte, scheinen vorbei, der harte Businessman ist gefragt und die Momente des langen Betrachters, der die Kunst im goldenen Sonnenschein in sich fühlen kann, verliert für die meisten immer mehr an Bedeutung.

Es mag absurd erscheinen, da diese Regel zu einfach wirkt, aber ich würde einem jeden angehenden Sammler raten, nur nach seinem eigenen Geschmack zu kaufen und zu sammeln. Natürlich ist es sinnvoll, „junge Kunst" zu sammeln, deren Preise noch erschwinglich sind.

V.
KREATIVE KÜNSTLER

JOHANNES WICKERT

Das Bild in der Kirche
Ikonoklasten gegen Ikonodulen

Schuster: Wie steht es heute mit der Kirchenmalerei?

Wickert: Ich unterscheide zwischen Bildwerken allgemeiner Art, die dadurch zur Kirchenkunst werden, daß ihnen in einer Kirche ein Platz zugewiesen wird. Irgendeine existentielle, die Lage des Menschen, der Welt oder des Himmels betreffende Aussage kann dort entdeckt werden. Und leicht erhalten am religiösen Ort Farbe und Form religiöse Projektionen. Andere Arbeiten werden von der Absicht motiviert, ein religiöses Thema zu gestalten – ob ein offizieller, kirchlicher Auftrag vorliegt oder nicht. Aber welche Materialien verwandt werden, welche Stilrichtung gewählt wird, ob abstrakt oder gegenständlich gemalt wird, alles wird zum Ausgang unseres Jahrhunderts höchst individuell entschieden. Übrigens werden in der Nachkriegszeit die meisten kirchlichen Kunstwünsche durch ein Sortiment zufriedengestellt, das das Kunsthandwerk, manchmal größere Firmen, auf Bestellung liefert. Aber es gibt Lichtpunkte: Ich erinnere an die Kirchenfenster von Chagall, an die Kapelle auf der Höhe Ronchamps von Le Corbusier, oder an die späte Kirchenkunst von Matisse, oder denken Sie beispielsweise an bedeutende sakrale Werke von Künstlern wie Mataré, Rothko, Meistermann ...

Schuster: Und wie steht es nun um Ihre eigene Kirchenmalerei?

Wickert: Bei mir arbeiten beide Berufe, die Malerei und die Psychologie, zusammen. Wenn ein religiöses Thema mich malerisch beschäftigt, so denke ich lange darüber nach, studiere die einschlägige Literatur und versuche, den Sinn des Themas psychologisch zu erfassen. Ich suche nach Grundmustern biblischer Ereignisse, die zeitlos sind. So erhielt ich den Auftrag, die Szene „Philippus bekehrt den Kämmerer aus Äthiopien" zu malen. Es ging mir dabei um eine durchaus aktuelle Situation: Ein Einheimischer, Philippus, begegnet einem Ausländer. Zwischen beiden gelingt auf der Basis des Glaubens eine echte Kommunikation – aber was ist Kommunikation? Wie kann ich das, was ich davon verstehe, bildnerisch ausdrücken? Einher mit dieser gedanklichen Auseinandersetzung gehen erste, zeichnerische Entwürfe. Die Kooperation von Kopf und Hand durchzieht den gesamten malerischen Prozeß. Malen ist für mich ein anspruchsvolles Handwerk, das eben handwerkliches Können erfordert. Meine Bilder entstehen in hunderten Stunden des Übens, Probierens, Experimentierens, Korrigierens und Neumachens. Nicht selten arbeite ich an einem Bild weiter, nachdem es von einer Ausstellung zurückgekommen ist. Hartnäckigkeit und Fleiß halte ich für die wichtigsten Tugenden eines Malers. Seit meiner Kindheit male ich täglich oder nächtlich.

Schuster: Verspüren Sie einen inneren Auftrag, so energisch Ihre malerische Arbeit zu tun?

Wickert: Ich habe wenig Selbstbewußtsein oder gar Sendungsbewußtsein. Motor meines Schaffens ist der Zweifel und eine unbequeme Selbstkritik. Denn aus der Ungewißheit, ob ein fertiges Bild gelungen sei oder besser ungemalt geblieben wäre, beginne ich hoffnungsfroh ein neues. Alles Geleistete erhält den Rang einer Vorbereitung. Es ist eine Art Schamgefühl, das ich in der Zuversicht auf ein zukünftiges, besseres Werk zu überwinden suche.

Im Augenblick, wenn der Pinsel den Malgrund berührt, bin ich selber Pinsel. Ob ein Bild authentisch ist, dies garantiert nicht zuletzt die Präsenzzeit des Malens, die alle Vorbereitungen unterbricht und alle Erwartungen verbietet.

Was die inhaltliche Seite betrifft, so bleibt dem Kirchenmaler die Anstrengung um eine eigene religiöse Position nicht erspart. Ein Bild sollte beseelt sein von der Freude und Kraft des eigenen Glaubens.

Schuster: Welche Erfahrungen haben nun Sie mit der Kirche als Auftraggeberin gemacht?

Wickert: Was die italienischen Kirchen betrifft, so habe ich meist ein feuriges Engagement erfahren: Die Verantwortlichen – bis zum Bischof – erörterten gründlich meine Entwürfe zu einem von Ihnen gestellten Thema. Die Bilder selbst entstanden in den Kirchenräumen, und täglich diskutierten einige vorbeikommende Gemeindemitglieder über meine Anfänge, freuten sich über Fortschritte und gaben für „ihr" Bild gutgemeinte Ratschläge. Im Grunde ist dies eine Gruppenmalerei, bei der ich der Ausführende freilich mit der Rolle eines Gruppenleiters bin. Ich nehme die Ansichten jener Menschen ernst, die fortan mit dem Bild leben müssen. Die Enthüllung gibt oft dann Anlaß zu einem fröhlichen Gemeindefest. Aber ich kenne auch eine andere Seite. Hierzu ein Beispiel: Ich habe ein Abendmahl-Bild bearbeitet, das abgelehnt wurde, weil am Tisch des Herrn zwei Frauen saßen. Das Gemälde sagte durchaus zu, ich hörte, man wolle es gerne übernehmen, wenn aus den beiden Frauengestalten zwei Männer würden – ein Wunsch, den ich nicht erfüllen wollte.

Schuster: Sie mußten dann nicht nur ihr Werk zurücknehmen, sondern haben vielleicht auch einen finanziellen Verlust erfahren!

Wickert: Ich habe niemals für meine Kirchenmalerei ein Honorar erhalten. Wenn ein Plan Kosten verursachte, die ich selbst nicht tragen wollte – etwa durch die Installation eines Gerüstes – wurde er gestrichen. Einmal stand in einer Zeitung: „Er arbeitet für einen Gotteslohn." Hier steckt ein erstes grundsätzliches, heikles Problem: der heutige Kirchenmaler kann im allgemeinen sich nicht ausschließlich seiner Aufgabe widmen, er muß zur Sicherung seiner bürgerlichen Existenz Zeit und Arbeitskraft zugunsten einer anderen Erwerbsquelle aufbringen. Aber ich muß in meine Klage noch einen zweiten schwerwiegenderen Punkt aufnehmen. Die meisten Menschen sind durch tägliches übersättigendes Bilder-Sehen augenmüde. Im Kanon der Reize erreicht sensible anspruchsvolle Malerei nur einen untergeordneten Rang. Wie auch in anderen Bereichen des kulturellen Schaffens, braucht ein gelungenes Bild wache, konzentrierte, offene, durchaus kritische Betrachter, die zum Dialog bereit sein können.

Schuster: Eher wirken heute spektakuläre, reißerische Inszenierungen mit Blut und Fäkalien ...

Wickert: ... eher als eine in langer stiller Arbeit errungene, tiefschürfende Bildkomposition. In der Renaissance gelangte die Malerei nicht zuletzt deshalb zu einer kraftvollen, schönen Blüte, weil sich das Kunstverständnis der Auftraggeber und Betrachter durch ein hohes Niveau auszeichnete. Bild und Publikum müssen eigentlich eine gleichgewichtige Partnerschaft bilden. Der heutige Maler übt sich gewöhnlich darin, auf diesen adäquaten Austausch zu verzichten und übergibt sein unbemerktes Bild der optischen Reizflut.

Schuster: Das klingt nun aber sehr resignativ. Ich erinnere mich, daß Günther Grass in einem Vortrag kritisch die Damen und Herren der Medien als die eigentlichen Künstler unserer Zivilisation bezeichnete.

Wickert: Kunst ist heute dann Kunst, wenn die Medien ein Bild aussortieren und bewerten. Es wird ein kleines Sträußchen gepflückt aus Blumen nahezu gleicher Spezies, die auf einer an sich bunten, weiten Wiese wachsen. Die Macht weniger Experten, die ein Netz bilden und entscheiden, wer überhaupt ein Maler ist, kooperiert mit der der Massenmedien. Die Exponate so mancher Kunstmesse könnten allesamt von einem Künstler stammen. Lebendiges Kunstschaffen jedoch bringt Vielseitigkeit hervor. Die Maler unter sich schätzen – nach meiner Erfahrung – die Maxime: „Malen und malen lassen!", aber die „Zensur" leidet unter der Einheitlichkeit ihres eigenen Geschmacks und fügt damit unserer Kultur einen beträchtlichen Schaden zu. So wird heute, weitverbreitet, malerisches Können als eine Art Kompensation fehlender Künstlerschaft eingestuft: Wem Genialität fehle, der glaube durch Arbeit, Leiden, Fleiß und Übung täuschen zu können.

Schuster: Was ist nach Ihrer Meinung da zu tun?

Wickert: Jede Malergeneration muß sich in einer je eigenen Kampfform üben. Gegen Ignoranz des Publikums und dogmatische Modernität der Experten des Kunstbetriebes hilft, individuell und unbeirrt um malerische Wahrheit, um geistig-ästhetischen Gehalt, um eine verstehbare Formensprache zu ringen, bienenfleißig zu arbeiten, sich selbst durch die Freude der Farben zu belohnen, durch die Welt der Bilder unsere Realität zu verdoppeln und eben ohne Publikumsaugen, die andernorts beschäftigt sind, sich mit wenigen Freunden zu verständigen, die sehen wollen und sehen können. Wenn es eine Rose ist, wird sie – mit Zeitverzögerung – blühen. Kunst macht keine linear verlaufenden Fortschritte. Neue Kunst kann heißen: etwas Vergessenes, Vernachlässigtes wiederzubeleben. Ein gutes Bild darf sich für einen Beschauer nicht auf den ersten Blick verausgaben. Es muß verschlossen-reich sein, immer wieder Unentdecktes bergen lassen, eine Dichte von Form, Farbe und Inhaltlichkeit aufweisen – „ich kann mich satt nicht sehen ..." Ein gutes Bild muß seinen Besitzer überdauern.

Das Bild in der Kirche 131

Schuster: Sie wollen, wenn ich recht sehe, malerische Qualität und die schon besprochene exegetische Funktion der Kirchenmalerei verknüpfen. Ich denke dabei jetzt an ihr Lieblingsthema „Füße", das sie auf zahlreichen Bildern dargestellt haben. Ich lese über Sie: „Ein Kirchenmaler deutet Christi Leidensgeschichte vom Fuß her neu." (vgl. Abb. 13 u. 14)

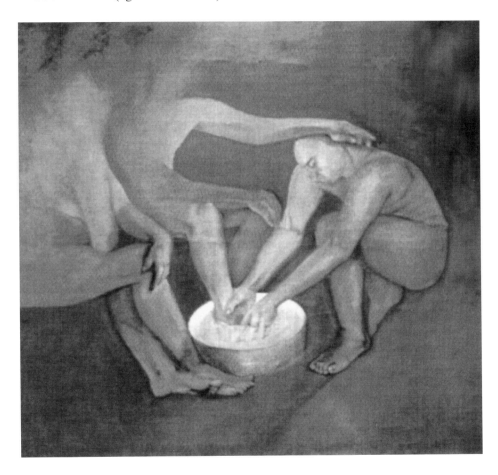

Abb. 13: Johannes Wickert, Fußwaschung (1992), Öl auf Leinwand 2 × 2 m

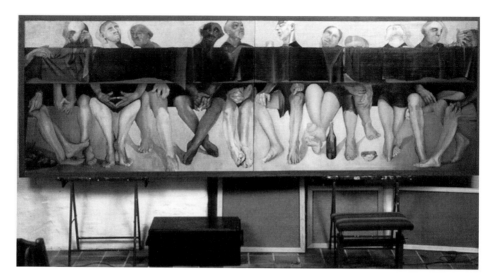

Abb. 14: Johannes Wickert, Abendmal mit sprechenden Beinen (1990), 4,20 × 1,40 m

Wickert: Füße sind ein vergessener Körperteil, der auch in der Geschichte der Malerei zu kurz kam. Selbst große Meister bevorzugten oft nur ein Fußschema. Es gibt Ausnahmen: Mantegna, Grünewald, Magritte, Baselitz u. a., die in ihren Bildern individuelle Fußgestalten schufen. Denn eines jeden Menschen Füße weisen eine unverwechselbare Physiognomie und ein einmaliges Verhaltensrepertoire auf. Statt eines Konterfeis können in der Tat gestaltete Füße ein höchst individuelles, charakteristisches Bildnis darstellen. Nach meinem Kunststudium, mit dem Schwerpunkt Porträtmalerei, begann ich durchaus oben mit der malerischen Bearbeitung des menschlichen Gesichts. Aber langjähriges Malen und Psychologisieren grübelte die künstlerische Praxis immer weiter nach unten bis zum Fußgesicht, mit dem der Mensch die Erde berührt. Wie ein Mensch auf der Erde steht, ist eine Chiffre für seinen Weltbezug, wie er geht, ist ein Sinnbild seiner Aktivität.

Hinzu kommt noch: Der untere Teil des menschlichen Körpers, die geheime Welt unter dem Tischtuch, erregt viel stärker meine Neugier als das im Blickfeld liegende, offizielle Verhalten. Oben kontrollieren soziale Normen weitgehend das Geschehen, während dort, im Verborgenen, jene vergessenen Füße unmittelbarer, authentischer, ehrlicher, innere psychische Zustände und Prozesse auszudrücken vermögen.

Drittens schließlich: Eine der ersten Fußforscher, Jean D'Artis, legte 1619 seine Fußlehre vor und weist darin nach, daß bereits bei Homer, Hesiod und Sophokles von einer religiös-methologischen Belastung der Füße gesprochen wird. Das Göttliche der Gottheit liege viel eher in den Füßen als anderswo, analog sei das Menschliche im Menschen in seinen Füßen zu entdecken. Sie seien der Zugang zum „Erkenne Dich selbst". Wenn der Mensch sterbe, so sterbe er zuerst am Fuße. Denn dort wohne die ganze Seele mit all ihren Vermögen, die Richtschnur unseres Lebens sein solle.

Schuster: Aber welcher Zusammenhang besteht nun zur Kirchenmalerei?

Wickert: Religionsgeschichtlich gesehen wandern die Füße durch die Jahrhunderte und tragen einen doppelten Sinn mit sich: sie sind h e i l i g und s ü n d i g. Das Sündige geht auf Achilles zurück. Die griechische Mythologie erzählt von dem wundersamen Bad in den Wassern des Styx, das den jungen Achilles vor Lebensunglück zu schützen vermochte. Allerdings blieb bei diesem Bade seine Ferse unbenetzt – ausgerechnet die Ferse, in der die Wollust sitzt, weil sie, die nach dieser Mythologie, durch eine Ader direkt mit dem Becken verbunden ist. Einige Kirchenväter nun, vor allem Ambrosius, ließen sich von dieser Geschichte bei der Interpretation des Sündenfalls inspirieren: Die Schlange, des Menschen Feindin, spritzte nämlich ihr böses Gift in Adams Ferse. Seitdem ist der Mensch an dieser Stelle verwundet – und sündig. Es war die Fußwaschung durch Jesus, durch die jene Wunde quasi desinfiziert und von der höllischen Verführungskraft des Schlangengiftes befreit wurde. Erst durch dieses Sakrament erhalten die Füße jene geistig-seelische Größe zurück, wie sie ihnen in anderen Kulturen, z.B. in der indischen, zugesprochen wird. In der Szene der Fußwaschung – ich habe sie gemalt – liegt eine tiefe Bedeutung: Im traditionellen jüdischen Häusern war die Fußwaschung – etwa ankommender Gäste – die Aufgabe niedrigster Sklaven. Wenn nun Jesus, der Herr, der König, sich bückt, um seinen Jüngern die Füße zu waschen, so ist diese Hinneigung, ist dieser Rollentausch Ausdruck tiefster Demut und Nächstenliebe. Gleichzeitig ist, nach der Erklärung der Kirchenväter, die Fußwaschung mit der Sündenvergebung gleichzusetzen.

Schuster: Ich nenne nur das Stichwort „Mandatum", ein Brauchtum mittelalterlicher Klöster, in vielfältiger Weise Fußwaschungen durchzuführen – haben Sie aus all diesen Gründen so viele Füße für Kirchen gemalt?

Wickert: Einige Male habe ich großformatig das Sujet des Letzten Abendmahles gemalt mit Blickrichtung unter den Tisch. Für die einzelnen Aposteln und Frauen suchte ich, orientiert an jenen Kenntnissen, die ich über ihre Persönlichkeiten in Erfahrung bringen konnte, geeignete Modelle, deren Füße und Waden ich studierte und malte. Was für einen herrlichen Bestand an Heiligkeit aufeinander abgestimmter Fußformen konnte ich da ausfindig machen!

Schuster: Hatten Sie Erfolg damit?

Wickert: Als vor einiger Zeit ein großes Abendmahl der Füße in der Basilika St. Severin in Köln ausgestellt war, kamen viele Hunderte Besucher. – Aber was ist Erfolg?

RÜDIGER BERGMANN

Malerei unter Wasser

Das Wasser, das Urmeer, ist die Urheimat allen Lebens. Der Erlebnisraum Meer – faszinierend in seiner Vielfalt an Farben und Formen, ängstigend in seiner schier unergründlichen Tiefe und ob der Unzahl seiner Bewohner – übt auf mich eine unaufhörliche Faszination aus (vgl. Abb. 15 u. 16).

Abb. 15: Rüdiger Bergmann, Submarine Landschaft (1988). Ölpastellkreide auf Pokalon, 38 × 52

Wie die Impressionisten zu Beginn dieses Jahrhunderts hinaus in die Natur gegangen sind, um das Spiel von Licht und Schatten in ihren Bildern aufzunehmen, begebe ich mich hinab auf den Meeresboden und halte dort Formen und Farben in Zeichnungen fest. Das Meer wird dann zu meinem Atelier. So kann ich die wunderbare Unterwasserwelt einem größeren Publikum nahebringen. Die Malerei unter Wasser, die seit über zehn Jahren einen kleinen, aber festen Bestandteil meiner kreativen Arbeit bildet, hat sich ganz allmählich entwickelt.

Malerei unter Wasser 135

Abb. 16: Rüdiger Bergmann bei seiner Malerei unter Wasser in 22 m Tiefe im Indischen Ozean (Malediven)

Vor etwa zwanzig Jahren habe ich meiner schon immer vorhandenen Vorliebe zum Wasser mit der Ausbildung zum Sporttaucher einen entscheidenden Impuls gegeben. Mir war es damit möglich, die Unterwasserreviere am Mittelmeer, Roten Meer, Atlantik, Indischen Ozean und Pazifik zu betauchen. Mit steigender Tauchtiefe verringert sich auch die jeweils vorhandene Lichtstärke. Mit Hilfe von Taucherlampen ist es möglich, die fremdartige Unterwasserschönheit in voller Farbigkeit zu erleben. Die dann noch unter Wasser selbst aufgenommenen Fotografien intensivierten und festigten das unter Wasser Erlebte und steigerten meine Begeisterung zur faszinierenden Unterwasserwelt.

Diese Eindrücke haben sich zunächst unbewußt in meine damalige kreative Arbeit eingebracht. In der thematischen Bearbeitung der Afro-Gemme – ein nach einer Safari in Kenia zu Hause wiederentdecktes Gehörn einer Antilopenart – die in Bildern, Grafiken und Skulpturen bearbeitet wurde, tauchten bei Kreidezeichnungen unbewußt die Komposition ergänzende Schnecken und Muscheln auf. Bei Steinskulpturen tat sich Platz auf für Seegras und weitere Momente aus der Unterwasserwelt. Diese Tatsache veranlaßte mich, von diesem Zeitpunkt an die submarinen Erlebnisse bevorzugt thematisch zu bearbeiten.

Hierbei wurde meine Neugierde geweckt, Material zu finden, um die im Atelier kreativ verarbeiteten Taucherlebnisse außer in den klassischen Techniken auch vor Ort – also unter Wasser – festzuhalten. Denn von der Malerei unter Wasser hatte ich schon gehört. In der Mannschaft von Jaques-Yves Cousteau gab es einen Taucher, der mit einem Spachtel Ölfarbe auf eine Leinwand aufgetragen hat, was aber wegen des Salzwassers zu keinem optimalen Ergebnis geführt haben soll.

Dann fiel mir auf, daß Wachsmalstifte auf Kunststoffolien gut haften. Es folgten viele Versuche mit diesen Materialien in einem Wasserbad. Als optimales Malmittel kristallisierte sich mittelweiche Ölpastellkreide heraus. Als Malgrund nehme ich Pokalon, eine auf einer Seite leicht angerauhte Kunststoffolie der Lonza Werke.

Mit der modernen Tauchtechnik vertraut, begebe ich mich – ausgestattet mit den Malutensilien und einem Zeichenbrett aus Kunststoff – unter die Wasseroberfläche, um mir in Tiefen bis zu 20 m einen Arbeitsplatz mit entsprechenden Motiven zu suchen.

Mit zunehmender Wassertiefe verringert sich die Farbintensität, das Wasser filtert das Tageslicht und deckt die Umgebung in ein nuanciertes Blaugrün. Die Sicht kann je nach Beschaffenheit des Wassers und bei starker Strömung nur wenige Meter betragen. Schon diese Naturgegebenheiten abstrahieren alles Gegenständliche. Sind anfangs nur unklare Umrisse erkennbar, gewinnt das Schemenhafte erst beim Näherkommen an Gestalt.

Im Laufe der Zeit haben sich Sandmulden oder unbewachsene Felsen im ruhigen Wasser bei hohem Sonnenstand als optimaler Schaffensstandort erwiesen. Von Plätzen, die direkt in der Strömung liegen, bei denen das Verbleiben auf einer Stelle und die Tauchinstrumente erhebliche Aufmerksamkeit benötigen, habe ich Abstand genommen.

Der Malvorgang muß zügig erfolgen, denn der Aufenthalt in diesem Urelement ist begrenzt. Es ist weniger die zur Neige gehende Atemluft in der Preßluftflasche, sondern mehr die an sich warme Wassertemperatur, die trotz Schutzanzug den Körper allmählich auskühlt. So hat sich in der Praxis für den einzelnen Malvorgang eine durchschnittliche Tauchzeit von einer bis eineinhalber Stunde als optimal erwiesen.

Zunächst ist der Sporttaucher im Riff ein ungewohnter Eindringling. Die meisten Riffbewohner ziehen sich zum eigenen Schutz zurück. Aber etwa nach zehn Minuten ist das gewohnte Treiben im Riff wiederhergestellt. So kann sich der Eidechsenfisch vor mir wieder auf Lauer legen oder der Zackenbarsch neben mir sich ausgiebig durch Lippfische und Putzerkrabben von Parasiten befreien lassen. Interessant ist auch, welche Strecken die unbeweglich erscheinenden Seesterne während eines Malvorgangs zurücklegen können. Besonders beeindruckend zu beobachten sind ganz nah vorbeiziehende Adlerrochen, die dann kurz vor Fertigstellung des Bildes sich auf ihrem Rückweg noch einmal in ganzer Schönheit zeigen.

Beim Malen unter Wasser habe ich auch daran gedacht, die Bilder einmal in dem Element auszustellen, in dem sie entstanden sind. So erfolgte 1984 nach der Malerei unter Wasser die Präsentation eines Teiles der Bilder im Riff vor der Malediveninsel

Giravaru im Nord Male Atoll im Rahmen eines Happenings. Die Bilder wurden zwischen abgestorbenen Korallen an verschiedenen Schnüren befestigt. Dies erforderte große Geschicklichkeit und Vorsicht auch von den beteiligten Tauchern, galt es doch, ein ästhetisches Ausstellungskonzept zu wahren, dabei aber die empfindliche Unterwasserwelt nicht zu beschädigen.

Eine erste Unterwasserausstellung veranstaltete ich im gleichen Jahr im Hallenbad Wesseling. Um ein besseres Ausstellungsbild zu erreichen, habe ich neben den Unterwasserzeichnungen abwechselnd größere, im Atelier entstandene Formate aufgehängt. Über Videokamera konnte man vor einem Bildschirm und an Bullaugen das gesamte Geschehen verfolgen. Zu dieser Premiere hatten sich die Besucher in Abendgarderobe ins Wasser begeben, denn es war die allererste Unterwasserausstellung überhaupt.

Dieses Ereignis ergab ein beachtliches Medienecho in regionalen und überregionalen Tageszeitungen, Kunstmagazinen und Zeitschriften. Mit weiteren Unterwasserausstellungen, bei denen der Auf- und Abbau mit Hilfe des Publikums als Happening veranstaltet wurde, zuletzt nur in Verbindung mit „trockenen Ausstellungen" in Galerien und Kunstvereinen, ergaben sich auch Berichterstattungen von deutschen und amerikanischen Fernsehsendern. Gleichzeitig konnte bei diesen Ereignissen das Publikum die Arbeitssituation im open-water-studio des Künstlers mit den geänderten Sichtverhältnissen, der Schwerelosigkeit, dem völlig anderen Umgebungsgefühl und dem verlangsamten Bewegungsablauf im Wasser kennenlernen.

Wenn ich als kreativ Schaffender auch mit Vorliebe die Formen der Schnecke in unterschiedlichsten Techniken einschließlich Unterwasserzeichnung darstelle, will ich mich nicht in ein solches Gehäuse zurückziehen. Zwar rät Rodin aufgrund seiner Erfahrungen in seinem Testament jungen Leuten, die sich in den Dienst der Schönheit stellen wollen, keine Zeit mit der Anknüpfung gesellschaftlicher oder politischer Beziehungen zu versäumen, denn es ist kaum jemand ausschließlich in seinem Atelier entdeckt worden.

Aus der Malerei der Unterwasserzeichnungen hat sich insbesondere bei der Darstellung der von sich im Takt und Rhythmus der Strömung wiegenden Meeresflora die Dünung als eigenständiges Thema im Atelier entwickelt.

Als Ergebnis steht die fertige Unterwasserzeichnung, die – mit einem farbigen Chromoluxpapier hinterlegt – besonders gerahmt wird, damit die andersartige Herkunft dieser Bilder deutlich wird. Diese Arbeiten werden in trockenen Ausstellungsräumen, wie Museen, Galerien oder Kunstvereinen, gleichberechtigt neben den übrigen Techniken ausgestellt. Sie geben den Zustand des tropischen Riffs wieder und können so auch als Zeitdokument angesehen werden.

HEATHER BUSCH / BURTON SILVER

Kunst von Katzen[29]

Der typische hochgebogene Schwanz einer neugierigen Katze, aus dem unser Fragezeichen entstanden ist – bis hin zum Punkt!

Erkennen Sie das Zeichen, zu dem der Schwanz der Katze geformt ist? Der kätzische Ursprung des Fragezeichens ist uns viel zuwenig bewußt. Katzen signalisieren durch die Stellung ihres Schwanzes ihre wechselnden Stimmungen und Wahrnehmungen. Und da der Mensch schon in früheren Kulturen davon ausging, daß Katzen über ein geheimes Wissen verfügen, hielt man diese Signale für wichtig und ließ sie in die ersten menschlichen Schriftzeichen einfließen. So findet man den typischen hochgebogenen Schwanz der neugierigen Katze immer noch in fast allen Texten als Symbol für eine Frage.

Natürlich ist uns klar, daß wir uns mit Katzen niemals so verständigen können wie mit Menschen – und auch Katzen nicht mit uns. Zwar hat man Delphine und Schimpansen schon sehr erfolgreich darauf abgerichtet, menschliche Befehle zu verstehen und darauf zu reagieren. Trotzdem ist die Kluft, die den Menschen von einem Verständnis der Psyche des Tiers trennt, nach wie vor groß. Und die Tatsache, daß sich bisher fast alle Versuche, die tierische Umweltwahrnehmung zu analysieren, auf streng empirische Methoden beschränken, trägt auch nicht gerade dazu bei, diese Kluft zu verringern.

Wir sind der Meinung, daß man durch eine *künstlerische* Betrachtung ihres Reviermarkierungsverhaltens viel mehr über die Wahrnehmung der Hauskatze lernen kann als im Rahmen rein wissenschaftlicher Untersuchungen. Die Biologen sagen zum Beispiel, daß die künstlerische Aktivität des Menschen dadurch entstand, daß er schon in frühester Zeit das Bedürfnis hatte, sein Territorium und seinen Besitz abzugrenzen und damit als sein Eigentum zu kennzeichnen. Zur Unterstützung dieser Theorie weisen sie darauf hin, daß Kunst so gut wie nie ausschließlich nach objektiven Maßstäben beurteilt wird – der Name des Künstlers als Urheber spielt immer eine Rolle. Ob es sich um Graffiti in der U-Bahn oder um eine Retrospektive im Museum of Modern Art in New York handelt: Für Biologen ist Kunst immer das Endprodukt einer starken Sehnsucht des Menschen nach Status und Anerkennung innerhalb einer Gruppe.

Doch wenn man bedenkt, wieviel mehr Kunst ist und wieviel wir durch sie über die Welt erfahren haben, wird man verstehen, warum wir es für falsch halten, unser Verständnis der Katzenmalerei weiterhin auf eine rein wissenschaftliche Analyse zu beschränken. Theorien über die Ästhetik von Zeichen bei Nicht-Primaten sind nicht neu. Doch ist uns klar, daß jeder Versuch, Markierungen von Katzen als Kunst zu beschreiben, wegen der großen Beliebtheit dieses Haustiers gewisse Gefahren in sich birgt. So hat zum Beispiel der wachsende Marktwert von Katzenkunst zu einigen

---
[29] Wiederabdruck mit freundlicher Genehmigung des Taschenverlags

Kunst von Katzen 139

Abb. 17: Die Katze Misty zeichnet eine klar erkennbare formale Struktur.
Aus Busch, H. & Silver, B. (1995) Warum Katzen Malen. Köln: Taschen.
Mit freundlicher Genehmigung des Taschen Verlags.

höchst dubiosen Zuchtprogrammen geführt (vor allem mit Perserkatzen in Australien). In einigen, zum Glück seltenen Fällen, wurden Katzen auch darauf dressiert, für eine Belohnung zu „malen". Der geschulte Blick erkennt die Resultate solcher Versuche sofort an ihrem offenkundigen Mangel an künstlerischer Integrität. Doch da sich anhand von Fotos beweisen läßt, daß der Urheber tatsächlich eine Katze ist, dringen solche Machwerke in immer größerer Zahl auf den internationalen Kunstmarkt – und leichtgläubige Katzen- wie Kunstliebhaber zahlen horrende Preise dafür. Solche Werke mögen großes öffentliches Interesse und hitzige Diskussionen auslösen. Letzten Endes aber verheißt diese Entwicklung nichts Gutes. Möglicherweise wichtige Botschaften, die die Katzen für uns haben, gehen in der Rangelei um die kommerzielle Vermarktung unter. Da Katzengemälde so voller dynamischer Lebensfreude stecken, ist es nur natürlich, daß viele Menschen sich daran erfreuen möchten. Insofern ist die Kommerzialisierung von Katzenkunst unvermeidlich. Motive aus Katzengemälden sind sogar schon als Stoffmuster, auf Tapeten und Keramiken aufgetaucht. Wichtig ist allerdings, daß die Bedeutung der Katzenkunst durch diese Modewelle nicht geschmälert wird. Wir dürfen uns nicht dazu verleiten lassen, sie aus dem künstlerischen Kontext zu lösen, indem ihr die gebührende seriöse Würdigung zuteil wird.

Schließlich möchten wir darauf hinweisen, daß wir dem Speziismus (spezies, lat. = Art) verpflichtet sind – einer Schule, die ästhetische Ansätze in den Bewegungen, Zeichen oder Tönen verschiedenster Arten von Lebewesen erkennt und diese, in der Hoffnung daraus neue Erkenntnisse zu gewinnen, unvoreingenommen interpretiert.

Wir glauben, daß jede Spezies auf diesem Planeten das gleiche Recht auf Selbstbestimmung hat. Wir Menschen müssen unseren Drang unterdrücken, in die Katzenkunst nur unsere eigenen Wahrnehmungen und Wertvorstellungen hineinzulegen. Statt ihre ästhetische Entwicklung in unseren Begriffen zu definieren, sollten wir den wenigen malenden Katzen lieber gestatten, ihre individuellen künstlerischen Möglichkeiten zu entwickeln. Nur so können wir sicher sein, daß sie uns ihre einmalige, unverfälschte Weltsicht vermitteln und uns vielleicht sogar wertvolle Anhaltspunkte dafür geben können, wie wir das Überleben und künftige Wohlergehen aller Lebewesen auf unserem Planeten sichern können (vgl. Abb. 17).

HANS RUDOLF BECHER / CLAUDIA MAUER

„Ich bin ein Spurensicherer"
H. R. Becher u. C. Mauer sprechen mit Hermann Götting:

Uwe Jahn schreibt: „Hermann Götting – Sammler, Individualist und Genießer – schildert sein burleskes Leben zwischen Straßenbahnen, Nachtclubs und einer wohl einmaligen Sammlung. Götting rettet Alltagskulturen. Selbst tonnenschwere Neonreklamen, komplette Ladeneinrichtungen und sechzigarmige Leuchten bewahrt er vor der Zerstörung. Inzwischen stapeln sich in seinen Lagern rund 10000 Objekte aus acht Jahrzehnten. Mit seinen Ausstellungen schärft er den Blick für die Entwicklung des Designs im 20. Jahrhundert und die Ästhetik der Wirtschaftswunderära" (vgl. Abb. 18). (Hermann Götting: Die Figur dazu hab ich; hg. von Uwe Jahn; Edition dia, Berlin 1995).

Wir treffen einen hochinteressanten Menschen an: „Ich möchte ausschließlich für Menschen dasein, bin einer der ganz wenigen, die in unserer Epoche es wagen, eine Lanze für die Alltagskultur zu brechen. Und das tue ich. Seit 20 Jahren. Ich bin ein Sucher, ein Aufspürer von Alltagskunst, von Kultur in der Stadt Köln. Rundum: Ich habe viel für Kunst und Kultur getan; ich habe Farbe und Leben mitten ins Kölner Herz gebracht."

Dieser Mann hat eine Berufung zum Sammeln und es sind aus dieser Berufung inzwischen mehr als 10000 Objekte geworden, Objekte, die er als angewandte Kunst bezeichnet, Objekte, die er sammeln *muß,* weil ihn sonst ein Schuldkomplex plagte, irgendetwas aus der Kölner Alltagskultur nicht erhalten zu haben. Hermann Götting hat Erfolgserlebnisse, die ihn stolz machen. Natürlich liebt Hermann Götting die Kunst, die angewandte, die Alltagskunst.

„Mein Leben zu leben ist Kunst. Ich sammle nicht nur alte Zeiten, ich lebe alte Zeiten. Das ist nicht aufgesetzt, das ist so. Auch bin ich Kleinkünstler, bin Varieté, Sänger, Tänzer, Rezipierer, immer kreativ, immer voller Emotionalität; ich bin ein burlesker Mensch. Jahrzehnte, die ich vermißt habe, möchte ich im Zeitraffer nachholen."

Und dann kann Hermann Götting auch sehr ungehalten sein: „Ich ärgere mich über die Gleichgültigkeit meiner Mitmenschen, besonders junger Menschen, die keinen Respekt mehr vor fremden Dingen haben, keine Ästhetik, dafür aber Zerstörungswut."

Pessimismus? „Die Menschen leben ihr Leben nicht mehr, das Leben wird ihnen vorgelebt! Sie haben keine Wegweisung, es fehlt die Liebe zu den Dingen!"

Und dann ins Zentrum unseres Gesprächs: Dieser Mann **muß** wissen, was Kunst ist! So antwortet er auch ohne langes Überlegen: „Kunst kommt von Können. Ich respektiere jeden Menschen, der etwas schafft, der gute Form entwickelt, eine praktische Form, ein ästhetisch schönes Aussehen. Denn: Es muß guttun! Kunst darf nicht

Abb. 18: Hermann Götting, Sechziger Jahre Inszenierung im Kölnischen Kunstverein. Aus Hermann Götting (1995). Die Figur dazu hab ich. Ein Leben. Edition dia. Berlin

von Willkür kommen. Hinter Kunst muß immer Antrieb, muß immer Unruhe stecken; nur dann wird etwas erreicht. Und: Kunst darf nicht die Menschen verdummbeuteln. Das ist mir ein Graus!"

Hermann Götting ist fest davon überzeugt, daß die Gesellschaft ohne ästhetische, wegweisende Kunst nicht leben kann. Aber: „Diese Kunst existiert nur durch Sammler. Ohne Sammler gäbe es keine Museen. *Ohne Sammler wüßte auch niemand, was Kunst ist, denn die Sammler definieren die Kunst in der Gesellschaft und für die Gesellschaft.*"

„Sammeln ist für mich eine moralische Sache. Dinge, die mir geschickt worden sind, kann ich nicht hergeben, ich muß sie einfach festhalten. Ich bin und bleibe ein Spurensicherer."

Hermann Götting ist kein Kölner, darum auch kein „Kölner Original". Sehr wohl aber neigt er dazu, als ein „Original in Köln" bezeichnet zu werden: „Ich habe viel für Kölner Kunst und für Kölner Kultur und besonders für den Kölner Menschen getan."

Hätte Hermann Götting drei Wünsche frei, dann wäre sein erster, ein Museum für seine Objekte, der zweite mehr Respekt vor Tieren und die Abschaffung der Tierversuche und zum letzten der Wunsch, bis ins hohe Alter gesund zu bleiben.

Diesen Wünschen schließen sich die Interviewer gerne an und ergänzen: Wir wünschen der Stadt Köln ein Museum Götting und: Auf den Einsatz dieses hochinteressanten Menschen kann und darf Köln nicht verzichten!

Die beiden haben recht, oder?

UDO JÜRGENS

„Ich warne vor Experten"
Thomas Weber spricht mit Udo Jürgens

Was ist Kunst?

Vergangene Zeitepochen werden meist über ihre Künstler definiert. Wir wissen, wann Mozart, Beethoven, Michelangelo oder Leonardo da Vinci gelebt haben. Dagegen bereitet es uns mehr Mühe, uns sofort daran zu erinnern, wer die jeweiligen Machthaber, Potentaten und Könige der entsprechenden Zeit waren. So gesehen ist die Kunst im weltgeschichtlichen Context außerordentlich wichtig. Ich denke, die Kunst ist das entscheidende Merkmal des Menschseins überhaupt. Der Mensch möchte mit Literatur, Malerei, Musik und Bildhauerei Humanität und ähnliche Gefühle ausdrücken. Wenn die Kunst verkümmert oder schließlich gar nicht mehr stattfindet, kommt es zu Kriegen, Gewalt und anderen Grausamkeiten, die auch mit dem Menschlichsein oder Unmenschlichsein im Zusammenhang stehen. Und deswegen glaube ich, daß sich verschiedene Staaten und Länder eigentlich nicht bewußt sind, wie wichtig das kulturelle Moment im Ablauf von historischen Ereignissen ist. Für mich ist die Kunst eine Ausdrucksform des seelischen Empfindens.

Was ist Ihre Vision von Kunst?

Die Kunst ist einem steten Wandel unterworfen. Ihre eigentliche Funktion hat sich jedoch nie gewandelt. Sie war den Machtinhabern immer suspekt, weil sich fast in jeder Kunst der Drang nach Freiheit, Selbstbestimmung und Demokratie ausdrückt. Schon lange vor Hitler und anderen faschistischen Regimen haben sich deshalb mächtige Könige, Kaiser, Päpste und Potentaten mit der Kunst zusammengetan, um sie durch wirtschaftliche Abhängigkeit besser kontrollieren oder sogar unterdrücken zu können.

Im Altertum auch schon?

Meiner Meinung nach immer. Nehmen wir Michelangelos „Pieta" in Rom, die unter großen Schmerzen zustandegekommen ist. Das Bild ist unter der totalen Kontrolle des Papstes gemalt worden. Zwischen dem Maler und dem Auftraggeber kam es zu heftigen Auseinandersetzungen und Streitigkeiten, die historisch belegt sind. Hauptgrund war der Freiheitsdrang des Malers, der in seinem Werk zum Ausdruck kam. Damals wurde dies als störend empfunden. Heute gilt sein Schaffen als gigantische, unsterbliche Kunst. Man denkt über die wahre Aussage des Malers nicht mehr nach. Meiner Meinung nach war jede große Kunst ein Problem für ihre Zeit. Heute und auch in Zukunft wird die Kunst in einer wilden, manchmal sogar wütendenden Ausdrucksform ihren Anspruch auf die Freiheit des Betrachters und der Seele erheben. Auch die Pop- und Rockkultur gehört dazu. Sie ist bestimmten Machthabern immer wieder unangenehm aufgefallen, denn sie war für viele entscheidende Veränderungen (z. B. die Öffnung des Ostens) mitverantwortlich. Ich glaube, daß die Kunst letztlich zu allen Zeiten eine ähnlich Bedeutung gehabt hat. Auch wenn sie in ganz verschiedenen Erscheinungsformen daherkommt.

Gibt es objektive Beurteilungskriterien für gute oder schlechte Kunst?

Nein. Eine Beurteilung ist immer erst rückblickend möglich. Kunst ist als erstes einmal frei. Wir können die Begleiterscheinungen der freien Kunst nur erahnen. Wir mögen sie als Wahnsinn, als idiotisch, verrückt, übertrieben, abartig oder sonstwie empfinden, doch wir müssen sie erstmal über uns ergehen lassen. Es muß sie ja keiner anschauen. Das heutige Medien- und Technikzeitalter hat Kunstformen hervorgebracht, die mit anderen Mitteln provozieren. Wenn ich denke, welche provozierenden Bilder Hieronimus Bosch vor Jahrhunderten gemalt hat. Das war zur Zeit der Hexenverbrennungen. Es ist schon ein Wunder, daß er seine Art zu Malen überhaupt überlebt hat! Er ist oft wegen Ketzerei und anderen Vergehen angeklagt worden. In der heutigen Zeit ist die Toleranzgrenze viel höher. Wir haben uns an nackte Menschen und TV-Pornographie am Nachmittag gewöhnt. Wir regen uns nicht auf, obwohl die Kinder zuschauen. So gesehen ist es nur logisch, daß die heutige Kunst eine andere Form der Provokation sucht.

Wird Kunst von der breiten Masse abgelehnt?

Kunst ist von der breiten Masse schon immer abgelehnt, hinterher angenommen und schließlich als lebensnotwendige Atemluft empfunden worden. Ein gutes Beispiel ist die Pop-Kultur: Viele ältere Leute empfinden die „Beatles" und „Rolling Stores" als kulturellen Bestandteil dieses Jahrhunderts. Sie haben fast schon sentimentale Gefühle, wenn sie an die „Beatles"-Euphorie der Sechziger Jahre denken. Damals haben viele Leute diese Band ins Arbeitslager gewünscht. Dabei handelt es sich oft um dieselben Menschen, die heute beim Hören des Songs „Yesterday" eine Gänsehaut kriegen. Da steigt plötzlich ihre eigene Vergangenheit in ihnen auf. Diese Zerrissenheit ist so alt wie das Bedürfnis des Menschen, sich künstlerisch zu betätigen.

Gibt es ein Mittel um Kunst der breiten Masse zugänglicher zu machen?

Ich glaube nicht. Dabei werden so viele Versuche unternommen. Es gibt Kultur-Magazine, kulturelle Seiten und Feuilleton in den Zeitungen. Doch möglicherweise wird über die Kunst und Kultur vielleicht sogar zuviel geredet und geschrieben. Gerade im musikalischen Bereich wird vieles hineingedeutet, was gar nicht drin ist. Hochintelligente Musikkritiker machen sich manchmal Gedanken über irgendwelche Rap-Platten und beurteilen diese von einer Warte aus, die ihr gar nicht zusteht. Im Grunde genommen steht da in vielen Fällen ein halbintelligenter Mensch mit einer umgedrehten Baseballmütze und verbreitet „Bullshit". Dieser „Bullshit" wird dann hinterher mit einem gigantischen Aufwand von Worten intellektuell verklärt. Und viele Leute fallen darauf rein.

Gibt es eine Kunst, die es noch zu entdecken gäbe?

Wenn man diese Frage beantworten könnte, dann wäre man auf geradezu überirdische Weise in der Lage die Kunst einer Zeit schon im voraus zu erkennen! Das Wesen der Kunst besteht aber darin, daß sie uns verunsichert und uns im Augenblick des Entstehens im Unklaren lässt, ob sie überhaupt Kunst ist oder wohin sie führen wird.

Soll der Künstler in irgendeiner Hinsicht der Zeit voraus sein?

Schon der Anspruch, irgendwas zu sein, stellt bereits eine Einengung jedes künstlerischen Schaffens dar. Ob er der Zeit voraus war oder nicht, lässt sich erst später feststellen. Die einzige Verpflichtung eines Künstlers besteht darin, sich auszudrücken und zu verwirklichen. Ich glaube, er muß eine Art Katalysator seiner Zeit sein. Über seinen Stellenwert, inwiefern sein Schaffen zukunftsweisend oder eben vielleicht nur gegenwartsbezogen ist, wird erst später entschieden werden. Ob er bloß eine handwerkliche Volkskunst macht oder eine progressiv-provozierende Kunst, er sollte stets versuchen, ein Spiegel seiner Zeit zu sein.

Wie wichtig ist die Selbstinszenierung für den Erfolg?

Die Selbstinszenierung ist heute zweifellos wichtiger, als das, was er macht. Das genau macht mich etwas ratlos und lässt mich mit der Kunst ab und zu hadern. Ich glaube, daß gewisse Strömungen der aktuellen Kunst ins Leere laufen werden. Heute werden sie zwar als sehr wichtig eingestuft, aber später stellen sie sich als unwichtig heraus.

Gehört Christo auch dazu?

Nein, denn er ist ein Kunstphilosoph. Ich finde zwar nicht das eigentliche Werk, sondern die Aktion seines Schaffens als Idee künstlerisch grandios. Man kann den verhüllten Reichstag ja nur als Erinnerung behalten. Christo selbst hat sich nicht dargestellt. Er ist ein Mensch, der optisch nichts hergibt. Er läuft weder mit roten Hüten, noch mit gelben Haaren und auch nicht mit gezwirbeltem Bart, wie der Dali, durch die Gegend. Seine Idee ist es, Menschen eine Erinnerung in den Kopf oder ins Herz zu setzen. Und das finde ich eine ganz großartige Sache, die mich sehr berührt und beschäftigt hat. Aber heutzutage spielt die Selbstinszenierung des Künstlers eine übergeordnete Rolle, denn wir leben in einer medialen Zeit. Ein Kunstmagazin tut sich sehr schwer, schöne Bilder abzulichten. Um so lieber druckt es einen völlig wahnsinnigen Maler ab, der einen nackten Arsch durch die Gegend trägt. Einer der etwas vollkommen Verrücktes macht, um sich in den Zeitungen, im Fernsehen und in anderen Medien gigantisch zu verkaufen. Das ist ein optisches Happening. Da ist etwas los! Ein Künstler der Unspektakuläres zeigt, macht keinen großen Eindruck mehr. Deswegen betreibt das Fernsehen eine neue Form von Künstlerkult. Oftmals werden Künstler aufgebaut, die unter Umständen gar nicht viel zu sagen haben, nur weil sie interessant genug sind, hergezeigt zu werden. Sie können dann unter Umständen eine Popularität erreichen, die ihren künstlerischen Werken in keiner Weise gerecht wird.

Hat die Kunst heute nicht eine andere Funktion als früher?

Natürlich sind heute die äußeren Voraussetzungen und die handwerklichen Techniken vielfach ganz anders. Um die Natur darzustellen, brauchte man früher einen Künstler, der Landschaften malt. Heute ist die Fotografie viel präziser, um eine Landschaft abzubilden. Der Maler muß heute, um eine Landschaft darzustellen, weit mehr malen als man sieht. Er muß die Gefühle eines Landes und die Befindlichkeit seiner Bewohner miteinbeziehen. So gesehen haben sich viele Kunstformen gewandelt. Früher diente die Literatur dem Erzählen von Geschichten. Heutzutage gibt es dafür das Fernsehen und den Film. Deshalb muß die Literatur neue Wege suchen. So hat die Kunst eine andere Bedeutung erhalten. Ich glaube jedoch, daß die philosophische Bedeutung von Kultur und Kunst noch immer dieselbe ist.

Dann ist die Persönlichkeit und Selbstinszenierung eines Künstlers also doch wichtig, damit man ihn überhaupt versteht?

Für mich persönlich ist die Künstler-Selbstinszenierung eine Begleiterscheinung der heutigen Zeit, die erst durch das Fernsehen und die Bildpresse interessant geworden ist. Meiner Meinung nach wären die Bilder von Dali mit dem nach oben gezwirbelten Schnauzbart nicht nötig gewesen, denn seine Bilder sind auch so wunderbar und genial. Solche Auftritte bringen natürlich die gewünschte Medienpräsenz, aber ich habe manchmal Mühe damit, wenn das Interesse an einem Künstler größer wird, als an seinem Werk. Da scheint mir im heutigen Kunstbetrieb etwas schief zu laufen.

Ist Kunst immer anspruchsvoll, gesellschaftsfähig und geschmackvoll?

Überhaupt nicht. Kunst sollte aus dem Bauch und aus dem Gefühl kommen. Wenn jemand schon von Anfang an denkt, daß er etwas Anspruchsvolles schaffen muß, dann geht die Spontaneität verloren. Die endgültige Beurteilung seines Schaffens muß er ohnehin anderen Leuten überlassen. Also soll sich der Künstler doch einfach unbekümmert ausdrücken.

Wie wird ein Künstler entdeckt?

Primär muß er sich selbst entdecken. Er muß selbst in sich die Kraft und die Aufgabe spüren, daß er in irgendeiner künstlerischen Form etwas zu geben, zu sagen oder auszudrücken hat. Erst dann kann die Gesellschaft möglicherweise auf ihn aufmerksam werden. Vielleicht hat er auch nichts spezielles zu sagen, wird nicht entdeckt – das ist eine tausendfach unterschiedliche Geschichte, die sicherlich nicht mit einer allgemeingültigen Aussage beantwortet werden kann. Nehmen wir zum Beispiel die Musik: Viele Menschen versuchen sich in einem musikalischen Beruf, ohne auch nur das geringste Grundwissen zu haben. Solche Geschichten mögen aus kreativer Sicht ganz inspirierend sein, doch ich denke, daß die Kunst nur dann für einen längeren Zeitraum überzeugen und Menschen bewegen kann, wenn der Künstler eine Grundausbildung in seinem Metier hat. So wie Pablo Picasso ein exzellenter Maler war, bevor er seine Bilder abstrahiert hat. Er hat auch die naturalistische Malerei phantastisch beherrscht. Moderne Komponisten, die atonal komponieren, sollten zumindest den Quintenzirkel und grundlegende musikalische Strukturen kennen. Sie sollten wissen, woher ihre Musik stammt. Doch heutzutage vergessen oder verdrängen viele Musiker eine derartige künstlerische Ausbildung.

Was hat ein Künstler für Charaktermerkmale? Gibt es sie überhaupt?

Das weiß ich nicht. Aber ich denke, daß es ausgelebte Schwächen sind. Ein Künstler sollte zu seinen Schwächen stehen. Vielleicht sogar zu seiner Unfähigkeit, den Alltag des Lebens zu meistern und zu seiner Zerissenheit, den Gegenwartsfragen gegenüber. Er muß dazu stehen und darf nichts unterdrücken oder perfekt vertuschen. Nur wenn er seine Verzweiflung über vieles, was er in der Gegenwart sieht, sichtbar macht, wird er in der Lage sein, sich auszudrücken. Ich glaube, daß seine Schwächen im künstlerischen Bereich zu seinen Stärken werden.

Braucht er dafür Disziplin?

Das wird der Künstler von selbst merken. Wenn er seine Zeit reflektieren will, braucht er Disziplin und Durchhaltevermögen, um das überhaupt umzusetzen. Wenn er es nicht merkt, dann wird er untergehen. Es braucht viel Zeit, um sich auszudrücken, etwas zu malen oder eine Musik zu schreiben. Ganz ohne Disziplin ist es wahrscheinlich nicht möglich, sich zu verwirklichen.

Kann die Kunst den Kritikern und dem Publikum gleichermaßen gefallen?

Die Kunst sollte nicht danach schielen, dem Publikum und schon gar nicht den Kritikern zu gefallen. Ich glaube, daß es leichter ist, einem Kritiker zu gefallen, als dem Publikum. Dem Kritiker kann man sich eventuell an den Hals werfen, indem man unverständliche, chaotische und wirre Kunst schafft. Beim Publikum ist das nicht möglich.

Sehen Sie einen Unterschied zwischen einem Kritiker und einem Experten?

Ich warne vor Experten. Ich kann mit diesen „Fachidioten" des Kunstbetriebes noch weniger anfangen als die Maler. Ich habe mit vielen Malern gesprochen. Und die sind wegen der sogenannten Experten ratlos. Ich glaube, daß man Kunst ausschließlich mit dem Gefühl im Bauch beurteilen kann. Man schaut sich beispielsweise ein Bild von Kandinsky an und ist tief betroffen von den Farben, von den Haltungen und von der Aufteilung der Farben. Es ist aber auch möglich, daß das Bild einen kalt läßt. Eine „eingerahmte gelbe Wand", wie sie heute oft in großen Kunstausstellungen zu sehen ist, läßt mich kalt. Ich bin ehrlich genug, zu sagen, daß mich ein derartiges Bild nicht anspricht. Natürlich kann eine glatte gelbe Wand vielleicht etwas ausdrücken, aber mich interessiert das nicht. Man muß einfach mal den Mut haben, dies zuzugeben.

Sind Sie der Meinung, daß der Begriff der „Kunst" vom Wort „Können" abstammt?

Alles in allem gesehen würde ich Kunst nicht mit dem Wort „Können" zusammenbringen. Mich berühren Künstler, die nicht nur ihr Handwerk beherrschen, sondern dieses in einer symbiotischen Verbindung mit tiefer seelischer Empfindung, Zerrissenheit, Einsamkeit, Glück und all den anderen Gefühlen verbinden können. Das berührt zum Beispiel mich.

Soll man junge Künstler zusammen mit ihren Vorbildern arbeiten lassen?

Das finde ich hervorragend. Wir Musiker brauchen andere Musiker, um mit ihnen spielen zu können. Das kann in einem Orchester sein oder in einer Band. Bei modernen Verirrungen der Musik zieht sich ein Künstler oftmals in einen Computerraum zurück, um alles mit sich selbst zu machen. Das ist wie Onanieren im sinnlichen Bereich der Töne. Ein gegenseitiger musikalischer Austausch unter Künstlern findet nicht statt. Dieser Weg führt meist in eine Sackgasse, die allerdings sicherlich auch interessante Aspekte bietet. Meiner Meinung nach entwickelt sich die Kunst aber vorallem dadurch weiter, daß die Künstler miteinander den Kontakt pflegen. Der Maler Pablo Picasso stand dem Schaffen anderer großer Maler zum Beispiel oftmals in engen und dramatischen Beziehungen gegenüber. Mit Eifersucht, Mißgunst und allem was dazugehört. Aber er hat diese Kontakte zu anderen Malern gebraucht. Sie haben ihre Kunst gegenseitig beobachtet, darunter gelitten, aber auch davon profitiert. Solche Beziehungen findet man nicht nur in der Malerei, sondern auch in anderen Kunstformen. Beim Musizieren hört jeder Spieler den anderen. Mit mehr oder weniger Hingabe, Bewunderung und allen möglichen Gefühlen. Das ist unglaublich wichtig, sonst hätte es gar nie eine Musikentwicklung gegeben.

Steckt eigentlich in jedem Menschen ein Künstler?

In jedem wahrscheinlich nicht. Aber ein gewisses Kunstverständnis oder Kunstgefühl steckt wohl in jedem drin. Ich glaube aber nicht, daß jedermann ein Picasso oder ein Beethoven werden kann. Das sind Anhäufungen von Talenten, die in einer Seele schlummern, erwachen und herausbrechen.

Ist der Erfolg planbar?

Eine schwierige Frage: Der Erfolg läßt sich vielleicht erahnen. Viele Künstler sind der festen Überzeugung, eines Tages erfolgreich zu sein. Ich habe besonders in Amerika viele Leute getroffen, die von sich selbst überzeugt sind und von sich behaupten, in zwei Jahren „Top of the World" zu sein. Trotzdem haben sie es nie geschafft. Wer mit seinen Gefühlen etwas bescheidener umgeht, hat meines Erachtens größere Erfolgschancen, als irgendwelche Angeber. Aber diese Frage läßt sich nicht abschließend beantworten: Ich selbst hätte nie mit dem Erfolg gerechnet, den ich mittlerweile erreicht habe. Ich war aber immer überzeugt, daß ich begabt bin. Ich wußte immer genau, was ich mit Tönen machen kann, was ich im „Reich der Töne" herzustellen in der Lage bin.

Wer bestimmt denn, ob man Erfolg hat?
Der Zufall, das Glück!
Woran sieht man, daß man erfolgreich ist?
Letztlich ist es wahrscheinlich das Geld, das man eines Tages verdient. Alles andere ist Spekulation. Da werden sicherlich viele sagen „das ist zwar kommerziell, aber nicht künstlerisch wertvoll"; das habe ich über Dali und zahlreiche andere Maler und sogar über Picasso am Ende seines Lebens gelesen. Heute sieht man das bereits wieder anders. Ich glaube, den Stellenwert eines Künstlers kann man während der Zeit, in der er noch aktiv tätig ist, nicht so richtig objektiv beurteilen. Diese Urteile werden erst später gefällt. So gesehen ist der Erfolg vorerst nur am Geld ablesbar.

Was wäre denn das Kriterium für teure Kunst?
Das nachweisliche Original eines bedeutenden Malers ist natürlich ein Vermögen wert. Wenn der Erdball aus Gold wäre, würden die Menschen für ein Häufchen Dreck Millionen bezahlen. Aber weil die Erde eben aus Dreck ist und nur ganz wenig Gold existiert, ist das Gold teuer.

Das klassische Prinzip von Angebot und Nachfrage?
Das Angebot und die Nachfrage bestimmen zweifellos den Marktwert eines Künstlers. Besonders deutlich sichtbar wird dies bei den Malern: Ein Maler kann in seinem Leben nur eine gewisse Anzahl Bilder schaffen. Wenn er nun ein bedeutender Künstler war, werden seine Bilder nach dem Tod von Jahr zu Jahr wertvoller.

Wie ist Ihre Prognose in bezug auf die Wertentwicklung der Kunst?
Durch die Massenvermarktung, wie sie heute geschieht, sind sicherlich die Werte total verschoben worden. Andererseits gibt es eine tiefe Sehnsucht der Menschen, traditionelle Werte zu erhalten. Wie wäre es sonst zu erklären, daß eine Beatles-LP von äußerst durchschnittlicher Qualität auf den Markt gebracht und erst noch als ein Staatsereignis gefeiert wird? Nur weil die Gruppe nicht mehr existiert und einer davon auf dramatische Weise ums Leben gekommen ist? Aber die Menschen wollen diese Werte haben und wollen sie schützen. Das wird wohl auch in Zukunft so bleiben. Diejenigen Künstler, an die man sich länger als zwanzig Jahren erinnert, bekommen einen nostalgischen Wert. Wenn die Erinnerung an einen Künstler sogar in die eigene Jugendzeit zurückgeht, dann hat dieser Künstler eine Bedeutung erreicht, der einem Kultstatus gleichkommt. Dann wird er plötzlich zu einem wertvollen Begriff. Wenn es heute einem Künstler gelingt, mit seinen aktuellen Liedern zwanzig oder dreißig Jahre wertvolle persönliche Erinnerungen in vielen anderen Menschen auszulösen, dann wird er diesen Status erreichen.

MATTHIAS V. MATUSCHKA

Was ist Kunst? Ist-Kunst „Kunst" Kunst ist. Kunst ist was?!

Kompositionen auf der Haut

Geschminkte Körper – geschminkte Gesichter

Das Theater des Gesichtes, in dem jede gelebte und ungelebte Regung verborgen ist, präsentiert eine Landschaft, die man zu lesen verstehen kann, wenn man sich ihm offen gegenüberstellt. In meiner Arbeit bedeutet Kunst, mein augenblickliches Empfinden in Form und Farbe umzusetzen. Während des Schminkens werde ich von meinem lebendigen Gegenüber inspiriert. Das Gegenüber ist Kunstobjekt und Zuschauer zugleich. Ausstrahlung, Stimmung, Aura eines Menschen verdichten sich für mich zu einem neuen Farbengesicht, das unter meinen Händen Gestalt annehmen soll. Dazu kommt ein psychologischer Aspekt: Unerlebtes, Vergessenes, Stolzes, Ängstliches und Freudiges verwandeln sich zu einem neuartigen Farbenspiel zwischen den Zeilen des Gesichtes.

Nicht viel anders das Bemalen eines ganzen Körpers: Auch hier drängen sich Assoziationen auf, die dem oben Beschriebenen gleichen: Die Haut zum Transparentpapier werden lassen, den Körper als Ganzes zu einem neuen Ganzen zusammenzufassen, den Atem der Haut erspüren (vgl. Abb. 19 u. 20).

Es ist ein kommunikativer Prozeß zwischen Künstler und Modell, in dem sich wechselseitige Stimmungen zu ständig neuen Perspektiven zusammenfinden. Das Ergebnis ist daher nicht nur ein subjektiv empfundes Abbild, das sich für einen Künstler manifestiert, sondern – da das Modell zugleich auch ‚Leinwand" ist – ein In – Bild, eine seelische Momentaufnahme auf den Körper selbst projiziert. Die Schminke wird zur zweiten Haut.

Das Faszinierende ist, daß nichts konservierbar ist, daß schon nach wenigen Minuten das gleiche Gesicht völlig anders wirken – völlig anders geschminkt werden kann, weil die Gegenwart sich nicht wiederholt. In Gesichter kann man hineinsehen wie in Geschichten. Es gibt Blicke, die Bände sprechen, es gibt Gesichter, die Welten verbergen. Doch die Schlüssellöcher des Einblicks verändern sich in Sekundenbruchteilen. Meine Kunst ist eine Kunst, bei der verschiedene Komponenten in unmittelbarer Gegenwart zusammentreffen: der kreative Akt, der Kontakt, das Betrachten und die Präsentation selbst. Wenn der Kontakt zu meinem Gegenüber verloren geht, entsteht der erste falsche Strich. Der Kontakt ist das Drahtseil, auf dem ich balancieren muß, um das Geschehen zwischen mir und dem anderen in ein dynamisches Gleichgewicht zu bringen. Ich kann mir meine Gesichter nicht aussuchen.

Was ist Kunst? 153

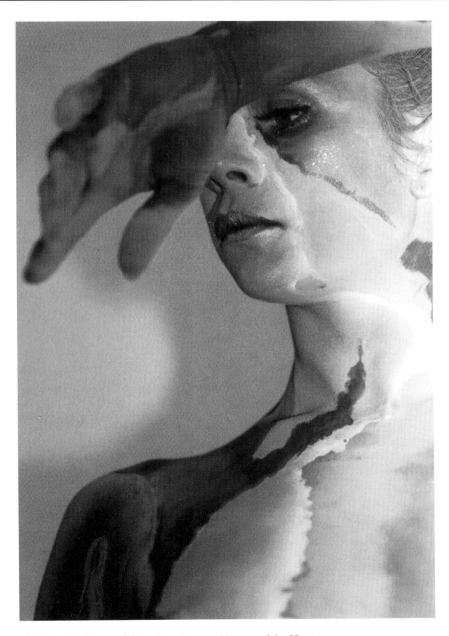

Abb. 19: Mathias von Matuschka, Kompositionen auf der Haut

Abb. 20. Mathias von Matuschka, Kompositionen auf der Haut

Wer geschminkt werden will, kommt zu mir und sagt: Fang an! Mach! Er will wissen: Was siehst Du? Zeig mir Deinen Blick mit Deinen Farben! Es bleibt keine Zeit für Ressentiments. Es gibt keine Regeln, die besagen, wo man anfängt, wie man anfängt. Es gibt Menschen, die brauchen in diesem Moment ein völlig neues Gesicht, vielleicht eine Seite von sich selbst, an die sie nie geglaubt haben, Farben, die sie nie gewagt haben zu leben, es gibt Menschen bei denen wagt man es kaum, eine einzige Linie zu ziehen, es gibt Menschen, die ein einziger Tupfer so verändert, daß ich selbst erstaunt bin. Es gibt versteinerte Gesichter, in die man Linien graben muß, um sie zum Leben zu erwecken.

Gesichter können nicht lügen, wenn wir es ihnen nicht glauben.

„Eine Gesichtsmentalität, deren Benennung in Worten von Fall zu Fall verletzen könnte, ist jetzt derart ins Gesicht geschrieben, daß die ursprüngliche Schönheit jedes Menschenantlitzes sie aufnimmt und in sich hineinschwingen läßt. ... Plötzlich ist beides anschaubar: die Bitternis und die Harmonie, die Selbstablehnung und der Aufschwung, der Ärger der Gezwungenheit und die freie Lösung. Es ist bewegend zu sehen, wie ein Menschenkind, das die Bühne erklommen hat, beim abschließenden Blick in den vorgehaltenen Spiegel in wahres Staunen verfällt und mit der spontanen Beschwingtheit kreativer Selbstbejahung wieder in die Schar der Festflaneure eintaucht."[30] Ein geschminktes Gesicht wirkt nur, wenn auch der Ausdruck des Gesichtes echt ist. Will man es fotografieren und es erstarrt, erstarrt die ganze Schminke mit. Schminkbilder leben nur, wenn das Gesicht lebt. Und mit jedem veränderten Ausdruck verändert sich die Wirkung des geschminkten „zweiten Gesichtes". Ich möchte erneut zeigen, daß das menschliche Antlitz selbst schon ein Kunstwerk ist. Dies erfordert den Respekt vor der Einzigartigkeit meines Gegenübers. Dabei entsteht eine Intimität, die nicht denunziert werden darf und kann, die aber nur möglich ist, weil alle Spannungen direkt in Form und Farbe aufgelöst werden können und die gleichzeitig die Einmaligkeit des Ergebnisses gewährleistet. Nicht das Gesicht zuzukleistern mit selbstgefälligen Linien, nicht Masken wie Schablonen aus dem Supermarkt aufzusetzen, sich nicht von der reinen Form verführen zu lassen: Man muß hinter das Gesicht blicken, die Zeit anhalten und wieder fließen lassen. Dann schmiegt sich ein zweites Gesicht in Minutenmomenten in die Landschaft des jeweiligen Antlitzes hinein. Der Facettenreichtum jeden Gesichtes entblättert sich zu einem zweiten Gesicht, einem Spiegelbild der Seele. Der Verwandelte sieht sich, als ob er einen fremden Blick auf sich würfe. Er wird gleichsam sich selbst entrissen und gewinnt ein Stück Freiraum, in dem er sich leichter und unabhängiger bewegen kann. Nicht nur das Ergebnis ist spannend, sondern schon der erste Augenblick. Das Ergebnis ist die Präsentation gelebter gemeinsamer Augenblicke, getragen von der Stimmung, dem Publikum, der gesamten Atmosphäre, dem Raum.

---
[30] U. Wanner, Luth. Monatshefte, 1993, S. 18.

Schminken als Therapie

Die genannten Aspekte sind für den *pädagogischen, therapeutischen Bereich* interessant. Kunst kann hier zum Katalysator für zwischenmenschliche Begegnungen werden.

Gegenseitiges Schminken und Bemalen schult und befreit die Wahrnehmung, indem sie ohne wertend auf den Partner einzugehen, einen sensiblen Freiraum zwischen zwei Personen schafft, sich gegenseitig ihre Eindrücke zu vermitteln. Die dabei entstehende Intimität und Behutsamkeit, die man dann im Umgang mit seinem Partner benötigt, versöhnt, kompensiert und thematisiert vorhandene Spannungen ohne aufdringlich, vorschnell oder rücksichtslos vorgehen zu können. Beim gegenseitigen Betrachten der Bemalungen entsteht eine Art nonverbales Verstehen, das zunächst oft keines weiteren analysierenden Kommentares bedarf, weil die Betroffenen selbst eben gerade erlebt haben, wie sie sich berühren können. Ob es sich dabei um einen künstlerischen Akt handelt, bleibt im Interesse an einer kreativen Form von zwischenmenschlicher, persönlicher Auseinandersetzung zweitrangig.

Diese Begegnungsform bietet sich in der *Partnertherapie* als eine kreative Interventionsmethode für Menschen an, die Probleme mit Körperkontakt allgemein haben: Partner, die sich beispielsweise emotional voneinander entfernt haben, deren Körper einander fremd geworden sind, die in einem Gefühl von Kälte und Einsamkeit leben. Durch das Spiel mit den Farben am Körper können Lust, das Gefühl der Hingabe und ein neuer sinnlicher *Bezug zum* Körper neu entstehen. Es wird leichter, sich vom anderen berühren zu lassen. Kontakt wird wieder zum Spiel.

Die Farben können hier auch direkt mit den Fingern aufgetragen werden. Das ermöglicht einerseits wieder Körperkontakt, andererseits wird durch den künstlerischen Aspekt – jenseits von fixierten Wahrnehmungsschemata – ein Handlungsspektrum eröffnet, das wechselseitiges sinnliches Erleben auf verschiedenen Ebenen gleichzeitig (Sehen, Spüren, Tasten, Betrachten, Wirken lassen, Rhythmik etc.) ermöglicht. Hier kann der eigenen Empfindung selbst mit einfachen Symbolen wie aufgemalten Sonnen, Wolken etc. nachgegangen werden.
In einem anschließenden *gemeinsamen Gespräch* über die Wahl der Farben viel über die Art der Beziehung der beiden deutlich machen. Oft erzählen die gewählten Farben etwas darüber, wie der malende Partner sich gegenüber dem anderen fühlt, wie er ihn empfindet, wie er sich von ihm behandelt fühlt. Welche Farben sind dominant? Welche Stellen des Körpers wurden betont? Es ist leichter und unverfänglicher, jemanden einen Stern ins Gesicht zu malen, als ihm zu sagen: „Du bist immer so verträumt". Wenn die Partner darüber erzählen, welche Bedeutung bestimmte Farben für sie haben, erfahren sie viel darüber, wie der andere über die Beziehung denkt. Damit ist oft schon das Eis gebrochen und es können effektive Gespräche mit dem Therapeuten geführt werden, die die Beteiligten sogar selbst mit in Gang gebracht haben.

Schminken übt seit jeher auch eine starke Anziehungkraft bei Kindern hervor, das sich Verändern, neue Rollen probieren und spielen, ist ein wichtiger Freiraum, in dem sich soziales Lernen vollzieht. Aus eigener zehnjähriger Erfahrung im Schminken von Kindern weiß ich, wie sehr Kinder es zu schätzen wissen und wie dankbar Kinder sind, wenn man sich nur fünf Minuten ganz ihnen und ihrer Persönlichkeit widmet. Dabei gibt es ihrer eigenen Kreativität einen wichtigen Impuls, wenn sie sich mit dem geschminkten phantastischen Spiegelbild auseinandersetzen, was sie manchmal noch minutenlang nach der Aktion tun.

Wenn Kinder unter Anleitung lernen, sich gegenseitig zu schminken, lernen sie gleichzeitig wichtige soziale Aspekte. Aus diesem Grunde habe ich eine kleine Schminkpalette entwickelt, die mit sechs Farben ein erstes Probieren ermöglicht. Der Vorteil ist die Wasserlöslichkeit der Farben. Man kann sie genauso handhaben wie Deckfarben. Gegenseitiger Respekt, Toleranz, Sensibilität, Eigen- und Fremdwahrnehmung etc., Umgang mit Farben, Mischtönen und handwerkliches Geschick können spielerisch erprobt und unter Beweis gestellt werden. Die körperliche Nähe zwingt zu einer besonderen Konzentration. Besonders schwierige Kinder können hier lernen, Nähe auszuhalten. In Gruppen ist eine Anleitung durch Erwachsene und einzelne Betreuung, Animation und Unterstützung für diese neuartige Begegnung sehr wichtig.

JOACHIM KERN

Kunst und Mode und Ich

Man hat mich gebeten, einen Beitrag für das vorliegende Kunstbuch zu schreiben. Da es mir nicht nur von Berufs wegen, sondern auch persönlich schon immer ein Anliegen ist, mich mit Kleidung zu beschäftigen, nutze ich die mir hier gebotene Möglichkeit und teile mich gleich einem größeren Publikum mit, was ich über Moden, Geschmack und Stil zu sagen habe.

Als erstes muß ich Modedesign und Kunst in einen Zusammenhang bringen, um dann auf mein Bild von Mode und Kleidung zu kommen.

Für mich existiert das Industriemodedesign und das Modedesign für den auserlesenen Geschmack, das letztere klingt elitär und ist es auch. Industriemodedesign hat in meinen Augen nichts mit Kunst zu tun (höchstens die Kunst, aus einer Idee hundert verkäufliche Variationen zu entwickeln, was im heutigen CAD-Zeitalter eher der Geduld, als der Kreativität zur Ehre gereicht), dafür orientiert sich die Modeindustrie zu sehr nach potentiellem Kaufverhalten der Konsumenten. Kollektionen stützen sich heute mehr auf empirische Untersuchungen, Verkaufsanalysen und Trendforschungen, als auf eine ästhetische Sicht- und Arbeitsweise eines einzelnen Designers. So passiert heute Mode. Sie passiert schlichtweg eine Saison nach der anderen. Vorbei ist's mit der grenzenlosen Kreativität. Es müssen Pläne erfüllt und Kosten gedeckt werden, und wie meinte einst André Courrèges: „..., weil ich 350 Mäuler zu stopfen habe, nämlich die meiner Mitarbeiter." (Frankfurter Rundschau, vom 8.9.1971).

So möchte ich jetzt zu meinem Modedesign kommen, oder anders formuliert, zum Modedesign, welches den emanzipierten Geschmack bedient, und das dem normalen Geist so überflüssig, abgehoben und ‚spinnert' erscheint. Diese Stiefschwester tendiert mehr in Richtung Kunst, und ist mir die Schönste und Liebste. Märchengleich – so klingt es nicht nur, so entrückt und fast bar jeder monetären Realität ist sie auch. Sie wird halt von der deutschen Bekleidungsindustrie belächelt und noch immer nicht ernst genommen, dabei könnte man gemeinsam so viel erreichen, sich gegenseitig helfen, dies wäre schon ein Anfang. Zum Beispiel gemeinsam das Bild vom deutschen Biedermann und den Stilstiftern erfinden, allerdings mit weniger verheerendem Ausgang. Wir brauchen Geschmackscourage. Mut zum Ausprobieren wäre dann noch wichtig, und davor noch die Einsicht, daß auf Äußerlichkeiten zu achten nicht zur ewigen Verdammnis führt. Und die intellektuelle Leichtigkeit in bezug auf das Leben mit Mode, auf der Empfindungsskala zwischen einer „Savoir vivre" und dem „dolce vita" unterbringen. Ich sage nicht, daß die Deutschen keinen Geschmack haben, ich meine lediglich, man sollte es sie wieder lehren. Ästhetische Erziehung nicht mit Brachialgewalt (als ob das ginge), sondern mit der Unbeschwertheit, mit der eigentlich Mode behandelt werden will.

Aber wieder zurück zur Stiefschwester: man arbeitet für diese andere, wirklich grenzenlos schöpferische „Gestaltung von Kleidung", nicht nach Verkäuflichkeit im prosaischen Sinne. Man will Verwirklichung. Hier werden noch Träume gearbeitet, wobei ich hier nicht den Traum verwirklicht in zig Metern von Chiffons, Satins, Mousselins, eine Prinzessin umhüllend, eine Freitreppe herunterwehen sehe. Es geht um Ideen, die nicht aus analytischen Ressourcen geschöpft werden, sondern durch Inspiration, der Kunst gleich, wachsen. Da sich diese Art von Bekleidungsgestaltung nicht nach den Kauf- und Kleidungsgewohnheiten von Zielgruppen orientiert, ist eine völlig freie, uneingeschränkte Arbeit an Kollektionen möglich. (Um mir noch eine Spitze zu erlauben: Hier wäre Geld aus der Industrie oft besser aufgehoben, als in neue Qualitätshandbüchern zu investieren.) Es kommt dann mit ungewöhnlichen Arbeitsmethoden auch zu ungewöhnlichen Kollektionen, eben zu neuen Ideen für die Bekleidung. Es ist zeitlich sehr versetzt, was heute neu erdacht wird, verkommerzialisiert die Industrie erst in 5 Jahren. Dafür zahlt keiner. Neues hat es halt schwer und dies ist auch gut so, denn geistige Ergüsse im Handwerk umgesetzt, sollen sich ihren Platz erklimmen um dort oben bewundert zu werden. Unsereins erwartet schließlich gerade in der Bekleidung einen gewissen Grad an Ingredienz. Dies nennen andere schlicht „Trend", doch selbst der ist heute zu verkäuflich. Ich möchte nicht das Wort „Trend" verwenden. Ich will lieber von der Entdeckung neuer und latenter Bekleidungstendenzen sprechen, die wiederum nur zu wenigen sprechen (ätsch). Das ist des Designers einz'ge Freud'!

Dabei fällt vielleicht auf, daß ich offensichtlich auch ein Problem mit dem Wort „Mode" habe, das will ich nicht leugnen. Mode hat für mich einen so schlechten Beigeschmack, seitdem ich in den Industriestaaten einen regelrechten
Konsumrausch in Sachen modischer Bekleidung mitbekomme (hinein spielen Werteverfall und einher geht die Umweltverschmutzung!). Es kommt einer zwanghaften Befriedigung des modischen Reizhungers gleich; – zwanghaft, weil man glaubt, an Ansehen zu verlieren, wenn man sich Statussymbolen, mit denen sich die vertraute Umgebung schmückt, verweigert (diese Identifikation entspricht der Individualität einer Ameise); – Befriedigung fühlen durch Investitionen, die gar keine sein können, da die Langfristigkeit fehlt, denn Mode ist nur für *eine* Saison konzipiert. Fühlen wir denn nicht alle erst dann eine langanhaltende Freude unser Herz erquicken, wenn wir durch kleine Opfer einen Traum erfüllen können. Der aber bleibt uns dann über viele Saisons erhalten und wächst uns an diesen roten, pochenden Muskel. Doch ich will ehrlich sein, auch in der wohlorganisierten Modemarktwirtschaft kann man Lieblingsstücke finden. Es liegt also noch tiefer, mein Problem mit der schnellen Mode. So tief, daß es schon metaphysisch ist, nicht mehr erklärbar durch Sinn und Verstand – man muß eben völlig abdriften, um dies zu verstehen.

Um doch etwas um Verständnis zu ringen, will ich versuchen zu erklären, was mich so an dieser Arbeit fasziniert, und mich stets an das glauben läßt, was ich tue. Es ist sicherlich ein Stück weit die Erregung, die aus der Widersinnigkeit dieser Arbeit entspringt. Ich spreche von Werten und Langfristigkeit, und muß doch ständig dagegen ankämpfen. Eine Zerreißprobe für mein Inneres. Kleine Kollektionen, also von geringer Auflage in der Reproduktion, sind deutlich, zeigen ihren ganz eigenen Charakter. Die mit sehr viel Einsatz entstandenen Teile zeigen ein Eigenleben, ich sage gerne, sie sind von dynamischem Aussehen. Man sieht ihnen den Werdungsprozeß an. Am besten kann ich von meiner eigenen Arbeit sprechen, und da wird jede Kollektion von neuen Schnitten bestimmt. Es ist mehr eine initiativbestimmte Arbeit, die auf Anstöße von außen reagiert, rein mitteilungsbedürftig und unverdorben. Das kostet sehr viel Arbeit und Zeit (ist gleich Geld), bringt aber auch sehr viel Spaß und Verwirklichung, und letzteres nicht nur für mich als Gestalter. Wenn solche Ideen dann endlich zu tragbaren (mehr oder weniger, aber das ist ja subjektiv) Stücken zusammengefügt wurden, ist es immer im Sinne des Createurs, möglichst solche Menschen in seinen Entwürfen zu sehen, für die er sie geschaffen hat. Nur die haben oft das kleinste Portemonnaie. Auch hier ein Problem, an dem ich noch lange zu knabbern habe, man müßte Kleidung wie Meinungen unters Volk bringen können, nicht gerade gratis, aber doch für viele, die den Wunsch spüren, ohne größere finanzielle Mühen. Es lebe das Mäzenatentum! So ist jeder Modemacher ein Optimist und Lebenskünstler. Er muß es sein, sonst macht er's nicht lange. Und ein wenig ein Pygmalion: ich mache mir meine Mitmenschen schön. Vielleicht könnte so das Kredo der meisten Modemenschen lauten. Meines ist es.

Ich will jetzt schleunigst wieder auf einen Level kommen, der das normale Leben zumindest tangiert. Dem Geschmack möchte ich noch ein paar Zeilen zollen. Wir haben also den steten Kampf mit dem Geschmack des Kunden, dem wir doch immer um mehrere Saisons voraussein wollen, um aber davon leben zu können, ihn besser treffen. Also müssen wir schleunigst den Kunden ändern oder einen erfinden, der genau das kauft, was wir uns ausgedacht haben. Ist das denn möglich? Zaubern können wir uns keinen Kunden, aber kleine Erziehungsmaßnahmen sollen uns erlaubt, recht und billig sein. Und dies geschieht, indem wir unsere Arbeit mit völliger Überzeugung fortsetzen, unseren Stil als Designer weiterverfolgen, ja verfeinern müssen, und nicht zu vergessen, einen regen Austausch mit dem Kunden zuzulassen. Vor allen Dingen müssen wir uns selbst als Kreative ernstnehmen, um dann von Dritten ernstgenommen zu werden. Das passiert allerdings nicht gleich morgen.

Dann wäre da noch der Stil, dem man ein ganzes Buch widmen könnte, wer hat ihn, wer hat ihn nicht, wer könnte ihn bekommen und wie stellt man das an, ohne sich dabei zu verwursteln? Es ist schwer, das glaube man mir. Vor allem, wenn man in einem Land lebt, wo die Kritik meist als Löffel voll bitterer Medizin gereicht wird. Und bekanntlich da am vernichtensten gesprochen wird, wo nur Halbwissen herrscht. Dabei sollte man in der Kritik beurteilen und abwägen, und nicht alles mißbilligend abtun. Da fehlt doch bei allem Desinteresse, das hier in Deutschland in Sachen Klamotten vorherrscht, die gewisse Logik in der Folge, daß man auch beim Urteil das Gleiche gelten lasse. Aber nein, hier wird gedeutet, gelacht und kräftigst mit dem Kopf geschüttelt. Das ist doch widersinnig. Unsere Nation verbietet sich's selbst, zu einem eigenen Stil zu finden. Aber überall gibt es Lichtblicke. Menschen, die ihren eigenen Stil finden und auch schon gefunden haben. Der Rest mag sich damit begnügen zu sagen, daß kein Stil ja auch Stil hat.

Falls jetzt jemand auf den Gedanken kommen könnte, ich solle doch lieber ins Ausland gehen, so muß ich doch vehement bekunden, daß ich mich auf keinen Fall von diesen Bedingungen aus dem Konzept bringen lasse. Ganz im Gegenteil, ich sehe dies fast als eine Missionsaufgabe an, mit vielen hundert anderen Kreativen im Bekleidungssektor am Stilfindungsprozeß einer Nation beteiligt zu sein. Im übrigen läßt sich schlechter Geschmack in jede Sprache übersetzen. Auch Deutschland hatte eine glänzende Modeära, die zwar vorbei ist, die aber wiederkommen kann, denn die Zeichen dafür stehen gut, die Zeiten werden nämlich schlechter.

MARTIN SCHUSTER

Der „Macher"
M. Schuster spricht mit HA Schult:

Schuster: Als Künstler soll man heute etwas Neues machen. Haben Sie das als Druck empfunden, haben Sie das geplant?

Schult: Als Künstler soll man *immer* was Neues machen, denn nur die *Künstler* machen etwas Neues. Die Politiker ja leider nicht mehr. Die Künstler sind das Lackmuspapier der Gesellschaft. Durch den Künstler fließt die Zeit. Und nur in einer *freien* Gesellschaft kann ein Künstler überhaupt seine Arbeit tun, nämlich immer etwas *Neues* zu machen. Das *Neue* ist die Gefahr des Alten und deswegen – in totalitären Ländern kriegt zuerst der Künstler eins auf's Dach und dann der Bürger. So ist der Künstler immer eine Parabel für den Zustand seiner Zeit, und er muß immer was Neues machen. Sonst ist er ja gar kein Künstler. Das ist auch ein großes Problem vieler Pinselschwinger, die heute noch den Pinsel schwingen, wie Kokoschka es schon vor 40/50 Jahren getan hat. Deswegen habe ich mir gesagt: Ich will ein *Medien*künstler sein, ich male nicht mehr mit dem Pinsel, sondern mit dem Bildfunkgerät. Meine Bilder umkreisen die Welt mit den Methoden *unserer* Zeit. Kunst visualisiert den Zeitgeist. Aber – der Zusatz ist unbedingt notwendig – mit den Methoden seiner Epoche.

Schuster: Wenn man einmal ein Projekt ausgesucht hat, dann wird man ja auch ein bißchen darauf verpflichtet, manchmal ist es geradezu so, daß der Künstler eine Erfindung macht, und die produziert er dann jahrzehntelang weiter. Ich nehme einfach mal an, der Prof. Ücker, der die Nägel eingenagelt hat, mußte dann sein ganzes Leben lang Nägel nageln. Erleben Sie das so, daß man auf dieses eine Projekt festgelegt wird?

Schult: Ich bin der Künstler der Müllzeit. Ich bin aber dem Müll nicht verpflichtet, und habe auch nicht vor, als Müllkipperfahrer zu enden. Ich habe das Thema Umwelt zu einem Zeitpunkt in Umlauf der Medien gebracht, wie das nicht chic war (vgl. Abb. 20) und nicht jeder über die Müllideologie stolperte, das war in den 60er Jahren, dann Venedig später, das war vorher schon in Schloß Mosbroich, das war 1969 später wie ich die Schachtstraßen in München zuschüttete und sagte, die Kunst ist genauso wichtig wie die Müllabfuhr. Dieser Finger, den wir einige Künstler, dazu gehörte übrigens interessanterweise Hundertwasser, der sich dann später so'n bißchen schäbig vermarktete, aber er war mit seinem Verschimmelungsmanifest einer der ersten Hinweisgeber. Erst später, nach Hundertwasser und mir, ist dann Beuys in diese Umweltsituation reinmaschiert, das war erst 71/72. Trotzdem soll ein Künstler sich immer seinen Freiraum bewahren, und wenn er seiner Zeit immer ein klein bißchen voraus ist, und den Freiraum, den ihm seine Epoche zugesteht, dann wird er auch immer etwas Neues machen, denn das Leben bietet immer etwas Neues.

Der „Macher"   163

Abb. 20: H. A. Schult, Venetia Vive! (1967), Foto: H. A. Schult

Schuster: Genau. Sie haben da etwas angesprochen, das man ja jetzt bei vielen zeitgenössischen Künstlern beobachten kann, daß sie die allgemein akzeptierten Werte der Gesellschaft bedienen, also etwa die Konservierung der Umwelt für spätere Generationen oder auch die Befreiung der Frau oder Pazifismus oder die Verständigung zwischen verschiedenen – sagen wir mal – Arten von Menschen. Ist das etwas beliebig? Ist das etwas Schielen nach der Speckseite?

Schult: Das weiß ich nicht. Ich kann nur von meiner Haltung reden. Meine Haltung ist ganz einfach die, daß ich glaube – wenn ich die Themen der Epoche unserer Zeit unter den Nägeln brennen, wen die zum Ausdruck bringe, dann muß ich nicht als Auftragnehmer meiner Zeit in Erscheinung treten, sondern dann muß ich meine Zeit entscheidend mit beeinflussen. Ich habe, und das kann ich für meine Person in Anspruch nehmen, das seit 30 Jahren so gesehen und das ist bestätigt worden, zu einem Zeitpunkt über Themen gesprochen, wo das von den Politikern aller Coleurs unter den Teppich der Verdrängung gedrängt wurde. Kommen wir noch einmal auf die Umwelt zurück: Hätten die auf uns Künstler gehört, dann hätte eine kleine grüne Partei ihnen nicht die grüne Butter vom Brot nehmen können. Das haben die großen Parteien alle nicht begriffen, daß einmal die Luft Politik entscheidet und das Wasser die Politik entscheidet, und nicht irgendso eine Dummheit wie SPD, CDU, FDP oder Grüne Partei.

Abb. 21: H. A. Schult, Magnum (1997), Foto: Thomas Hoepker Museum für Aktionskunst

Schult: Ich will einfach sagen, das Neue hat mich immer gereizt, und wenn mir nichts Neues mehr einfällt, dann kann ich meinen Job aufgeben. Und ich habe das bis jetzt durchgehalten. Ich habe gerade eben hier in Köln eine solche Zuneigung und Zuwendung – ohne darum gebuhlt zu haben. 86 % der Kölner Bürger haben aufgrund einer TED-Umfrage des WDR sich für den Verbleib der Weltkugel auf der Severinsbrücke entschieden (vgl. Abb. 21). Das ist schon eine seltsame Geschichte, das hier sozusagen das Volk die Kunst will und ein kleiner Kreis von Gralshütern der Kunst glauben, jetzt sei es Kitsch. Das ist ein Kunstwerk, das über den Zustand unserer Welt mehr aussagt, als irgendeine Christbaumkugel oder irgendeine Kirmesveranstaltungssache. Denn auf dieser Kugel geht ja ein Mensch stellvertretend für uns einsam herum. Das ist das Thema, das ich seit den 60er Jahren durch alle meine Arbeiten immer wieder verfolge, der Mensch in seiner Vereinsamung in einer Welt, auf der es langsam wenig Platz für ihn gibt. Das ist durchzuvollziehen bei den Autoaktionen, bei der Isolation des Menschen auf der Autobahn, das ist durchzuziehen bei den Pictureboxes, die ja die Vereinsamung des Menschen in einer Welt, die ja ökologisch aus dem Gleichgewicht drängt – dazu gibt es das Stichwort Biokinetik, ein Wort das von mir in die Kunst eingeführt wurde, dazu gibt es das Stichwort Macher, die Entkleidung vom Künstlergedanken, ursprünglichen Künstlergedanken. Das Wort Macher ist völlig verkannt worden von der Werbeindustrie. Die denken, das sei ein großer Anspruch – es ist ein Anspruch der Bescheidenheit. So habe ich versucht, mich des herkömmlichen Künstlerbegriffes zu entkleiden, um durch diesen Begriff freier zu werden – weil wir von Freiheit gerade sprachen. Die Freiheit ist die Plattform jeder Kunst. Wenn es das nicht mehr gibt, das wissen wir aus der DDR. In der Zeit, in der die DDR existierte, haben die gemalt wie die Teufel, haben alles wiederholt, was es schon mal gab. Und wenn man zur Biennale kam in Venedig, dann roch man schon den ostdeutschen Pavillon Meilen gegen den Wind. Anscheinend haben die an allem Not gehabt in der damaligen DDR nur nicht an Farbe. Die haben gemalt wie die Säue. Und jetzt auf einem völlig falschen Verständnis für Kunst haben sich dann so gewisse Leute von der FAZ oder in der Zeit auch der damalige Bundeskanzler Schmidt dann irgendwo vormachen lassen, das sei die wahre Kunst. Das ist nicht die wahre Kunst, das ist die Ware Kunst.

HORST BEISL

Naturhäuser – Ökologie – Erziehung
Ein Projekt zur Dritten Haut des Menschen

Bauen mit der Natur, sich darin wohlfühlen, behaust sein, verweilen, Bleibe, Natur erleben, sich erleben, Zeit verrinnt, schauen, geborgen sein, pflegen, kultivieren, lieben, beobachten, riechen, schmecken, tasten, fühlen, spüren, sich freuen, traurig sein, leiden, spielen, kennenlernen, wissen:
dies alles können Kinder beim Bau und der Pflege des Naturhauses erfahren.

Abb. 22: Beisl: Aktion Naturhaus (1987)

Der Bau des Hauses ist einfach. Die Wände entstehen, indem die Äste und Zweige miteinander verwunden werden (unser Begriff Wand hängt damit zusammen) und falls notwendig mit den Schnüren zusätzlich verbunden werden. Wenn das Haus fertig ist, wird um das Haus das Erdreich ca. 30 cm breit und 30 cm tief (je nach Bodenbeschaffenheit) ausgehoben und mit guter Erde vermischt und gelockert in den entstandenen Graben eingefüllt. Anschließend kann, wenn die Jahreszeit es zuläßt, gepflanzt werden. Das Haus wächst sich selbst zu.

Mit dieser Dritten Haut, die sich die Kinder selbst geben, eröffnen sie sich die Empfindung für die selbstgeschaffene Dritte Haut, die Pflege beansprucht, Liebe und Zuneigung, Spiel und Freude schenkt.

Wir Erwachsene sind verantwortlich für die künftige Dritte Haut, die sich die Kinder zulegen. Fangen wir an! (vgl. Abb. 22).

Abb. 23: Claudia Mauer: Dom im Aufwind (1995), 60 × 80 cm